Trixi von Dörnberg

# Schlimme Jungs

Trixi von Dörnberg

# Schlimme Jungs

## Warum auch jugendliche Tyrannen ein Recht auf Liebe haben

Mit einem Vorwort von
Friedrich Wilhelm Graf

Pattloch

FSC
www.fsc.org
MIX
Papier aus verantwortungsvollen Quellen
FSC® C019821


Lektorat: Michael Schönberger
Satz und Herstellung: Adobe InDesign im Verlag
Umschlaggestaltung: ZERO Werbeagentur, München
Bildnachweis: Bildteil Seite 1–11 © Privatfotos Trixi von Dörnberg
Bildteil Seite 12–16 © FinePic® / Helmut Henkensiefken
Bildredaktion: Markus Röleke
Reproduktion: Repro Ludwig, A-Zell am See
Druck und Bindung: C. H. Beck, Nördlingen
Printed in Germany
ISBN 978-3-629-02275-2

2 4 5 3 1

**Besuchen Sie uns im Internet:**
**www.pattloch.de**

*Für meine Jungs*

# Inhalt

# Vorwort

In modernen, offenen Gesellschaften lässt sich ein irritierendes Paradox beobachten: Sie bieten einerseits jedem Einzelnen (und natürlich auch jeder Einzelner) sehr viel größere Freiheitschancen als traditionale, vormoderne Gesellschaften. In modernen pluralistischen Gesellschaften gibt es nun einmal sehr viel weniger Sozialkontrolle und Konformitätsdruck als in früheren Zeiten. Dies ist für all jene, die Freiheit und Selbstbestimmung schätzen, ein großer Gewinn. Nun kann jede oder jeder ihren oder seinen je eigenen, individuellen Lebensentwurf zu verwirklichen versuchen, also so leben, wie man gern leben möchte – begrenzt nur durch die Rechtsordnung, die es ermöglicht, dass die Freiheit des einen (oder der einen) mit den Freiheitsansprüchen der anderen Staatsbürger zusammen bestehen kann.

Andererseits wäre es jedoch naiv, die Schattenseiten solchen großen Gewinns an Autonomie und Selbstbestimmung zu ignorieren. In modernen, offenen Gesellschaften lassen sich eben auch viele Menschen beobachten, die durch die ihnen nun möglichen Wahlfreiheiten überfordert sind. Aktive Selbstbestimmung ist anstrengender als Passivität und Fremdbestimmtsein. Ob es in modernen Gesellschaften mehr Sozialpathologien gibt als in traditionalen, ist unter sozialwissenschaftlichen Experten (oder denen, die sich für Experten halten) umstritten. Aber kein halbwegs vernünftiger Mensch wird bestreiten, dass sich eine wohl wachsende Zahl von Menschen durch jenen diffusen Mangel an Eindeutigkeit überfordert fühlt, der für moderne Gesellschaften kennzeichnend ist. Viele Menschen suchen nach Halt, tragenden Orientierungen, klaren Prinzipien. Der boomende literarische Markt an Ratgebern für alle möglichen Lebenslagen und spezielle Lebenskrisen zeigt dies ebenso wie die in deutschen

Fernseh-Talkshows immer wieder zu hörende Klage, es mangele in der Wirtschaft, der Politik, den Medien und überhaupt im Lande an echten »Werten«.

Doch woher sollen verlässliche ethische Orientierungen kommen? Die Institutionen, die traditionell solche Gewissheiten vermittelten, die beiden großen Volkskirchen etwa, haben in den letzten dreißig Jahren leider erheblich an Bindungskraft eingebüßt und können gerade Jugendliche nur noch eingeschränkt überzeugen. Zwar ist die verbreitete Rede vom »Traditionsabbruch« oder von einer schleichenden »Dechristianisierung« Deutschlands zu pauschal, um die komplizierten religionskulturellen Verhältnisse im Lande zu erfassen. Aber man wird nicht bezweifeln können, dass von den beiden großen Kirchen derzeit deutlich weniger geistliche Strahlkraft ausgeht als früher und sie auch mit Blick auf ihre ethische Orientierungsstärke kaum noch überzeugen können. Auch in den Schulen gelingt es oft nicht mehr, Charakterstärke und Persönlichkeitsbildung zu vermitteln. Dies ist eine gesellschaftlich schwierige Situation. Denn moderne, technologisch entwickelte Gesellschaften verfügen über ebenso faszinierende wie riskante Gestaltungspotenziale. Ganz einfach, trivial formuliert: Wir Menschen von heute können dank der großen Fortschritte von Wissenschaft und Technik nun sehr viel mehr als frühere Generationen. Deshalb haben wir verstärkt Anlass, darüber nachzudenken, was wir denn tun und was wir besser unterlassen sollen. Moderne Gesellschaften haben insoweit einen höheren Bedarf an ethischer Kommunikation als traditionale Gesellschaften, in denen der Unterschied von gut und schlecht, richtig und falsch zumeist sehr viel klarer war als heutzutage. Aber es fällt in ihren Bildungsinstitutionen zunehmend schwer, prägnante ethische Orientierungen zu vermitteln. Die in den letzten Jahren geführten Debatten über den von manchen Pädagogen behaupteten Erziehungsnotstand und die Flut an Büchern, deren Autoren eine Wiederkehr alter »Werte« und Tugenden wie Disziplin, Höflichkeit, Pflichtbewusstsein und Verantwortungsbereitschaft beschwören, lassen dies auf ihre Weise erkennen. In Zeiten sehr schnellen sozialen Wandels wird es zunehmend schwerer, Orientierungen zu vermitteln, die langfristig oder gar ein ganzes Leben lang gelten können. Nur in der Familie noch scheint das besser zu gelingen als in den anderen Basisinstitutionen der Gesellschaft – auch wenn Trixi von Dörnbergs Berichte zeigen, wie schwierig, pathologisch die Kommunikation in vielen Familien inzwischen ist.

Nie zuvor haben die Deutschen in einem vergleichbar offenen Land und einem insgesamt gut funktionierenden Rechtsstaat gelebt. Nach den Katastrophen der deutschen Geschichte des 20. Jahrhunderts ist die Bundesrepublik zu einer bemerkenswert stabilen parlamentarischen Demokratie geworden, die, nach einer langen Geschichte immer neuer Kriege in Europa, endlich mit allen ihren Nachbarn im Frieden lebt und innerhalb der Europäischen Union vielfältig und intensiv kooperiert. Die Erinnerung an die Weimarer Republik, also die Erfahrung des schnellen Scheiterns einer demokratischen Republik, lässt freilich auch erkennen: Die Demokratie vermag langfristig nur dann zu funktionieren, wenn demokratische Bürger bereit sind, für das Gemeinwesen Verantwortung zu übernehmen.

Die Demokratie bedarf engagierter, verantwortungsbereiter Bürger. Auch hier werden von vielen Diagnostikern der deutschen politischen Kultur inzwischen Defizite notiert. Die Bereitschaft gerade der Jüngeren, in politischen Parteien oder anderen gesellschaftlichen Organisationen Verantwortung zu übernehmen, sei deutlich geringer ausgeprägt als früher. Man sollte dem konventionellen kulturkritischen Gerede, dass »die Jugend von heute« individualistischer, konsumistischer, egozentrischer und überhaupt verantwortungsloser als frühere Generationen sei, keinen Glauben schenken. Solche Kritik an den jeweils Jüngeren lässt sich in allen europäischen Gesellschaften schon seit dem frühen 19. Jahrhundert beobachten, und sie wird dadurch nicht besser, zutreffender, dass sie mit ritueller Regelmäßigkeit von immer neuen Akteuren wiederholt wird.

Die »Jugend von heute« – wenn man denn überhaupt eine so verallgemeinernde, darin von vornherein nur abstrakte Formel gebrauchen soll – ist nicht schlechter oder besser als andere Jugendgenerationen vor ihr. Aber sie sieht sich zweifelsohne ganz neuen Herausforderungen konfrontiert und muss, um nur ein Beispiel zu nennen, mit sehr viel mehr religiöser, moralischer und ethnischer Vielfalt konstruktiv umgehen als frühere Generationen. Mehr Verschiedenheit bedeutet in aller Regel aber auch mehr Konflikt, und deshalb ist es eine große Herausforderung für alle Bildungsinstitutionen, die Bereitschaft zu stärken, Konflikte argumentativ, friedlich, rechtsförmig auszutragen. Die wichtigste Bürgertugend ist nun einmal in einem demokratisch und liberal verfassten Rechtsstaat die Bereitschaft, das für alle – woher auch immer sie kommen und woran auch immer sie glauben – geltende Recht zu akzeptieren, also der Rechtsgehorsam.

Der deutsche Sozial- und Wohlfahrtsstaat verfügt über ein vergleichsweise dichtgeknüpftes Netz an Organisationen, die für Menschen in Not und Lebenskrisen Hilfestellung anbieten. Das Angebot an Assistenzdienstleistungen ist groß und hoch differenziert. In den entsprechenden Organisationen wird in aller Regel gute und oft auch sehr gute Arbeit geleistet. Dennoch zeigt das faszinierende Beispiel Trixi von Dörnbergs, dass in manchen überaus schwierigen Problemlagen der Wagemut und die Überzeugungskraft einer Einzelnen langfristig hilfreicher sein können als die therapeutischen Angebote großer Sozialdienstleister. Trixi von Dörnberg verfügt über eher seltene Tugenden: Weisheit, verbunden mit Tatkraft, Lebensfreude, gepaart mit Entschlossenheit, sensible Empathie, verknüpft mit großem Mut, Nachdenklichkeit in ganz enger Nähe zur Selbstkritik. Die Geschichten, die sie von ihren Problemjungen in einer wunderbar einfühlsamen Sprache des Herzens erzählt, lassen einen elementaren Re-

spekt vor deren Individualität erkennen. Sie anerkennt das Recht der Jüngeren auf Selbstbestimmung und weiß, dass dies immer auch ein Recht auf Eigensinn einschließt.
Darüber hinaus verfügt Trixi von Dörnberg in ihrem respektvollen Umgang mit den »Problemjungen« über sehr klare, auch religiös begründete Prinzipien. Sie eröffnet ihnen neue, selbstbestimmte Lebensperspektiven, indem sie ihnen auf Augenhöhe begegnet und sie gerade darin ernst nimmt, dass sie selbst respektiert und ernst genommen zu werden verlangt. Weil Trixi von Dörnberg um ihre Verletzbarkeit weiß, kann sie die Verletzungen ihrer Jungen erkennen, ernst nehmen. Im Kleinen, in den Regeln des Alltags in Hoheneich, verwirklicht sie jene Zivilität, die im Großen, im politischen Leben in der Bürgertugend des Rechtsgehorsams, Gestalt gewinnt. Und immer wieder gibt sie in einfachen Gesten, aber auch in taktvoller Zurückhaltung oder entschiedenem Einschreiten zu erkennen, dass sie für sich selbst sehr klare moralische Lebensregeln kennt, die zu akzeptieren sie erwartet. Es ist die eigentümliche, ganz individuelle Verknüpfung von großem Freiheitsmut, Herzensgüte und entschiedener Regeltreue, die sie für ihre »Problemjungen« zur hilfreichen Ersatzmutter und auch zu einem Vorbild an Geradlinigkeit und Gesinnungstreue macht. In Trixi von Dörnbergs Familie werden, Gott sei Dank, Servilität und Schmeichelei verachtet, aber zugleich wird lebenskluge, stilvolle Bescheidenheit gelebt.

*Friedrich Wilhelm Graf*

# Jedem Ende folgt ein Anfang. Ein neuer Lebensabschnitt beginnt

Manche Dinge, so hofft man wenigstens, passieren immer nur anderen. Ich hätte nie gedacht, dass es auch mich treffen würde: Trixi von Dörnberg, die fest mit beiden Beinen im Leben steht und keinem Problem aus dem Weg geht – und nun plagte mich der Abschiedsblues, weil meine Kinder erwachsen wurden und eines nach dem anderen das Haus verließ. Ich sehe es noch wie heute deutlich vor mir: Lucy verstaute eilig die letzten Taschen in ihrem Auto. Sie sprühte vor Lebensfreude und konnte es kaum erwarten, nach dem Abitur ein neues Leben in Paris zu beginnen. Mein Mann und ich standen dabei und gaben all die guten Ratschläge, die Eltern für gewöhnlich ihren flügge gewordenen Kindern mit auf den Weg geben und über die sich wohl alle Kinder lustig machen. Ich freute mich über Lucys Neugier. Eine letzte herzliche Umarmung, dann stieg sie ins Auto und brauste hupend und winkend davon.

Kaum war sie verschwunden, wurde es mir wehmütig ums Herz. Es war nicht nur der Abschied von Lucy, der schmerzte; auch unser Sohn Ferdinand war von Hoheneich weggegangen, um seine Schulausbildung in einem Internat fortzusetzen.

Für mich ging langsam, aber sicher ein wichtiger Lebensabschnitt zu Ende. Schön, dass Antoinella, unsere Jüngste, noch bei uns war. Ich habe immer regen Anteil am Leben unserer Kinder genommen. Das Haus stand und steht immer noch all ihren Freunden offen, und die haben sich, soweit ich das beurteilen kann, immer bei uns wohl gefühlt. Mein Mann ist für sie der Jimmy, ich bin die Trixi. Und nun diese Stille, Grabesstille! Ich habe meine Kinder immer darin unterstützt, über den Tellerrand zu sehen und andere Länder, Sitten und Ge-

bräuche kennenzulernen, aber jetzt rebellierte mein Herz gegen meinen Verstand.
Ich konnte die Ruhe nicht genießen, keine Kraft für Neues aus ihr schöpfen, fühlte mich einsam. Lustlos saß ich in der Küche und schaute aus dem Fenster. So ging das einige Tage, bis ich merkte, dass meine negative Stimmung auch mein Umfeld belastete. Galina, unsere Haushaltshilfe, eine deutschstämmige Russin, schwirrte im Haus umher. Je stiller ich war, desto lauter hantierte sie mit Staubsauger und Putzeimern. Mit der ihr eigentümlichen Sprechweise gewann sie im Nu alle Herzen. Sie sehe nicht mit Auge, sondern mit Seele, pflegte sie zu sagen. Ihre Seele jetzt sehen Kummer. Unsere beiden Hunde, Dackel Kessy und Retriever Maxim, standen immer wieder an meiner Seite und schauten mich fragend an.
Ich streichlte die Hunde, und so langsam kam ich wieder in der Wirklichkeit an. Mir wurde klar: Ich durfte traurig sein und musste diesen Schmerz zulassen, ihm Raum geben. Immerhin neigte sich ein wichtiger Abschnitt in meinem Leben dem Ende zu – die verantwortungsvolle Erziehung unserer Kinder. In Gedanken klopfte ich mir auf die Schulter und lobte mich selbst ein wenig. Denn aus unseren Kindern sind zufriedene, neugierige, zupackende, verantwortungsbewusste Menschen geworden, die ihren Weg gehen werden. Dass die beiden Großen ihr Elternhaus verlassen hatten, bedeutetet nicht, dass sie auch uns Eltern verlassen. Und Antoinella würde noch eine Weile bei uns sein. Außerdem schauten immer mal wieder Leute aus der Umgebung herein, zum Beispiel wenn es einen Wildunfall gegeben hatte; da findet sich immer Zeit für eine Tasse Kaffee am großen Küchentisch.
Ich sagte mir: Du bist gar nicht so allein. Was also vermisst du wirklich? Ich vermisse die fröhlichen Stimmen der Kinder, ihr Weinen, wenn sie getröstet werden wollten. Wie sie als Jugendliche ins Haus stürmten und aus ihnen nur so heraussprudelte, was sie gerade erlebt hatten. Ich vermisse es sogar, wie sie beleidigt auf ihr Zimmer stürmten, in Ruhe gelassen werden wollten, sich manchmal tagelang in Schweigen hüll-

ten. Doch die Vergangenheit kann man nicht zurückholen. Vorbei ist vorbei. Wie also das Haus wieder mit Kindern und Jugendlichen füllen?

»Gefahr erkannt, Gefahr gebannt«, heißt ein schöner Spruch. Gebannt war mein Abschiedsschmerz zwar nicht, aber wenn man ein Problem erst mal erkannt hat, so ist das schon die halbe Lösung. Allein konnte ich mein Problem nicht lösen. Also redete ich mit meinem Mann, und wir fanden eine gute Lösung: das Ferienprogramm »Happy Child – Bunte Aktivitäten auf dem Lande«.

Am Anfang stand nicht das Wort, sondern die Tat. Kaum war die Idee geboren, schon stürzte ich mich begeistert in die Organisation. Vieles musste geklärt werden: Wie lange sollten die Kinder bei uns sein? Zwei Wochen erschien mir eine überschaubare Zeit, denn ich wusste nicht, was mich erwartete. Weniger wäre nicht gut für die Kinder, kaum hätten sie sich eingelebt, da müssten sie schon wieder an Abschied denken. Was konnte ich bieten? Landleben pur, Lagerfeuer, Zelten, Fährtensuche, Geländespiele, Reiten, Leben mit Tieren, Basteln mit Materialien, die in der freien Natur gefunden werden, das Leben in der Gemeinschaft und vor allem: Wegkommen von den Reizüberflutungen des Alltags, den Computerspielen und dem übermäßigen Fernsehkonsum. Doch wie sollte ich Kontakte herstellen? Aushänge beim Bäcker und im Supermarkt? Kinder aus der Umgebung waren nicht meine Zielgruppe. Ich wollte vor allem Kindern aus Städten die Abenteuer des Landlebens zeigen. Also schaltete ich eine Anzeige in einer überregionalen Zeitung. Im Nu waren alle Plätze ausgebucht.

Im Sommer kamen sie dann: eine Horde von Kindern im Alter zwischen acht und vierzehn Jahren. Ich genoss diese fröhlichen Ferientage, und auch die Kinder waren derart begeistert, dass einige unbedingt länger bleiben wollten. Der Abschiedsschmerz von meinen Kindern war wie weggeblasen. Einer der Jungen blieb dann tatsächlich eine Woche länger. Als sein Vater ihn abholte, fragte er, ob sein ältester Sohn

Casimir auch nach Hoheneich kommen dürfte, für längere Zeit. Ich nahm ihn auf.

Im Jahr 1997 habe ich mein erstes Pflegekind Casimir D. in Hoheneich aufgenommen. Es sollten noch sieben weitere Jugendliche folgen, die ich durch die Schule paukte und zum Abschluss führte. Ich habe Tagebuch geschrieben, ich habe präzise in Tageskalendern und Notizen alles festgehalten, an was ich mich zu meiner eigenen Absicherung gegenüber den vergesslichen Schülern erinnern wollte. Deshalb kann ich mich noch heute genau an jede Begebenheit erinnern und alles für dieses Buch abrufen. Jede Woche teilte ich z. B. das Taschengeld aus und notierte den Stichtag, so vermied ich eine Doppelausgabe. Ich vermerkte die Tage der Klassenarbeiten mit rotem Stift, dann die Ergebnisse und Noten. Alle herausragenden Ereignisse schrieb ich in richtigen Dialogen auf, wie z. B. das »Zugspitz-Drama« mit Edward oder »Dein Schwein pfeift« von John oder die »Staubsauger«-Geschichte mit Askan. Beim Lesen spielen in meinem Geist ganze Filme von buntesten Erinnerungen. Ich möchte nicht einen Tag der aufregenden Jahre missen.

## Casimir der Wolfszahn.
## Die Ankunft meines ersten Problemkinds

»Wenn er Scheiben einschlägt? Wir sind versichert! Wenn er Drogen nimmt? Zur Polizei gehen! Wenn er abhaut? Nicht suchen!«, sagte Herr Dr. D. zu mir, der Vater meines zukünftigen Pflegesohns.
Ich war zuerst einen Moment sprachlos, dann sprudelte es aus mir heraus: »Und ich werde alles anders machen: Wenn Ihr Sohn abhaut, werde ich ihn suchen. Wenn Ihr Sohn Drogen nimmt, fliegt er nach drei Abmahnungen raus. Und Scheiben einschlagen wird er bei mir nicht nötig haben, denn ich öffne das Fenster und lass ihn rein.«

Ich war fassungslos und schockiert. Die Worte des Vaters strahlten eine eisige Kälte aus. Es schien, als ob Herr Dr. D. ein technisches Gerät bei mir abgeben würde und gleich dazu die passende Gebrauchsanweisung. Aber dabei handelte es sich um einen Menschen, seinen fünfzehnjährigen Sohn Casimir.

»Gnädige Frau«, antwortete der Vater, »das war lediglich ein Vorschlag von uns. Wir möchten Ihnen verdeutlichen, dass Sie äußerst streng mit unserem Sohn verfahren sollten. Ansonsten möchten wir nicht jeden Atemzug von ihm hören, das heißt, wir wollen keine Anrufe erhalten.«

Vor einer halben Stunde war das Ehepaar Dr. D. mit dem Auto aus Tübingen bei uns in Hoheneich angekommen. Sie hatten auf dem Parkrondell vor dem Haus gehalten und waren hastig aus ihrer Limousine ausgestiegen. Herr Dr. D. zog sich umständlich und sichtlich ungeduldig im Gehen seinen blauen Mantel an, Frau D. trug ein graues Kostüm. Sie schlossen resolut die Türen des Autos. Wir begrüßten uns auf der Eingangstreppe. Dort stand ich schon einige Zeit und wartete mit leiser Nervosität auf die Ankunft der Gäste. Immer wieder hatte ich mir die widerspenstige Haarlocke aus der Stirn gestrichen, denn heute war ein großer Tag für mich: Mein erstes Problemkind sollte in meine Obhut gegeben werden!

Das Ehepaar betrat das Landhaus und gab zu verstehen, dass sie erst einmal alleine mit mir reden wollten und danach ihren Sohn holen würden, der sowieso nicht aussteigen wolle.

Ich pustete mir erneut die Haarsträhne aus dem Gesicht. Voll froher Erwartung wollte ich den Jugendlichen kennenlernen, ihn begrüßen, einen ersten Blickkontakt knüpfen, doch von dem Kind war nichts zu sehen. Es blieb im Auto, wurde einfach dort zurückgelassen. Ich hatte die Eltern beim Aussteigen beobachtet und ich musste feststellen, dass sie sich nicht einmal die Mühe machten, ihrem Sohn, der doch an diesem Tag die Hauptperson war, ein Zeichen zu geben, einen Wink: Komm gleich nach! Nein, ich musste mich gedulden. So führte ich die Gäste in das Kaminzimmer und bot ihnen Platz an.

»Schön haben Sie es hier!«, sagte Frau D. mit kühler Stimme. »Kein Wunder, dass es unserem Leon so gut bei Ihnen gefallen hat.«
»Oh, ja.«
»Er wollte ja gar nicht mehr nach Hause kommen. Er hat jetzt, ich glaube schon zum dritten Mal, an Ihrem Camp ›Happy Child‹ teilgenommen und er erzählt ständig davon.«
»Jaja.«
Ich fing einen sehnsuchtsvollen Blick auf, Frau D. schaute ins Feuer. Ihre Stimme bekam einen weichen Unterton. »Es ist sicher ein großer Erfolg für Sie, wenn Sie von den Eltern ein positives Echo erhalten. Sie haben die Fähigkeit, wie mir scheint, Kinder zu begeistern und ihr Vertrauen zu erlangen.«
»Ja, Ihren Sohn Leon haben wir sehr liebgewonnen«, gab ich zur Antwort, »er hat viel von seinem großen Bruder Casimir erzählt.«
Frau D. saß aufrecht in dem Sofa vor dem brennenden Kaminfeuer. Unser bequemes Sofa ist weinrot mit gelbem Schmetterlingsmuster bezogen. Frau D. strich mit ihrer Hand über den Stoff, ihre Finger umkreisten immer wieder einen erhaben gestickten Zitronenfalter. Sie wirkte recht jung, viel jünger als ihr Mann. Ihre Haare trug sie naturblond und kurz geschnitten, so dass ihr schlanker Schwanenhals frei sichtbar wurde. Sie hatte vor noch gar nicht so langer Zeit eine Professur für Chemie an der Universität in Tübingen erlangt.
»Ich hoffe, Sie können Casimir, unseren Ältesten, bändigen. Wir finden keinen Zugang mehr zu ihm«, sagte sie, indem sie ihren Mann ansah. Herr Dr. D. nahm den Blick auf und wandte sich an mich. »Wo ist denn Ihre Tochter? Ist sie zu Hause? Vielleicht findet sie den richtigen Weg zu unserem Casimir und kann mit ihm sprechen. Sie sagten am Telefon, dass unser Casimir mit ihr in die gleiche Klasse des Gymnasiums gehen würde. Sie wollten sich freundlicherweise bei der Direktorin für unseren Sohn einsetzen, obwohl der monatelang an keinem geregelten Schulbesuch mehr teilgenommen hat.«
Ich goss heißen Tee aus einer auffälligen Kanne meiner Exo-

tensammlung ein. Diesmal hatte ich die große Tigerkanne gewählt.
»Entzückend!«, rief Herr Dr. D. aus und deutete auf die Teekanne. »Ihr Geschmack, gnädige Frau, ist ja ganz apart!«
»Diese Teekanne habe ich aus Portugal mitgebracht«, antwortete ich und leitete dann zu meiner Tochter über: »Übrigens, unsere Antoinella ist da. Sie ist in ihrem Zimmer. Ich werde sie gleich holen, denn sie freut sich schon auf den neuen Hausgast. Nachdem ihre Schwester Lucy Abitur gemacht hat und ihr Bruder, unser Sohn Ferdinand, in ein Internat geht, ist sie ganz allein und fühlt sich hier im Haus etwas einsam. Ich habe Antoinella einen schwarzen kleinen Hasen geschenkt, sozusagen als Kuschelersatz, den lässt sie jetzt während der Schularbeiten auf dem Schreibtisch herumhoppeln.«
»Das passt ganz gut, denn Casimir hat eine Ratte dabei. Sie können dieses widerwärtige Vieh aber ohne weiteres in den Wald jagen«, war die Auskunft des Vaters.
Jetzt reichte es mir, ich stand auf und verlangte, die Neuzugänge zu sehen, Sohn und Ratte. Die Eltern begleiteten mich zum Auto. Vor dem Wagen verlangsamten sie ihre Schritte, als ob sie Respekt hätten vor demjenigen, der sich im abgedunkelten Fond verbarg. Oder sogar Furcht?
Ich stürmte ohne Zögern vor und riss die hintere Wagentür auf. Hier musste doch der Junge sein, dachte ich. Als ich ihn dann entdeckte, konnte ich mein Erstaunen kaum unterdrücken. Hatte ich doch einen abgebrühten, harten Kerl erwartet, einen Riesen von mindestens einem Meter achtzig. Alle diese Geschichten, die ich vorher über Casimir gehört hatte, von seinen Wutausbrüchen, Schulverweisen, Respektlosigkeiten, Rumtreibereien mit Mädchen in Frankreich, ja sogar die Sicherheitsverwahrung im Gefängnis und die Unterbringung im Heim schwirrten mir im Kopf herum. Aber was saß da vor meinen Augen: eine zierliche, kleine Gestalt, der man die fünfzehn Jahren nicht ansah und die sich in eine Kapuzenjacke vermummt in die Polster des Rücksitzes drückte.

»Du bist also Casimir? Komm, steig doch aus! Du bist herzlich willkommen. Wir freuen uns auf dich«, rief ich ihm aufmunternd zu.
Langsam, mit einem schüchternen Lächeln um die Mundwinkel, schälte sich die kleine Kapuzengestalt aus dem Fond. Versteckt unter strähnigen, langen Zottelhaaren traf mich ein Blick aus ängstlichen Augen. Der erste Blickkontakt! Mein Gott, hat der schöne Augen, dachte ich, so innig, dunkelbraun, richtige Hummelaugen. Auf Anhieb war mir dieser Casimir sympathisch.
Im Kamin loderten die dicken Buchenscheite, so dass kleine blaue Funken knisterten. Kerzen in roten und gelben Farben brannten mit ruhiger Flamme und versprühten einen zarten Honigduft. Casimir setzte sich mit flinken Bewegungen in eine Sofaecke, riss die Kapuze noch tiefer über die Augen und zog den Kopf wie eine Schildkröte ein. Er blickte geradeaus. Die Eltern fragten und fragten, ohne die Antworten, die ich bereitwillig und geduldig gab, zu verinnerlichen. Sie fragten, um ein Defizit, eine Leere, die ich in ihrer Gegenwart fühlte, zu füllen. Die Geräuschkulisse aus Worten schien den jungen Gast nicht zu berühren. Er saß völlig unbeteiligt dabei.
Vorsichtig, ganz langsam wandte er seinen Kopf und gewahrte auf dem Glastisch neben seiner Armlehne eine Schale mit bunten Bonbons. Heimlich und geschickt griff er nach der Süßigkeit und wollte sie in seinen Mund stecken. Doch wie erschrak er, als er merkte, dass diese Dinger nicht aus Schokolade waren, sondern aus Glas.
»Fake-Bonbons!«, fauchte er. »Gemeine Verarsche!« Sicherlich dachte er, o wie peinlich, dass ich den Leuten hier gleich auf den Leim gegangen bin. Er legte schnell die bunten Glaskugeln in die Schale zurück und wippte nervös mit dem linken Bein, um seine Enttäuschung zu verarbeiten.
Der große Raum, das wärmende Feuer, die duftenden Kerzen, die Stimmen, die jetzt nicht mehr aggressiv und schrill tönten, sondern in einem wohlklingenden Timbre vibrierten, ließen den Fünfzehnjährigen aber langsam zur Ruhe kom-

men. Der Rastlose atmete aus und entspannte sich. Er wollte nun das Zimmer ergründen. Deshalb drehte er die Augen langsam nach rechts. Er sah einen großen Spiegel an der Wand hängen. Das kalte Glas ließ seinen Blick versteinern. Aber der breite Rahmen aus vergoldeten üppigen Holzfrüchten, der dem Spiegel Halt gab, gefiel ihm. Sein Blick wanderte mit Interesse die Fruchtgalerie entlang. Langsam drehte er die Augen nach links und sah ein Gesicht, das ihn anblickte. Er erschrak und konnte kaum einen Aufschrei unterdrücken. Wieder verfiel er mit dem rechten Bein in einen schnellen Zittertakt. Er erkannte eine freundliche Dame, die von einer Leinwand herunterlächelte. Dieses Ahnenbild war wunderbar gemalt, das Seidenkleid der Dame fiel in weichen Falten, an dem Halsausschnitt war ein Spitzeneinsatz zu sehen, der von einer Rose gehalten wurde. Die Arme der Dame schimmerten in einer rosa Hautfarbe, und die Hände waren übereinandergelegt. Casimirs Blick blieb an der Gestalt hängen. Später erzählte mir Casimir, dass er die Dame auf dem Gemälde wie eine Fee aus dem Märchenland empfunden hatte und der Wunsch ihn erfüllte, seine Mutter sollte auch einmal so lieblich aussehen! »Nie im Leben könnte sie das!«, hatte er hinzugefügt. Plötzlich machte sich sein Magen bemerkbar. Ein lautes Knurren war zu hören. Er stöhnte auf. Wie peinlich! Hoffentlich haben die Leute nichts von den verdammten Geräuschen gehört.

Während des Gesprächs warf ich immer wieder einen schnellen Blick auf Casimir und bemerkte sehr wohl, wie der Junge unruhig auf dem Sofa herumrutschte. »Komm mit in die Küche. Ich glaube, du hast lange nichts mehr gegessen. Ich habe etwas für dich«, sagte ich schließlich einladend. Wie befreit sprang Casimir von seinem Sitz auf und lief hinter mir her. Der Weg führte durch das Esszimmer zur Küche. »Ich kann dir ein gegrilltes Hähnchen anbieten mit ein paar Pommes, ja?«

»Gerne«, sagte er schüchtern.

Ich koche mit Leidenschaft und hantiere mit meinen Töpfen und Tellern immer recht laut und deutlich. Die Küche nimmt in Hoheneich einen großen Raum ein. In der Mitte steht ein massiver Block, in den ein modernes Ceranfeld eingelassen ist. Der Block strahlt in roten Kacheln und zeigt an einer Seite als Verlängerung einen ebenfalls rotgefliesten Esstisch. Die Schränke sind mit dunklem Holz verkleidet, die riesige Abzugshaube wird umringt von kleinen Kacheln mit lustigen Jagdszenen. Die sechs Stühle um den Tisch sind uralt und ihre Lehnen tragen schwer an den Schnitzereien von Fabeltieren. Vor einem dieser antiken Stühle war der Tisch mit Teller und Besteck gedeckt, ein grünes Glas stand daneben. »Kaum zu fassen! Gegen meinen Hunger ist schon vorgesorgt«, staunte der Kapuzenzwerg.

Bald war das Essen fertig und wurde köstlich duftend auf seinem Teller drapiert. Casimir zog nun die störende Mütze vom Kopf und griff zum Besteck. Sein Hunger war gnadenlos. Später hatte er mir gebeichtet, dass er total mit Drogen zugedröhnt war, als er nach Hoheneich kam. Ein Freund hatte ihm geraten, eine ganze Handvoll »Ex« zu schlucken, denn hier gäbe es sicher keinen Dealer, also tote Hose. Mensch sorg vor! Auch deshalb hatte er einen solchen Heißhunger.

Während er hastig aß, beobachtete er seine neue Pflegemutter aus den Augenwinkeln. Die schaut ziemlich verrückt aus, dachte er wohl bei sich, hängt sich diese riesigen Weihnachtskugeln an die Ohren. Und die Strümpfe, die sie trägt? Was sind denn das für Bilder auf den Nylons? Er musste seinen forschenden Blick konzentrieren. Aha, rosa Engel … o wie kitschig, dachte er wohl. Aber da sind auch Teufel mit roten Hörnern zu sehen, alles nebeneinander? Na dann!

Er setzte sich gerade auf und nahm geräuschvoll einen Schluck Saft. Voller Argwohn beobachtete er mich. Dieses aufgesetzte Harmoniegetue ist doch sicher alles nur Show, gleich wird das komplette Gebäude von süßer Freundlichkeit in sich zusammenbrechen. Alles ein einziger Fake! Das war seine feste Überzeugung, wie er mir viel später beichtete. Er war auf der Hut und blieb wachsam wie ein Kojote.

Er wollte prüfen, ob diese Trixi wenigstens Französisch sprechen würde, wenn sie schon so weltoffen tat. Ob sie wohl die Sprache seines Traumlands verstand, das ihm immer wieder Unterschlupf geboten hatte, wenn er auf der Flucht war. Obwohl er in Frankreich in Haft gesessen hatte und schließlich ausgewiesen wurde, liebte er dieses Land über alles.

»Vous connaissez la chasse?«, krähte er in den Küchenraum.

»Mais oui, quelle chasse? La chasse à courre?«, fragte ich auf Französisch zurück, während ich die dröhnende Abzugshaube ausschaltete.

»Non, la chasse à l'homme!«, schrie er. Zu Deutsch: »Kennen Sie die Jagd?« – »Aber ja, welche Jagd? Die Hetzjagd auf Wild?« – »Nein, die Menschenjagd!«

»Non, diese Jagd, die Menschenjagd, kenne ich nicht, aber du kannst mich ruhig per ›du‹ anreden. Wir bevorzugen hier den amerikanischen, den lässigen Stil. Möchtest du noch ein Beinchen?« Fragend hielt ich ihm ein viertes gebratenes Hühnchenteil entgegen. Er griff zu und grinste. Die Prüfung schien ich bestanden zu haben.

Wieder im Kaminzimmer zurück, belehrte mich der Vater: »Unser Sohn wächst nicht. Das kommt von dem vielen unsinnigen Rauchen und seinem liederlichen Lebenswandel. Wir wissen es genau, doch er will es nicht wahrhaben.«

»Ja, es ist erwiesen, dass Jugendliche, die vor der Pubertät stehen, unter enormen Wachstumsschwierigkeiten leiden, wenn sie unbeherrscht Nikotin rauchen und Drogen konsumieren«, gab die Gattin ihrem Mann Recht. Casimir saß wieder unbeweglich auf seinem alten Platz. Plötzlich wurde die Tür zum Esszimmer aufgestoßen, ein Fußkick war zu hören, und die Messingklinke schlug hart gegen die Wand. Herein trat ein Mädchen von sechzehn Jahren. Strahlend blaue Augen blickten kühn, die blonden Haare wurden von einem Haarreif nach hinten gehalten, die Jeans saßen eng an ihren langen Beinen. »Hallo, ich bin Antoinella!«, rief sie fröhlich.

Dr. D. sprang wie elektrisiert von seinem Sitz auf und verbeugte sich höflich. Er begrüßte die Tochter des Hauses, indem er ihre Hand ergriff und sie einen Handkuss andeutend in die Höhe hob. Auch Casimir stand nach einem Rippenstoß seiner Mutter auf und grinste Antoinella mit einem schelmischen Lachen an, so dass seine Zähne sichtbar wurden. Sie schienen zu viele und zu groß zu sein. Rechts und links ragte je ein Eckzahn gefährlich scharf hervor.

Später zeigte Antoinella Casimir sein neues Zimmer und half ihm beim Auspacken. Der Käfig mit der Ratte wurde erst einmal auf das Bücherbord gestellt.

»Wir haben zwei Hunde, die schon von der Ratte träumen!«, lachte Antoinella.

»Meine Ratte heißt Nelson. Ich hatte noch eine zweite, die hieß Churchill und wurde totgebissen«, antwortete Casimir traurig.

Casimirs Eltern verabschiedeten sich bald recht kühl und sachlich von ihrem Sohn. Sie wandten sich ab und gaben ihm nicht einmal die Hand. Zwischen dieser lieblosen Verabschiedung und dem Ritual, das in unserer Familie zur Begrüßung und zum Abschied abgespult wird, liegen Welten, dachte ich. Wir umarmen immer unsere Kinder herzlich, so dass sie beinahe das Gleichgewicht verlieren, und stoßen laute Rufe der Freude beim Sehen und des Bedauerns beim Gehen aus. Immer fragen wir, wann sehen wir uns wieder? Was, erst in einem Monat? Das ist ja nicht auszuhalten! Mir wurde klar, hier hatte ich eine große Aufgabe übernommen mit allen Pflichten und Verantwortungen. Dieser Junge würde alle meine Liebe brauchen. Und ich wollte sie ihm geben. Das Tübinger Auto verließ Hoheneich, und Casimir war das neue Mitglied der Familie von Dörnberg geworden.

Ein paar Stunden später lag Casimir auf seinem Bett, einem richtig breiten Königsbett. Die Tapete seines Zimmers war in grünen Tönen gehalten und zeigte Leoparden, die unter Palmen lagen. Neben seinem Bett stand auf dem Nachttisch eine Tiffany-Lampe. Ein Tellerchen mit Schokolade und Keksen stand bereit. Casimir legte sich flach auf den Rücken, schloss die Augen und überließ sich seinen Gedanken. Am Montag würde die verhasste Schule wieder beginnen, das wusste er.

Noch einen Tag hatte er Zeit, sich einzuleben oder abzuhauen. Er starrte an die Zimmerdecke und ließ die Bilder seiner Kindheit an sich vorüberziehen.

## Casimirs Kindheit und Jugend

Herr Dr. D. war ein Anwalt der alten Schule. Er hatte sich seine Kanzlei in einer alten Villa mit verwildertem Garten eingerichtet, die er nach seiner Hochzeit mit der ambitionierten Chemiestudentin gekauft hatte. Viele Mandanten suchten seinen juristischen Rat. Er war auf seinem Gebiet kompetent, doch lag ihm nicht viel an der Buchhaltung und lästigen Rechnungsschreiberei. Bald war sein Anwaltsbüro hoffnungslos überfüllt von Akten und Papieren, Dokumenten und Verträgen. Auf den Tischen häuften sich die zur Ablage bereiten Schriften, auf dem Fußboden lagen die noch zu bearbeitenden Unterlagen. Es herrschte Chaos. Der Weg zur Tür war nur mit großen Schritten und Stolpern über die Papierstapel zu überwinden. Wollte ein Mandant den Anwalt sprechen, musste er von dem Treppenabsatz mit einem großen Schritt in das tiefergelegene Besprechungszimmer springen.
Frau Professor D. verließ jeden Morgen punkt sieben Uhr das Haus und ging zur Universität, wo sie ihren Lehrstuhl hatte. Sie liebte ihren Beruf und war sehr erleichtert, nicht den ganzen Tag zu Hause bleiben zu müssen. Die Beschäftigung mit Kochen und Hausputz, Kindern und Ehemann füllte sie nicht aus. Sie brauchte ihre geistige Herausforderung.
Das Haus war eine schöne, doch verwahrloste Villa mit einem Holzbalkon, der zur Südseite zeigte. Im verwilderten Garten standen eine Blutbuche und vom Moos überwachsene Steinstühle. Die Villa hatte keine Zentralheizung. Im Winter wurden die kleinen Eisenöfen in jedem Zimmer mit Holz und Kohle geheizt. Schon ab April wurde die mühsame und teure Wärmegewinnung eingestellt und erst wieder im Oktober aktiviert. Das hieß, von Frühjahr bis Herbst war es im alten Ge-

bäude oft lausig kalt, so dass die Ratten, die als Haustiere gehalten wurden, aus ihren Käfigen ausbrachen und die Wärme der Kinderbetten suchten.

Casimirs Zimmer war eigentlich kein richtiges Zimmer. Es war ein Durchgangsraum, der an der Längsseite aus einer Glasfront, die auf den Gang schauen ließ, bestand. An den Schmalseiten befand sich je eine Tür, zum Hineingehen und gleich wieder zum Hinausgehen. Ein Fenster, das in den Garten oder in einen Hinterhof zeigte, gab es nicht. Die Luft war in diesem dunklen Raum abgestanden und verbraucht. Ein altes, verrostetes Fahrrad lehnte an der Wand. Weil in der Gegend viel gestohlen wurde, schien ihm sein Beförderungsmittel nur in der Wohnung sicher.

Wenn die vielen Freunde, die ständig und unaufgefordert die Zimmer der D.-Kinder im ersten Stock aufsuchten, absolut keinen Erwachsenen und schon gar nicht die kritischen Eltern sehen wollten, ließen sie ein Plakat an einer langen Kette an dem Flurfenster herunter. Es war ein Verbotsschild mit den Worten: »Churchill und Nelson im Nahkampf! Kein Eintritt!« Dann war es die Zeit der Ratten, sie konnten frei im Raum umherlaufen, sich mit den mitgebrachten Gastnagern paaren und beißen. Die Eltern vermieden dann, die Türen zu öffnen, da die flinken Ratten entlaufen könnten und sich womöglich in irgendeinem Winkel des alten Hauses einen Unterschlupf suchen würden.

Casimirs Schwester war eine richtig kleine »Zicke«. Sie bewies ihren zwei Brüdern ständig, dass sie ihnen weit überlegen war. Sie ließ sich von einer Freundin ihre Haare orange mit grünen Spitzen färben und asymmetrisch schneiden. Die linke Seite ihres Kopfs bedeckten lange, abstehende Strohhaare, rechts ragte ein kurzes Stoppelfeld zum Himmel. Sie hieß Maritta und stand kurz vor dem Abitur. Aus Zeitmangel, den die Eltern sehr gut nachempfinden konnten, gab sie ihren Brüdern Anweisungen, wie sie zu kochen und zu putzen hatten, die sie mit Besenstielhieben durchsetzte. Denn sie selbst musste lernen. Kamen die jungen D.s aus der Schule nach Hause, so war das Haus menschenleer und die Küche verwaist. Niemand hatte ein warmes Essen vorbereitet. Die Kinder des Anwalts aßen wochenlang nur geröstete Haferflocken zu Mittag, die in einer Pfanne mit etwas Butter gebraten wurden. An der schmalen, einseitigen Kost war einerseits der Veganerwahn der großen Schwester schuld, andererseits waren einfach keine Nahrungsmittel im Haus. Der Kühlschrank war ständig gähnend leer und genauso kalt wie die Wohnung. Maritta übernahm mit bitterer Entschlossenheit die Rolle der Hausfrau: »Leon, du deckst den Tisch! Casimir, du holst die Pfanne und tust Butter hinein!«, befahl sie.

»Aber die Teller sind so weit oben und schwer!«, jammerte der siebenjährige Leon.

»Tu, was ich dir sage! Sonst knallt's!«

»Casimir, jetzt die Haferflocken dazuschütten! Oder willst du vielleicht, dass wir schwarzes Höllenfett essen?«

»Die Haferflocken sind leer!«

»Du Idiot! Hast du vergessen, welche einzukaufen?«

Maritta knallte den Besenstiel auf den Tisch, dass die Teller hochsprangen.

»Cool down, Schwesterlein! Ich meine Lästerschwein!« Casimir feixte. Er wusste, wie er seine Schwester reizen konnte.

»Du sollst mich nicht so blöd anmachen! Na warte!«

Sie rannte hinter Casimir her, der sich flink mit einem Sprung auf den Tisch rettete. Die Teller flogen auf den Boden. Leon heulte. Jetzt musste er die Scherben aufheben und wieder neue Teller holen. »Leon, du rennst zum Fietje um die Ecke und kaufst Haferflocken. Beeilung!«, rief atemlos Maritta und fügte schnell hinzu: »Nix muss!« Ein kleines Wortspiel mit Konsequenzen.

»Nix muss«, rief jetzt auch Casimir schnell.

»Nix muss!«, rief Leon, doch – Pech gehabt – er war der Letzte und somit der Verlierer.

Maritta beförderte ihren aufschreienden, sich sträubenden kleinen Bruder mit dem Besenstiel aus der Tür hinaus. Casimir trank derweil den letzten Saft aus der Flasche und rülpste

laut. Maritta sagte auf einmal ganz sanft zu ihm: »Wenn das Vater hören würde oder einer seiner feinen Mandanten, dann wärst du reif für eine Ohrfeige!« Casimir schlug sich mit den Fäusten auf seine Brust und brüllte wie ein Stier. Das tat er immer, wenn er sein Imponiergehabe demonstrieren wollte.
Als der siebenjährige Leon endlich mit den gerade gekauften Haferflocken in die Küche trat, waren die Geschwister längst davongestoben und auf ihren Fahrrädern zu Freunden gefahren. Leon probierte die Flocken roh und fand sie auch gut, nur etwas trocken. Die Körner fielen immer wieder vom Plastiklöffel herunter. Er konnte gar nicht verstehen, warum er so allein war.

## Casimirs Schulzeit

Casimir war ein aufgeweckter, intelligenter Junge. In der Grundschule fiel er durch seine rasche Auffassungsgabe und flinkes Umsetzen des Lehrstoffs auf. Die Eltern waren stolz auf ihren Sohn. Zu Weihnachten verschickten sie Fotos mit herzlichen und gesegneten Grüßen. Auf den Bildern war ein kleiner Junge zu erkennen, der konzentriert in einer riesigen Zeitung las. Oben war in großen Lettern »Die Welt« zu sehen. Der Kleine liest bereits »Die Welt«, staunten dann die Verwandten und Freunde, nachdem sie diese Grußkarten erhalten hatten.
Der gute Schüler wurde ohne Probleme in dem Gymnasium aufgenommen. Das erste Jahr auf der neuen Schule wurde bestens gemeistert. Der Lernstoff war leicht. Vokabeln waren noch nicht übermäßig viele zu lernen. In der zweiten Gymnasialklasse, als Casimir zwölf Jahre alt war, fing alles an. Er war unkonzentriert. Er fror und hatte Hunger. Da er von kleinem Wuchs war, wurde er gehänselt, er konnte sich nicht wehren. Zu Hause hörte ihm niemand zu. Keiner gab ihm Halt. Sein kleiner Bruder wurde ständig vorgezogen und verwöhnt, für Casimir blieb nur die Flucht nach vorne. Weglau-

fen! Anfangs wurde er noch vermisst. Der Vater suchte ihn. Die Mutter, Frau Professor D., hingegen äußerte sich gegenüber ihrem Mann mit klarer Logik und greller Stimme: »Casimir kennt die Adresse, wo wir wohnen. Er wird alleine zurückkommen. Suchen ist nicht nötig!«
Im nächsten Jahr blieb Casimir immer häufiger und länger von zu Hause fort. Sein Vater resignierte endlich und gab enttäuscht das Fahnden nach seinem ältesten Sohn auf. Wenn er ihn im Haus sah oder zufällig auf der Treppe traf, verlangte der Rechtsanwalt lediglich, dass sein Sohn ihn zu grüßen habe. Diese zwei Worte an den Erzeuger zu richten: »Guten Morgen«, sei wohl sicher nicht zu viel verlangt, meinte der überarbeitete Vater. Ansonsten durften die Eltern die Kinderetage im Haus nicht aufsuchen. Sollten sie sich doch einmal dort oben verirrt haben, so wurden sie mit derben Worten und groben Beschimpfungen verjagt: »Verpisst euch! Lasst euch ja nicht mehr hier blicken!«
Nachts schlich sich Casimir oft in das Elternhaus zurück. Er fütterte seine Ratten, packte einige saubere Kleidungsstücke in eine Plastiktüte und hängte das Verbotsschild in das milchige Gangfenster, dann war er sicher, sein Vater würde ihn nicht besuchen und mit Vorwürfen beladen. Nur Maritta hörte ihn manchmal kommen und fragte ihn leise nach seinem Aufenthalt: »Wo treibst du dich rum?«
»Ich wohne bei Micha.«
»Aber der hat doch gar keine Eltern mehr.«
»Korrekt!«
»Was heißt das? Wo schläfst du?«
»Wenn du nichts den Alten sagst, verrate ich es dir!«
»Meine Hand darauf!« Sie legte Zeige- und Mittelfinger der rechten Hand in die Handfläche ihres Bruders und hob dann die Finger zur Stirn, dorthin, wo das dritte Auge sich befindet und alles sieht.
Er tat es ebenso: »Micha hat mich in seiner Bude im Keller aufgenommen. Er wohnt bei seinem Onkel. Wir haben ein tolles Zimmer mit einem Wasserbett. Richtig komfortabel!«

»Wer ist Micha genau?«
»Ein Freund aus der Schule. Cooler Typ. Er ist eine Klasse über mir. Kann prima Tüten bauen. Kiffe mit ihm, er kommt an super Stoff ran.«
»Gehst du in die Schule?«
»Manchmal.«
»Das gibt Ärger, reiß dich zusammen und geh wenigstens pünktlich zur Schule!«
Die letzten Worte der Schwester erreichten Casimir nicht mehr. Er hatte bereits den Handlauf des Treppengeländers umklammert, blickte gehetzt um sich und verschwand drei Stufen auf einmal nehmend in der Dunkelheit der unteren Etage.

## Der Schuldirektor

Herr Dr. D. beschäftigte gerade seine Sekretärin, die nur stundenweise aushalf, indem er ihr umständlich einen Schriftsatz diktierte. Das Telefon klingelte laut, so dass der schwarze, altmodische Hörer zitterte und bebte. »Gerade jetzt werden wir gestört, jetzt wo äußerste Konzentration wichtig wäre«, rief nervös Herr D. Am anderen Ende der Leitung meldete sich der Schuldirektor, der in bestimmendem Ton den Hausherrn und Vater von Casimir D. verlangte.
»Ja, am Apparat«, stöhnte der Vater.
»Ihr Sohn Casimir ist schon tagelang nicht mehr in der Schule erschienen. Wir ersuchen Sie daher, dafür Sorge zu tragen, dass Ihr Sohn umgehend zum Unterricht erscheint. Sollten dem gewichtige Gründe entgegenstehen, setzen Sie sich bitte bis nächsten Montag zwecks eines Beratungstermins mit uns in Verbindung. Ihr Sohn ist vollzeitschulpflichtig.«
Herr D. war überfordert und lamentierte mit wildem Schnaufen: »Das hab ich nicht gewusst. Nein, das haben wir nicht bemerkt. Sie sagen, er ist tagelang nicht zur Schule gegangen? Wo soll er bloß hingegangen sein, während wir angenommen haben, dass er in der Schule sitzt?«

»Diese Frage können wir Ihnen nicht beantworten. Ich möchte Ihnen raten, kümmern Sie sich um Ihren Sohn!«
Der Schulleiter legte auf, und dem geplagten Vater fiel der Telefonhörer aus der Hand. Er wollte ihn festhalten, doch der Hörer rutschte nach dieser hektischen Bewegung unter einen Berg von Papieren, der wie ein Mottenschwarm auseinanderstob. Casimir wurde bald danach von der Schule verwiesen, da er nur selten zum Unterricht erschien und keine Entschuldigungen vorweisen konnte. Wenn er anwesend war, weigerte er sich mitzuarbeiten. Die Eltern entschlossen sich, ihren Ausreißer und Verweigerer auf ein Internat zu geben. Doch bis zum Beginn des neuen Schuljahrs war noch die lange Ferienzeit zu überbrücken. Und Casimir nutzte diese kostbare Freizeit, um total abzusacken. Er verschwand im Untergrund.

## Das Happy-Child-Projekt

Casimirs jüngerer Bruder Leon war ein liebes, verträumtes Kind. Er verstand die Kälte im Elternhaus genauso wenig wie die ständige Abwesenheit von Mutter und Vater. Eines Tages las der Vater bei der kurzbemessenen Frühstückspause einen Artikel in der Zeitung: »Happy Child. Bunte Aktivitäten, gesundes Landleben im Landhaus Trixi von Dörnberg.« Herr Dr. D. schrieb sich sofort die Adresse heraus, denn er wollte mal seinem Jüngsten eine kleine Luftveränderung gönnen und ihn dem schlechten Einfluss der Geschwister entziehen. Leon war nach Ansicht seiner Eltern noch zu jung und unverdorben für die wilde Lebensführung seiner Geschwister. Das schlechte Vorbild des älteren Bruders durfte auf keinen Fall auf den jüngeren abfärben. Der würde ihn am Ende auch den Eltern entfremden.
Leon war acht Jahre alt, als er das erste Mal mit dem Zug zu uns anreiste. Er trug einen schmalen blauen Rucksack, in dem seine wenigen Habseligkeiten verstaut waren. Ich begrüßte

ihn wie jeden neuen Ankömmling auf meine, wie meine eigenen Kinder humorvoll sagen, typisch laute, überschwängliche Art und drückte ihn, den völlig unbekannten Knaben, stürmisch an mein großes Herz. In unserem geräumigen Landhaus bezogen er und weitere Jungs von acht bis zehn Jahren die Gästezimmer. Die Kinder wurden zu zweit auf die Räume, die nach Blumen und Tieren benannt waren, verteilt. Leon schlief mit einem Rotschopf aus Berlin zusammen. Ich ging, als alle eingetroffen waren und ihre Stuben bezogen hatten, von Zimmer zu Zimmer und verteilte die Programme für die Aktivitäten der Woche. Es wurden eine Radtour zu einer Mühle angeboten, Suppekochen über offenem Feuer in einer Waldhütte, Reiten und Schwimmen, Besuch einer Zinngießerei und eine Abschlussrallye. Gleich zu Anfang sollte jeder, das war schon Tradition, seinen »Happy-Child-Stock« selbst schnitzen und als Vorabbelohnung für lange Wanderstrecken einen Stocknagel von der Burg Herzberg auf den Stab genagelt bekommen. Später sollten sich noch viele andere Stocknägel von erwanderten Zielen dazureihen. Am Abend, nach dem Essen, setzte ich mich an die Betten der müden Kinder und fragte jeden, ob er einen christlichen Glauben habe und ob er beten möchte.

»Ja, gerne!«, sagte eines.

»Wir beten zu Hause immer!«, sagte das andere.

Manche sagten: »Ich weiß nicht, vor den anderen traue ich mich nicht!«

Einige sagten auch: »Wir beten nie!«

Leon kannte kein Gebet, er wollte jedoch eines hören. Ich fing an und faltete die Hände: »Müde bin ich, geh zur Ruh, schließe beide Augen zu. Vater lass die Augen dein, über meinem Bette sein. Amen.« Dann breitete ich die Arme weit aus und rief: »Lieber Gott behüte ...« und zeigte auf den Rotschopf. – »Meine Eltern«, antwortete dieser.

»Lieber Gott behüte ...«, ich sah zu Leon. – »Meine Ratte!«, sagte der.

Den Stock, den alle zehn Kinder am nächsten Tag von einem

Haselnussbaum abschnitten und dann mit dem Taschenmesser verzierten, wurde zu einem wahren Kunstwerk. Denn ich zeigte ihnen, wie man eine Schlangenlinie schnitzt und den Namen in Initialen verewigt oder Indianermuster einkerbt. Leon legte seinen Stock mit den Buchstaben L D nicht mehr aus der Hand. Nachts musste sein Stab an seinem Bett Wache stehen.

Der jüngste Sohn der Familie D. kam immer wieder zu dem Jugendcamp, manchmal dreimal im Jahr. Als er einmal seinen geschnitzten Stock in Hoheneich vergessen hatte, musste sein Vater eigens anreisen, um den Stock abzuholen. Herr Dr. D. schüttelte damals mit großem Unverständnis den Kopf: »Ich kann es nicht verstehen, nein, ich kann es nicht fassen, wegen diesem elenden Stück Holz musste ich die weite Reise unternehmen. Mein Sohn gab einfach keine Ruhe, er jammerte jeden Tag, bis ich versprach zu fahren.«

Abends, wenn alle »Happy Children« im Bett lagen und Leon sich die müden Augen rieb, erzählte er mir noch viel von seinem großen Bruder: »Weißt du, ich mach mir wirklich Sorgen, wo mein Bruder jetzt wohl ist. Ob er ein Bett hat oder auf der Straße liegt?« Ich fragte ihn, ob der große Bruder nicht zu Hause bei den Eltern sei.

»Nein«, antwortete er, »der ist doch abgehauen und jetzt ist er schon so lange weg!«

Dann wollte ich wissen, ob der Bruder schon öfter fortgelaufen sei, und Leon sagte: »Klar, der macht das immer wieder. Die Eltern suchen schon gar nicht mehr nach ihm! Er ist meistens in Frankreich.«

»Wie heißt dein Bruder?«

»Casimir!«

An diesem Tag hörte ich zum ersten Mal den Namen von Leons älterem Bruder Casimir. Die Art, wie der kleine Leon über seinen Bruder sprach, rührte mich. Teilweise war ein stolzer Unterton in seinen Auskünften zu erkennen, denn sein Casimir war mutig und wild. Teilweise schwangen aber auch Sehnsucht und Angst mit. Denn es könnte Casimir ja auch etwas Böses passieren, vielleicht sogar ein Mord? Behutsam strich ich dem kleinen Leon über die Haare und versicherte ihm, dass die Polizei überall aufpassen würde und sicher den Ausreißer finden könnte. Wir hätten ja schließlich auch »Interpol«!

## Wo ist Casimir?

Der Unterricht im neuen Internat am Chiemsee fing nach den Sommerferien Anfang September wieder an. Casimir hatte sich vor ein paar Tagen mit den Eltern das Schulgebäude angesehen und an den Gesprächen mit dem Direktor teilgenommen. Der Schüler schien willig und sagte zu allem »ja«. Doch am Wochenende vor Schulbeginn war Casimir unauffindbar. Die Eltern warteten ab, ob er sich irgendwann, wie so oft, von selbst wieder einfinden würde. Der verlorene Sohn kam nicht. Nach einer Woche der Ungewissheit rief der Schuldirektor bei den D.s an. Maritta saß gerade alleine im öden Haus. Sie hatte kurz zuvor das Abitur bestanden, fühlte sich jetzt aber leer und frustriert. Irgendwie fehlten ihr die Klassenkameraden und das feste Gefüge des Schulalltags. Sie hatte sich bei Fietje um die Ecke eine Tüte frische rote Kirschen gekauft und wollte sie vor dem Fernseher genüsslich verzehren.

Als das Telefon klingelte, nahm sie den Hörer ab und meldete sich gelangweilt: »Ja, hier Pinkelmann.« Sie sagte immer Pinkelmann statt ihres richtigen Namens, Dinkelmann, wenn sie sich in einer trotzigen Sackgasse befand.

»Ja ..., ja ..., ja ...!« Maritta hörte dem Anrufer nicht zu, sondern aß schmatzend ihre Kirschen und spuckte die Kerne bei jedem »Ja« durch den Raum. Ein Kern traf ihre Ratte, die erschrocken gegen das Gitter sprang, ein anderer traf mit hellem Pling den Glasschirm der Hängelampe. Am anderen Ende des Telefons rief eine Stimme: »Hören Sie mich? Ich kann Sie nicht hören!«

»Wieso, wer sind Se denn?« Maritta nahm die Füße vom Tisch. »Sie sind der Herr Direktor vom Internat blabla? Und wollen meinen Vater sprechen? Nicht da! Den Sohn? Nicht da!«
Der Direktor legte befremdet den Hörer auf. Maritta drehte den Fernseher auf laut. Es lief ihr Sender, ein Musikkanal. Gerade rappte ihre Lieblingsgruppe schwarz und sexy, heiß und wild. Maritta tanzte wie ein Bär durch den Raum und sang die Rap-Texte lautstark mit.
Ein paar Tage später diktierte Vater D. seiner Sekretärin einen Brief an das Internat: »Leider verzögert sich der Eintritt unseres Sohnes Casimir in Ihre Schule um einige Tage, da er krank ist. Ich bitte, ihn zu entschuldigen. Mit bestem Gruß, Dr. jur. D.«
»Ich bin mit meinen Kindern geschlagen!«, stöhnte der Anwalt.
»Selbst schuld, warum setzen Sie Kinder in die Welt? Die machen nichts als Terror! Das weiß man doch!«, war die lakonische Antwort der kinderlosen Sekretärin.

## Casimir im freien Fall

Casimir merkte, dass die Tage der Freiheit bis zum Eintritt ins Internat gezählt waren, und packte panikartig seine wichtigsten Sachen zusammen. Bei Micha bekam er immer einen Platz auf dem Wasserbett, das wusste er. Spät in der Nacht klopfte er bei seinem Freund an die Tür und imitierte einen Käuzchenruf. Das war ihr verabredetes Erkennungszeichen. Micha öffnete und umarmte ihn stürmisch, denn auch er hatte sich entschlossen, die Schule zu schmeißen. Zwei revolutionär Denkende wollten der bürgerlichen Welt die Stirn bieten, wollten aus den engen Konventionen ausbrechen und neue Wege gehen. Zum Auftakt drehten sie sich einen Joint und genossen dazu Cola mit Bacardi.
Michas Freundeskreis war groß. Jeden Abend um halb sieben

traf sich die Szene auf einem Platz am Hauptbahnhof. Die Polizei erschien oft auf diesem Platz und führte überraschende Razzien durch. Ein Späher jagte dann einen langen, schrillen Ton über das Pflaster des Hofs. Dieser Pfiff bedeutete: Achtung! Besuch kommt! Sofort war der Platz totenstill. Die Dealer verschwanden schattengleich hinter den Ulmen. Die Kiffer schmissen ihre Joints in den Tümpel, und die Heroin-Junkies zerrten sich die Spritzen aus den Adern. Nur die Obdachlosen mit ihren Hunden behielten die Ruhe, denn sie hatten wenig zu befürchten. Sie trafen sich regelmäßig an der westlichen Ecke der alten Handschuhfabrik, wo ein paar Bänke den Platz einschränkten. Dort konnten sie bequem schlafen. Passkontrollen und Fragen nach festem Wohnsitz ließen sie routiniert über sich ergehen.

Ganz schlimm war es hingegen für die jugendlichen Ausreißer unter achtzehn Jahren, die als vermisst gemeldet waren. Die wurden sofort festgenommen und in das Polizeiauto befördert. Casimir und seine Gang hassten die Ordnungshüter. Denn die machten kurzen Prozess, ließen sich auf keine Diskussion ein, sondern pressten die Verdächtigen gegen die Fabrikmauer und durchsuchten ihre Taschen nach Drogen und Waffen. Oft wurden den Jugendlichen bei dieser Aktion die Arme so fest an die Steine geworfen, dass ihre Uhren am Handgelenk zersplitterten. Casimir war bei solchen Razzien unerschrocken, denn er wusste, seine Eltern suchten ihn nicht, also war auch kein Steckbrief oder irgendeine Beschreibung seiner Person aktenkundig. – Später, als Casimir schon einige Wochen bei mir in Hoheneich war und ich nächtelang an seinem Bett saß, um seinen Erzählungen zu lauschen, zeigte er mir die demolierte Armbanduhr. Ich fragte ihn entsetzt, ob das bei einem Verkehrsunfall passiert sei. »Nein!«, klärte er mich auf. »Das waren die brutalen Razzien der Polizei.«

Kam mal keine Polizei und wurde die Symbiose von Gammlern und Kiffern auf diesem Platz nicht gestört, dann herrschte ein fröhliches Treiben. Laute Musik schallte aus den Kofferradios. Auf dem Kiesplatz vor dem Teich wurde Boule

gespielt. Die Hunde liefen tollend und bellend über das graue Pflaster. Trockene Holzscheite wurden übereinandergelegt und ein Feuer entfacht, darüber wurde auf einem Rost gegrillt und gekocht. Der Sommer war heiß, Grillen zirpten, und die Turmuhr schlug silberhell jede Stunde. Noch lange nach Mitternacht saß Casimir mit seinem Freund Micha zusammen. Sie fühlten sich frei und völlig unbeschwert. Durch den permanenten Drogenkonsum und den vielen Alkohol entschwebten sie der Normalität der Welt in einen Zwischenraum von Halluzination und Euphorie.
Ein Typ brachte einmal ein lachendes Mädchen mit. Sie trug ein schwarzes Ledermieder zu einem kurzen Schottenrock, ihre Stiefel waren aus hartem, glänzendem Leder. Um das rechte Bein hatte sie eine grobe Messingkette geschlungen, die mit einem billigen Vorhängeschloss verriegelt war. Casimir war begeistert, dieses Mädchen gefiel ihm auf den ersten Blick. Sie hieß Judith. Bald war sie seine Freundin. Und es dauerte nicht lang, da waren sich die drei Freunde einig, nach Frankreich zu trampen. Sie wollten das mediterrane Klima genießen und billig an Rotwein gelangen.

## Auf nach Frankreich!

Am nächsten Tag trafen sich die drei Freunde wieder vor der leeren Fabrikhalle. Es musste eine Strategie her, damit der Trip auch ein Erfolg würde. Judith hatte die Idee. Sie kannte einen Bäcker, der jeden Morgen nach Straßburg fuhr, um dort Graubrot auszuliefern. Dieser Lieferant versprach, die Freunde mit nach Frankreich zu nehmen. Aber zuvor musste noch etwas sehr Wichtiges geregelt werden. Keiner der drei Ausreißer hatte Geld. Also musste noch »Kohle« besorgt werden. Judith flüsterte Casimir zu, dass sie einen Weg wüsste, aber noch nicht darüber reden wolle. Casimir hatte ebenfalls eine zündende Idee. Die Freunde trafen sich am nächsten Morgen vor der Backstube. Es war noch stockdunkel, als Judith einen

Lederbeutel aus dem Mantel zog und Casimir eine nicht geringe Menge an Geldscheinen und Cent zeigte. Casimir wollte den Dukatenesel benannt wissen, und Judith flüsterte: »Meine Mutter ist Ärztin, im Wartezimmer hängen die Mäntel der Patienten. Taschenpfändung!« Casimir pfiff durch die Zähne.

»Und du?«, fragte Judith. Casimir holte aus seinem Rucksack einen flachen Koffer. Er war mit blauem Samt bezogen. Er öffnete ihn, und Judith sah mehrere Etagen übereinander mit alten Silbermünzen.

»Von wem?«, fragte sie.

»Von meinem Alten, ich wusste genau, wo er die Sammlung gebunkert hat.« Beide lagen sich lachend in den Armen, und als Mischa auftauchte, konnte die Reise im Bäckerwagen beginnen. In Straßburg hielten sich die Jugendlichen nicht lange auf, sondern trampten gleich weiter nach Nancy. In dieser Stadt kannte sich Casimir aus. Er war schon oft per Anhalter hierhergefahren, lebte mit Gleichgesinnten auf gammeligen, verlassenen Campingplätzen oder hauste in der alten Zitadelle.

Das Leben in der Ruine war nicht immer einfach. Hier herrschten Bandenkriege unter den verschiedenen Nationalitäten. Die jungendlichen Herumtreiber waren alle gesetzlos, gnadenlos und mutig: Sie kannten keine Skrupel. Casimir konnte sich mit seinem Charme, seiner pantherartigen Geschmeidigkeit und seiner Intelligenz fabelhaft durchsetzen. Er sprach fließend Französisch und wusste in brenzligen Situationen, wenn z.B. die Flics erschienen, durch gewandtes Auftreten und treuen Augenaufschlag die Situation zu retten.

Ohne Mühe konnte Casimir auf einer Bank sein Diebesgut, die vom Vater jahrelang gesammelten Münzen, in Bares umtauschen. Einige Zeit lebten Casimir und Judith recht gut von dem Geldregen, doch eines Tages war auch der versiegt, und sie mussten »organisieren gehen«. Das hieß: klauen wie die Raben. In den Warenhäusern lenkte Judith die Verkäufer ab,

und Casimir stopfte schnell seinen Rucksack voll. Auf den Märkten des würdigen Platzes St. Epvre fielen die Gesetzlosen in Horden wild schreiend und raubend über die Marktstände her. Auch alte Damen waren vor ihnen nicht sicher. Sie wurden harmlos nach der Kathedrale gefragt und dann flink ihrer Handtaschen entledigt.
Casimir war ein Dauerkonsument von Drogen aller Art. Er probierte Halluzinogene wie LSD. Die mit dem Konzentrat getränkten Löschpapier-Pappen legte er sich auf die Zunge und genoss den Trip in die Bewusstseinserweiterung. Er nahm das synthetische Weckmittel »Speed«, um wach zu bleiben. Er brauchte immer mehr Aufputschmittel und warf sich Stöße von mehreren Tabletten in den Rachen. Dazu rauchte er jede Menge Cannabis. Er wurde immer ruheloser, Sinnestäuschungen suchten ihn heim, und Angstzustände plagten sein dünnes Nervenkostüm. Bald konnte Judith seine Aggressionen nicht mehr aushalten. Sie verließ ihn und reiste alleine zurück nach Tübingen. Sie hatte Heimweh und wollte mit ihrer Mutter sprechen, um ihr alles zu beichten. Auch Mischa verabschiedete sich. Casimir trieb es alleingelassen immer wilder. Eines Nachts hatte er nach einer exzessiven Drogenparty die Orientierung verloren, rannte mit Freunden völlig zugedröhnt planlos durch die Stadt, bis sie plötzlich vor dem Polizeipräsidium standen. Voller Wut warfen sie Steine in die Fenster der Ordnungshüter und wurden sofort festgenommen. In der Arrestzelle mussten sie mehrere Tage schmoren, bis ihre Identität festgestellt werden konnte.

## Gegenüberstellung mit dem Vermissten

In der Zwischenzeit wurde in Tübingen eine Vermisstenanzeige für Casimir D. aufgegeben. Der Internatsdirektor der Schule am Chiemsee fand die Tatsache befremdend, dass der angemeldete Schüler Casimir D. trotz mehrfachen Nachfragens und mahnender Briefe nicht erschienen war. Er benach-

richtigte die Schulbehörde in Tübingen, die sich wiederum an das Jugendamt wandte.
Das Jugendamt schickte einen Sozialarbeiter in die Kanzlei von Casimirs Vater. Der traf dort auf erstaunlich passive und desinteressierte Eltern. Weil die Eltern nicht nach ihrem verlorenen Sohn suchten, musste der Sozialarbeiter tätig werden. Er verlangte ein Foto des abgängigen Kinds und schrieb sich die Personalien auf. Die Personalien und das Bild wurden der Polizei übergeben, und der Behördenapparat lief an. Casimir wurde endlich steckbrieflich gesucht.
Bald darauf erhielt Casimirs Vater einen Brief aus Frankreich: »Monsieur et Madame, wir haben einen Jugendlichen aufgegriffen, auf den die angegebenen Merkmale des international gesuchten C. zutreffen. Doch möchten wir eine genaue Identifizierung anordnen, um Verwechslungen auszuschließen. Wir bitten Sie, uns mitzuteilen, wann eine persönliche Gegenüberstellung möglich wäre. Bis zu diesem Termin bleibt der besagte Jugendliche in unserem Gewahrsam.« Absender: Gendarmerie Strasbourg, France.
Rechtsanwalt D. war bestürzt. Mit der Polizei hatte seine Familie noch nie Bekanntschaft gemacht. »Gegenüberstellung«, jammerte er seiner Sekretärin vor. »Das klingt ja grauenvoll! Als ob mein Sohn ein Verbrecher wäre. Eigentlich müsste ich fahren, schließlich bin ich Anwalt und kann meinem Sohn nützlich sein. Wer weiß, in welcher Lage er sich befindet?«
»Ha!«, antwortete die Sekretärin. »Der ist verwahrlost, verlaust und verkifft! In welcher Lage soll der schon sein? Ich finde, das ist jetzt die Aufgabe seiner Mutter, ihn da rauszuholen. Sie hat ihn ja schließlich auch in die Welt gesetzt.«
Die Sekretärin konnte sich mit ihrer Meinung durchsetzen. Frau Professor D. war schließlich bereit, die Reise nach Straßburg anzutreten.
Nach der mehrstündigen Fahrt betrat Casimirs Mutter das Polizeipräsidium in Straßburg. Die französischen Polizisten waren sehr höflich und baten Madame D. in ein Besprechungszimmer. Dort empfing sie der Hauptkommissar und erklärte

der Mutter, dass in einem besonderen Raum in ein paar Minuten die Gegenüberstellung stattfinden würde. Die Jugendlichen, erklärte er, es wären zehn an der Zahl, würden Nummern in der Hand halten, die man sich merken müsste, denn diese wären aus Gründen des Datenschutzes die einzigen Kennzeichen.
Danach begleitete der Kommissar Frau D. in einen Raum mit einer breiten Glasfront. Frau D. blickte durch die getönten Scheiben in einen kahlen weißen Raum, in dem zehn trotzig blickende, völlig zerlumpte Individuen an der Wand lehnten. Frau D. trat erschrocken einen Schritt zurück. Nach kurzem Zögern sagte sie bestimmt: »Nein, mein Sohn ist nicht dabei!«
Der junge Polizist sah die deutsche Frau fragend an: »Aber Madame, Ihr Sohn muss dabei sein! Sehen Sie bitte noch einmal genau hin!«
Er führte die abweisende Mutter erneut vor das Fenster. Sie schüttelte wieder den Kopf.
»Gibt es ein besonderes Merkmal, an dem wir Ihr Kind erkennen können?«, fragte der Kommissar hartnäckig nach.
»Ja …«, war die gedehnte Antwort, »am Knie hat er eine Narbe. Er ist als kleines Kind einmal in Glasscherben gefallen.«
»Welches Knie, rechts oder links?«
»Das weiß ich nicht mehr!«
Der Polizist verließ das Zimmer und besprach sich mit seinen Kollegen.
Casimir, der bei den neun anderen Burschen stand, war am Vortag mit der »blauen Minna« an die deutsch-französische Grenze gebracht worden. Er war in aggressiver Stimmung, da die »verdammte Heimat« nahe war, die Eltern jeden Moment erwartet wurden und viele Fragen offen waren. Casimir, der in Frankreich Wolfszahn genannt wurde, war auf einmal kein stolzer, freier Rebell mehr, nein, er war zum »Underdog« degradiert, ohne Würde und ohne Anerkennung. In der Arrestzelle hatte er Tag und Nacht geschlafen. Wie ein Abfallsack lag er neben dem Feldbett, nur aufgeschreckt

durch das eigene Würgen und Kotzen. Seine geschundenen Organe wehrten sich. Als die Flics jetzt auch noch auf ihn zukamen und seine Beine begutachten wollten, trat er wild schreiend um sich. Er ließ niemanden an sich heran. Eine Leibesvisitation empfand er als die schlimmste Form der Erniedrigung. Nach langem Zureden sagte er jetzt plötzlich, unerwartet vernünftig und ruhig: »Ja, es stimmt, ich habe eine Narbe am Knie. Ja, das weiß ich selbst. Mich braucht niemand zu kontrollieren.«

»Alors!«, rief der Beamte erleichtert, dem die stressige Leibesvisitation erspart geblieben war, und dann: »Komm mit!«

Casimir spuckte in seine Hände, strich sich die langen, zottigen Haarsträhnen noch tiefer ins Gesicht und folgte dem Beamten. Als er den Raum betrat und auf einmal, nach all den Monaten und Wochen, seiner Mutter gegenüberstand, ging ein Zucken wie ein Blitzschlag durch seinen Körper. Er blieb in der Mitte des Raums stehen.

»Das ist Ihr Sohn, Casimir D., Madame!«, sagte der Polizist.

»Unmöglich!« Die Mutter schrie auf. »Wie siehst du denn aus?«

Casimir lachte jetzt verächtlich und zeigte nur die Spitzen seiner Wolfszähne.

Das alte Verhaltensmuster spulte sich automatisch wieder ab: Der Sohn schrie die Eltern an. Die Eltern reagierten gereizt und schrien zurück. Respekt vor dem anderen hatte keiner der Beteiligten. »Hast du wenigstens meine Ratten gefüttert, Mechthild?«, fragte Casimir drohend seine Mutter und ging einen Schritt auf sie zu. Die Mutter wandte sich an die Beamten. Sie brauchte jetzt unbedingt eine Person, die ihr Halt geben konnte. »Ja, es ist mein Sohn. Wie verfahren wir weiter?«, fragte sie unsicher.

»Madame, das Jugendamt Tübingen hat die Betreuung übernommen. Da von Ihnen, den Eltern, keine Suchmeldung aufgegeben wurde, wird Ihr Sohn in ein Jugendheim in der Nähe Ihres Heimatorts überführt.«

»Ja, wieso? Warum denn das? Ich bin doch die Mutter!«, be-

gehrte Frau D. auf. Zu Casimir gewandt, sagte sie: »Komm sofort mit! Wir fahren augenblicklich los!«
»Non!«, brüllte der Sohn. »Fahr alleine, du …!«
Casimir schleuderte seiner Mutter zum Abschluss ein französisches Wort hinterher, das sie nicht verstand, da sie nur Schulfranzösisch sprach, aber der Polizist pfiff leise durch die Zähne. In langen Nächten, in denen ich wieder einmal an Casimirs Bett sitzend, seinen Erlebnissen lauschte, antwortete er mir auf meine Frage: »Hat deine Mutter dich wirklich nicht erkannt?«
»Doch, klar, sie hat mich erkannt, wollte es aber nicht zugeben!«

## Erste Tage im Jugendheim

Auf der gesamten Fahrt von Straßburg in eine kleine Stadt nahe Tübingen wurde wenig geredet. Der graue Dienstwagen des Jugendamts wurde von einer jungen Sozialpädagogin gefahren. Casimir saß vorne auf dem Beifahrersitz. Er schien gelassen und keineswegs unzufrieden. Seine Garderobe war getrocknet, die Haare frisch geduscht, sein Magen knurrte auch nicht, also konnte er mit einer gewissen Neugierde die Landschaft an sich vorbeiziehen lassen. Während der Fahrt fragte die Sozialarbeiterin: »Magst du die Franzosen?«
»Ja, früher.«
»Und jetzt?«
»Jetzt nicht mehr so.«
»Warum?«
»Alles Menschenjäger!«
»Aha. – Na ja, bist gleich wieder in Deutschland.«
»Okay!«
Das Jugendheim war ein Ensemble von mehreren Häusern, die locker verstreut auf einer Wiese standen. Der Direktor, ein Pädagoge und wahrer Menschenfreund, war von einem Neuzugang an diesem Tag unterrichtet worden. Der Direk-

tor liebte Tiere, und um sich einen kleinen Freiraum zum Abschalten und Luftholen zu gönnen, züchtete er Tauben und Enten. Die Käfige und der Taubenschlag waren ein paar Kilometer entfernt von dem Jugendheim am Ende des Dorfs untergebracht. Am Anfang seiner Dienstzeit hatte er versucht, seine Tierliebe auch den Jugendlichen, diesen vernachlässigten und traumatisierten Wesen, zu vermitteln. Deshalb baute er selbst innerhalb des Heimgeländes ein kleines, hübsches Häuschen, das er mit Holzlatten und feinverzierten Brettern verkleidete. Dort wohnten Kaninchen und Zwerghasen. Eine große Wiese mit kleinen Hügeln und Wegen war als Streichelzoo mit einem grüngestrichenen Zaun eingefriedet. Die Kinder waren begeistert und gingen jede freie Stunde in dieses Hasenland, um die Tiere zu streicheln. Doch eines Tages lagen die Kaninchen und Hasen tot im Gehege. Sie waren erschlagen worden. Der Direktor war tief enttäuscht und kam zu der Einsicht, dass seine Heimkinder nicht reif wären, mit Tieren umzugehen.

Im Heim benahm sich Casimir vorbildlich. Erstaunlicherweise hinterließ er einen höflichen und verständigen Eindruck. Er wurde aufgrund seines Intellekts recht bald aus dem nur sporadisch stattfindenden Unterricht des Heims herausgenommen und mit dem Bus ins städtische Gymnasium gefahren. Im Heim half er sehr interessiert und sozial engagiert anderen Insassen bei den Hausaufgaben oder beim Bewerbungenschreiben. Der Direktor wurde auf Casimir aufmerksam und lobte ihn wegen seiner Hilfsbereitschaft. Nach einem halben Jahr war leider die Harmonie wieder zu Ende. Die Eltern seiner Mitschüler am Gymnasium beschwerten sich beim Schuldirektor darüber, dass ein Zögling des Jugendheims zusammen mit ihren Söhnen und Töchtern unterrichtet würde. Der Neue sollte das städtische Gymnasium wieder verlassen. Dem Leiter des Jugendheims stellte sich nun die Frage nach einer Alternative.

Casimir erzählte mir später während einer Waldfahrt, dass er diese feinen Normalbürger, diese Lokaltrottel von Schülern,

die noch nie alleine in einem anderen Land gelebt hätten, aufs tiefste verachtet habe. Es sei ständig zu Konfrontationen gekommen, die meist in schlimme Schlägereien ausgeartet seien. In dem Heim habe er sich sehr wohl gefühlt, doch dadurch, dass er immer wieder Trennungen erdulden musste, habe er ernorm gelitten. In der Schule mit den arroganten Mitschülern habe er sich immer unwohl gefühlt.
»Hast du auch dort in der neuen Schule Drogen genommen?«, fragte ich in normalem Plauderton.
»Na klar! Die waren ja zu doof, um an den Stoff zu kommen, deshalb hab ich den Dealer gemacht.«
»War das der Grund, warum du rausgeflogen bist?«
»Korrekt, die Idioten konnten nicht dichthalten und flennten alles ihren Eltern.«
Ich machte mir im Stillen meine Gedanken: Ich schwor mir, aufzupassen, dass Casimir bei mir clean bliebe. Verdammt aufzupassen!
Am Tag nach der Beschwerde und dem Rauswurf aus dem Gymnasium rief der Heimleiter Casimir D. zu sich ins Büro. Doch Casimir war nicht auffindbar. Der Heimleiter schaltete den hauseigenen Psychologen ein. Der sollte den Schüler suchen und mit ihm Vorgespräche führen. Aber nur die Köchin wusste, wo sich Casimir aufhielt, nämlich bei ihr. Als der Psychologe alle Zimmer durchkämmt hatte und endlich in der Küche erschien, versteckte sich Casimir geschmeidig wie eine Katze unter dem Tisch. Er ahnte schon das Dilemma. Nur das gute Zureden der Küchenfrau bewirkte, dass der »Franzose«, wie sie ihn nannten, seine Deckung verließ und dem Psychologen ins Büro folgte. Dort fragte ihn der Heimleiter: »Casimir, hast du uns etwas zu sagen?«
»Nein!«
»Wirklich nicht?«
»Nein!«
»Nun, gut, dann müssen wir dir etwas sagen.«
Der Psychologe holte etwas umständlich aus: »Casimir, du bist nun ein halbes Jahr in unserer Einrichtung. Auf diese

Einrichtung sind wir sehr stolz, denn die jährliche Statistik besagt, dass …«

Weiter konnte er seine Rede nicht halten. Denn Casimir, der bislang ruhig auf seinem Stuhl saß, den Kopf hängen ließ und durch seine angewinkelten Beine auf den Boden starrte, rastete plötzlich total aus. Er sprang in die Höhe und schrie: »Wollt ihr mich verarschen, oder was geht hier ab? Warum soll ich mir diesen Schwachsinn anhören?«

»Ganz ruhig, Casimir, atme einmal durch!«, versuchte jetzt der Heimleiter, den Jungen zu beruhigen.

»Hinter dem ganzen Terror steckt doch der Direktor vom Gymnasium, das ist doch sonnenklar!«, behauptete Casimir.

»Nein, ganz und gar nicht, die Eltern deiner Mitschüler haben sich über dein unverschämtes Verhalten beschwert. Es gab wohl eine Schlägerei. Außerdem wurde die Polizei in der Schule vorstellig und nahm eine Drogendurchsuchung bei dir vor. Ist das richtig?«

»Alles Bonzenalarm, die wollen mich doch nur provozieren!«

»Das Gymnasium hat dich mit sofortiger Wirkung suspendiert. Da du deine Probezeit nicht bestanden hast, können wir hier nichts mehr für dich tun. Doch wir wollen dir trotzdem helfen, den nächsten Schritt deines weiteren Lebenswegs zu tun. Am besten wäre es, du würdest wieder zu deinen Eltern zurückgehen.«

»Auf keinen Fall!«, rief Casimir verzweifelt und rannte im Zimmer hin und her. »Ich haue ab! In die Sahara … in die Wüste … weiter, immer weiter!«

»Hier können wir dir nicht genügend bieten.« Der Leiter blickte sorgenvoll auf Casimir.

Ein Junge mit dieser Begabung, mit diesen Talenten müsste doch leicht dem Leben die Stirn bieten, dachte er. Warum ist er nur so ziellos? Warum scheint er völlig entwurzelt? Warum hat er die Verbindung zum Elternhaus abgebrochen? Das private Umfeld von Casimir, so schien es dem Direktor, war wohl komplett aus dem Lot geraten. Dass er im Jugendheim

bleiben wollte, war doch nur eine Ausflucht und keine echte Begeisterung.
Der Psychologe ergriff wieder das Wort: »Wir haben bereits mit deinem Elternhaus Kontakt aufgenommen. Dein Vater weiß Bescheid und wird dich morgen abholen.« Casimir stand auf und murmelte nur noch vor sich hin: »Sahara, ja, das ist es, Sahara …«
Zur gleichen Zeit gönnte sich der Rechtsanwalt Dr. D. mit seiner Sekretärin und einem Mandanten in einer Altstadtkneipe von Tübingen einen Drink auf einen erfolgreichen Prozessausgang. Bald kam Dr. D. auf die erneuten Schwierigkeiten mit seinem Sohn Casimir zu sprechen.
»Es bleibt nur noch die Jugendpsychiatrie übrig«, stöhnte er. »Ich muss den Jungen einweisen lassen. Ich weiß mir sonst keinen Rat mehr.«
Die Sekretärin wusste einen Rat: »Geben Sie ihn doch zu dieser Tante auf dem Lande, zu der auch Ihr Leon so gerne geht. Dieses Camp ›Happy Child‹ ist vielleicht die richtige Adresse. Vielleicht nimmt die Frau Casimir für länger auf.«
»Sie meinen Frau von Dörnberg?«
»Ja, genau!«
»Das ist eine gute Idee. Vielen Dank. Ich werde mich darum kümmern. Bald findet wieder das ›Happy-Child-Camp‹ statt, und Leon ist dabei. Dann kann ich sie fragen.«
So kam es, dass ich von den Schwierigkeiten erfuhr, die das Problemkind Casimir seinen Eltern bereitete. Als der Vater seinen jüngsten Sohn Leon aus dem Camp »Happy Child« abholte, fragte er mich, ob ich auch seinen ältesten Sohn Casimir aufnehmen würde, und zwar für längere Zeit. Ich hatte nicht den Mut, gleich zuzusagen. Die stichwortartigen Auskünfte, die der Vater mir wie eine Führungsdatei herunterbetete, waren doch recht beunruhigend, ja geradezu unerhört brutal. Ich wollte mich zuvor mit meiner Familie besprechen und hören, ob diese hinter mir stehen würde. Doch meine Kinder und mein Mann sprachen mir Mut zu.
Der Leiter des Jugendheims hatte Casimir angekündigt, dass

sein Vater am nächsten Tag kommen würde, um ihn wieder nach Hause zu holen. Das hatte der aber überhaupt nicht vor. Seiner Sekretärin äußerte er seinen Unwillen: »Ich werde keinesfalls meinen widerspenstigen, ungehorsamen Sohn vom Heim abholen. Das wäre doch eine Befürwortung und Gutheißung seines Lebensstils. Ich möchte ihn nicht belohnen für seine Untaten! Er soll den Zug nehmen. Und außerdem habe ich keine Zeit für Vergnügungsfahrten!«
Casimir stand an diesem Abschiedstag lange mit gepacktem Koffer vor dem Heim. Ab und zu gesellte sich ein Mitbewohner an seine Seite und half ihm, sich die Zeit zu vertreiben.
»Senf« wurde der semmelblonde Junge genannt, mit dem sich Casimir im Heim das Zimmer geteilt hatte. Ihm hatte Casimir auch geholfen, Bewerbungen zu schreiben. Senf hatte daraufhin tatsächlich eine Lehrstelle bekommen und kürzlich seine Lehre in einer Schreinerei begonnen. Er war Casimir sehr dankbar. Geradezu anhänglich, wollte er ihm nicht von der Seite weichen. »Lass mich nicht zurück!«, bat er ihn.
»Ich muss weiter, immer weiter. Mich kann niemand halten. Eines Tages durchquere ich noch die Sahara!«, antwortete Casimir, der ruhelose »Franzose«.
Als gegen Abend der Vater immer noch nicht gekommen war, rief der Heimleiter in der Kanzlei des Herrn Dr. D. an und erfuhr, dass der Sohn den Zug zu nehmen hätte. Dort in Tübingen würde er abgeholt. Daraufhin wurde Casimir dann mit einem Fahrer zum Bahnhof gefahren und in den Zug gesetzt.
Casimir ließ alles geduldig mit sich machen, denn er hatte im tiefsten Seelenkern ein schlechtes Gewissen, ein verdammt schlechtes Gefühl. Deshalb konnte er vom Vater nichts erwarten. Auf jeden Fall kein Mitgefühl oder so etwas wie Hilfsbereitschaft. Als er in Tübingen ausstieg, erwartete ihn niemand. Er hatte es geahnt, das waren nur leere Versprechungen seines Vaters gewesen, den Direktor in sicherem Glauben zu lassen, alles wäre paletti. Er blickte sich noch ein-

mal kurz um, schulterte seinen Rucksack und ging durch die Nacht. Wohin? Auf jeden Fall nicht nach Hause.

Ich habe immer wieder feststellen müssen, dass es bei der Entlassung aus Heimen und nach Schulverweisen offensichtlich keine Regeln gibt.

Häufig ist es so: Die Schuldirektoren oder Heimleiter fassen den Entschluss – aus welchen Gründen auch immer –, einen ihrer Schüler jetzt und zwar sofort aus ihrer Institution zu entlassen. Außerplanmäßig und mitten im Schuljahr wird der Aufenthalt gekündigt. Wenn nun die Eltern nicht erreichbar sind, erfährt niemand davon. Kein Jugendlicher unterrichtet seine Eltern selbst. Er will die Blamage, wieder von der Schule geflogen zu sein, möglichst lang verheimlichen. Die Schulen oder Heime möchten jedoch unter allen Umständen diesen Querdenker, eventuellen Alkoholiker oder überführten Drogenkonsumenten sofort loswerden. Also bringen sie ihn zum Bahnhof und setzen ihn in den nächsten Zug nach Hause. Wie es dem Entlassenen dann ergeht, interessiert niemanden. Meist kommen die nie zu Hause an. Oft hausen die Jugendlichen bis zu ihrer Entdeckung in Schrebergarten-Häuschen oder wie Edward, mein vierter Problemjugendlicher, in der Gartenlaube der Eltern oder suchen bei alten Freunden Unterschlupf. Auch bei Casimir hat es Tage gedauert, bis er endlich den Mut aufbrachte, mit seiner Schwester Maritta Kontakt aufzunehmen und schließlich in sein Elternhaus zurückzukehren. Dort wurde ihm eröffnet, dass er nicht bleiben könne. Aber ein spannender Aufenthalt auf dem Lande bei einer gewissen Trixi von Dörnberg würde ihn erwarten.

Als ich am Ankunftstag abends noch einmal in Casimirs Zimmer ging, um ihm, wie es meine Art ist, eine gute Nacht zu wünschen, war das Bett leer! Verdammt, dachte ich, es geht schon los. Die Worte des Vaters, »Wenn er abhaut? Nicht suchen!«, dröhnten mir in den Ohren. Mein eigenes Echo, »Ja, suchen, suchen!«, schallte zurück. Ich durchsuchte den Kleiderschrank, sah hinter die Tür, öffnete das Bad, nirgends war

eine Spur von dem neuen Mitbewohner zu sehen. Ich fragte meine Tochter Antoinella: »Hast du Casimir gesehen?«
»Nö!«
Ich fragte meinen Mann: »Wo ist Casimir?«
»Keine Ahnung.«
Ich fragte die Hunde – treuer Dackelblick, Ohrenaufstellen. Nachdem ich alle Zimmer durchlaufen hatte, setzte ich mich auf Casimirs Bett, ganz still, und wartete. Ich war mir irgendwie sicher, dass er kommen würde. Als ich dort so sinnierte, bewegte sich plötzlich langsam die Tür. Sie wurde von der Innenseite her aufgedrückt und zugeschlossen. Auf einmal lugte der Rebell hervor, schüchtern lachte er mich an.
»Wo warst du nur?«, fragte ich erleichtert. »Ich habe dich überall gesucht.«
»Immer hier!«, antwortete er schelmisch.
Ich hatte jede Ecke des Zimmers durchkämmt, der Flüchtige musste also, als ich das Zimmer verlassen hatte, behende und katzenartig leise wieder den Raum betreten haben, um sich hinter der geöffneten Tür verstecken zu können. Jetzt verabschiedete ich mich endgültig mit einem »gute Nacht« und betrat endlich unser eigenes Schlafzimmer in der oberen Etage. Mein Mann reichte mir ein Glas Wein und prostete mir zu. Ich fragte: »Wie findest du ihn?«
»Gut und süffig«, antwortete er.
»Nein, den Neuen?«
»Ach den, der ist doch ganz harmlos. Ich weiß nicht, was ihr immer habt.«
Männer!!! – dachte ich nur und ließ mir eine heiße, wunderbare Badewanne einlaufen.

# Komasaufen und Drogenrausch. Unsere Kinder, unsere Zukunft?

Haben Sie nicht Angst vor diesen Rowdys, die Sie sich da ins Haus holen? Die saufen doch, bis der Arzt kommt! Die ›Generation Suff‹ soll außerdem so aggressiv sein!« So sprach mich ein Landwirt aus der Nachbarschaft an, den ich während eines Spaziergangs mit Dackel Kessy traf. Meist erlebe ich die Landwirte hoch auf ihrem Traktor thronend. Ihnen scheint die Welt zu Füßen zu liegen. Sie fürchten nichts und niemanden. Diesmal war es anders, der Landwirt begegnete mir auf Augenhöhe, denn er ging ebenfalls zu Fuß. Ich konnte sehen, dass er aufrichtig besorgt war.

»Nein, gar nicht!«, antwortete ich. »Sie sind mir sogar sehr ans Herz gewachsen!«

War das nur so dahergesagt? Nein. Natürlich denke ich auch an Ereignisse wie die Amokläufe in Erfurt und Winnenden. Ich weiß, dass es Warnsignale gibt, und einige treffen auch auf die Jugendlichen, die ich aufnehme, zu. Ja, sie sind Außenseiter und können sich nur schwer in eine Gemeinschaft integrieren. Sie schotten sich geradezu ab. Ja, sie sind an Waffen interessiert und mit Drogen und Gewalt in Berührung gekommen. Und ja, es stimmt, sie haben sich auch Gewaltvideos angesehen und Killerspiele gespielt. Aber diese Auffälligkeiten treffen nach der Auffassung von Kriminalpsychologen auf 10 Prozent aller Jugendlichen zu.

Ich beobachte das aggressive Verhalten vieler Jugendlichen heute mit Sorge, aber ich sehe auch die verletzten Seelen dahinter. Immer wieder erschrecke ich vor der inneren Leere in ihren Augen. Dann möchte ich sie einfach in den Arm nehmen und festhalten. Eine Konfrontation kann aber durchaus haarig werden. Wenn sich die Situation zuspitzt, die Augen des Jugendlichen zu flattern beginnen, nehme ich mich zurück und vertage das Gespräch. Wohlgemerkt: Ich vertage es, bleibe aber standhaft, indem ich ganz klar sage: »Ich sehe, im Moment finden wir nicht zueinander; lass uns morgen darüber reden«, und aus dem Zimmer gehe. Ich gerate nicht in Panik oder Wut und vermeide Reizwörter, von denen ich weiß, dass sie den Jugendlichen noch mehr auf die Palme bringen, wie: »Typisch schwer erziehbar!« Oder: »Klar, du Loser!« Ich zeige meinem Gegenüber, dass ich es achte und seine Würde wahre. Trotzdem handle ich konsequent. Viele der Eltern sind überfordert von der Situation und »zu nah dran« am Geschehen. Sie schreien und überhäufen das Kind so lange mit Vorwürfen, bis es ausrastet. Manchen von ihnen fehlt das Gespür für die heikle Situation, so dass die Konfrontation fast zwangsläufig eskalieren muss.

So ganz unberechtigt war die Frage des Landwirts nicht. Wenn man die Vorgeschichten der Jugendlichen kennt, kann einem schon angst und bange werden. Mein Motto lautet dann: Nie überrascht sein! Auch wenn ich immer wieder überrascht werde, im Positiven wie im Negativen, war ich nie gezwungen, meine Devise aufzugeben.

Boris war der zweite Jugendliche, den ich in Hoheneich aufnahm. Er war mit fünfundzwanzig Jahren schon ein junger Erwachsener, als er nach Hoheneich kam. Er reiste mit dem Zug aus Paris an. Sein Gepäck bestand aus einem Fahrrad und mehreren Rucksäcken. Auch er hatte schon ein bewegtes Leben hinter sich. Mit fünfzehn wurde er aus seinem Elternhaus geworfen und zog mit einem Freund zusammen. Auch er besuchte nur unregelmäßig die Schule, versuchte auf wechselnden Schulen immer wieder einen Neuanfang. Schließlich wurde er zum totalen Schulverweigerer. Es folgten Alkoholmissbrauch und Drogenkonsum. Eine Verwandte lud ihn nach Australien ein und bot ihm Arbeit auf ihrer Farm an. Doch nach nur drei Monaten wurde er rausgeworfen. Er schloss sich Saisonarbeitern an, dröhnte sich mit Drogen voll. Nach einem Jahr kehrte er wieder nach Deutschland zurück. Es folgten wechselnde Hilfsarbeiten und Bundeswehr. Er ras-

tete immer wieder aus und landete schließlich nach diversen Entzugsversuchen in der Psychiatrie. Diagnose: Psychose. Er hörte Stimmen und hatte Wahrnehmungsstörungen.
Die Eltern sagten sich völlig von ihrem Sohn los. Nur ein Onkel, der sich sporadisch um Boris kümmert, erfuhr von meinem »Erziehungscamp Familie« und schlug den Aufenthalt in Hoheneich vor. In Hoheneich fühlte sich Boris von Anfang an wohl. Sein erschöpfter Körper musste zunächst stabilisiert werden, denn der Drogenkonsum hatte seine Spuren hinterlassen. Die Nerven seiner Fingerkuppen waren zerstört, so dass er mit den Händen nicht richtig greifen konnte und die Gegenstände seinen tauben Fingern entglitten. Seine Knie schmerzten. Boris wollte unbedingt sein Abitur nachholen, und deshalb meldete ich ihn am Abendgymnasium der Kreisstadt an. Er lernte Klavierspielen, Reiten und machte seinen Führerschein. Lesen, lernen, diskutieren: Boris konnte gar nicht genug davon bekommen. Sein Körper begann zu gesunden.
Im Reiterhof verliebte sich Boris in Sandra, die Tochter eines Handwerkers. Ihre bodenständige, herzliche Art tat ihm gut. Doch seine Eifersuchtsanfälle und seine Besitzansprüche belasteten die Beziehung. Er wurde zum Stalker und bedrohte sogar die Familie seiner Freundin. Immer wieder tauchte in Hoheneich die Polizei auf, und es kam zu einer Anzeige und sogar zu einer Gerichtsverhandlung. Auf der Fahrt zu seiner letzten schriftlichen Abiturprüfung verursachte Boris einen Unfall mit dem Auto seiner Freundin. Totalschaden. Boris blieb zwar unverletzt, stand jedoch unter Schock. Ich half, die Formalitäten mit der Polizei zu regeln, und fuhr ihn anschließend zur Schule. Boris überwand den Schock und ließ sich nicht aus der Ruhe bringen. Er schaffte das Abitur, und das sogar als Jahrgangsbester.
Edward war fünfzehn und gerade aus der Jugendpsychiatrie entlassen worden, als er zu uns kam. Sein Vater war Jurist, seine Mutter Hausfrau. Er hatte noch zwei Geschwister. Bei unserem ersten Treffen erschrak ich sehr. Sein schmaler Kör-

per wirkte wie eine leere Hülle. Er ließ den Kopf hängen, brachte kein Wort hervor und blickte stumpf vor sich hin. Unwillkürlich musste ich an eine abgeknickte Rose denken, wie man sie auf manchen Grabsteinen sehen kann. Seine passive Haltung passte nicht zu seiner Vorgeschichte. Edward hatte immer wieder Mitschüler verprügelt. Es gab sogar gebrochene Nasenbeine und Rippen. Er war intelligent, trotzdem waren seine Noten mangelhaft. Er musste aber nie eine Klasse wiederholen. Ständig wurde er ermahnt, sich seine ältere Schwester zum Vorbild zu nehmen, die stets Bestnoten nach Hause brachte. Obwohl ich Bedenken hatte, zwei Jugendliche gleichzeitig zu begleiten, nahm ich auch Edward in Hoheneich auf. Damals war noch Askan in unserem Haus.

Askan B. war der Sohn einer Diplomatenfamilie aus Bremen. Er hatte noch zwei Geschwister. Zuletzt besuchte er ein Internat in Südafrika. Dort fiel er durch Alkoholmissbrauch, Drogenkonsum und Schulverweigerung auf. Askan und Edward gingen in die gleiche Klasse. Sie verstanden sich gut. Aber Askans Macho-Gehabe steigerte Edwards Hyperaktivität. Erst als uns Askan verlassen hatte, kam Edward zur Ruhe.

Inzwischen habe ich acht Jugendliche in Hoheneich betreut. Zuletzt war es John G., Sohn einer in Italien lebenden Familie. Schon im Alter von zehn Jahren wurde er auf ein Internat geschickt. Schulschwierigkeiten, Respektverlust und Schulversagen führten zu einer Neuorientierung. Die Mutter klagte mir, sie könne ihren Sohn nicht verstehen. Er würde ihr immer wieder Enttäuschungen bereiten. »Ich bin in ein tiefes Loch gefallen!«, sagte sie zu mir.

»Warum Sie?«, fragte ich. »Ihr Sohn hat doch die Probleme, er sitzt in dem Loch.«

»Für mich ist es sehr schwer, all die Probleme, die John aufwirft, den Verwandten, besonders meiner Mutter zu erklären. Ich habe schon lange keine Entschuldigungen mehr dafür. Meine Mutter, zu der ich immer schon ein gespanntes Verhältnis hatte, gibt mir allein die Schuld, dass alle erzieherischen Maßnahmen bei John scheitern. – Sie, Frau von Dörnberg, sind meine letzte Hoffnung!«, sagte sie mir beim Abschied.

So unterschiedlich diese jungen Männer auch sind, bestimmte Muster wiederholen sich immer wieder. Sie alle stammen aus gutbürgerlichen Verhältnissen und haben eine Karriere als Schulabbrecher und Schulverweigerer hinter sich. Sie waren in wechselnden Heimen und Internaten untergebracht, nahmen Drogen und gebrauchten Gewalt – gegen andere oder gegen sich selbst. Sie sind die schwarzen Schafe in ihrer Familie, ihre Geschwister sind meist nicht verhaltensauffällig.

Auch der Aufenthalt in Erziehungsheimen bringt oft keine Besserung. In den Heimen wird sicher gute Arbeit geleistet. Aber ich kann individuell auf die Jugendlichen eingehen, und sie bekommen nicht den Stempel »Heimkind« oder »schwer erziehbar« aufgedrückt. Ich lebe über einen längeren Zeitraum mit ihnen zusammen und habe Gelegenheit und Muße, die empfindliche Seele hinter ihrem häufig brutalen Auftreten zu entdecken.

Die Eltern haben in den meisten Fällen große Hoffnungen in ihre Sprösslinge gesetzt und überfordern sie mit ihren Erwartungen. So entsteht eine Symbiose zwischen Kind und Eltern, in der die Kinder keine Chance haben, sich abzugrenzen. Kränkungen häufen sich an, die Schulverweigerung ist ein erstes klares »Nein«. Nur durch geduldiges Zuhören, klare Regeln und konsequentes Handeln kann ich Licht in das Chaos bringen. Vor allen Dingen aber brauche ich Geduld. Diese aufzubringen ist nicht schwer, solange ich mir immer wieder sage, dass jeder dieser Jugendlichen ein kostbarer Schatz ist.

## Thesaurus in vasis fictilibus

Dass die mir anvertrauten Jugendlichen einen ganz besonderen Schatz darstellen, das weiß ich schon lange. So richtig zu Bewusstsein ist es mir aber gekommen, als ich einmal den

Dom in Fulda besuchte. Dort entdeckte ich auf der roten Samtlehne des Bischofsstuhls ein weißes Band, auf dem standen die lateinischen Worte: »Thesaurus in vasis fictilibus.« Mein Latein ist nicht besonders gut, darum schrieb ich die Worte auf einen Zettel, um sie mir übersetzen und erklären zu lassen. Später fragte ich einen Priester nach der Bedeutung.

»Ein Schatz in zerbrechlichen Gefäßen«, übersetzte er. »Die Worte sind dem zweiten Brief des Apostels Paulus an die Korinther entnommen. Das ist der Wahlspruch unseres Bischofs. Unser Bischof hat zu Ehren des Bonifatius diesen Spruch auch auf eine Silbermünze prägen lassen und dieses Band auf seinem Stuhl gewünscht.«

»Rein gefühlsmäßig berühren mich diese Worte, aber können Sie mir bitte die genauere Bedeutung erklären?«

»Ja, natürlich.«

»Warum bewahrt man einen sensiblen Schatz in einer zerbrechlichen Hülle? Ist das nicht widersinnig? Ich würde einen Stahlpanzer vorschlagen.«

»Nein«, der Priester lächelte, »die Worte bedeuten, die menschliche Seele ist ein sehr empfindlicher Schatz, doch die Hülle, in der sie steckt, nämlich der Körper, ist schwach, zerbrechlich und anfällig. Es bedarf immer wieder großer Anstrengung, ihn zu stärken und zu festigen, um der Seele eine gute Hülle zu erhalten. Wer sich hierbei um Vollkommenheit bemüht, wird mit Demut belohnt. Sie bewahrt dich vor Hochmut und Arroganz.«

»Dieser Spruch bedeutet mir sehr viel. Kann ich die Münze käuflich erwerben?«

»Nein, leider nicht. Sie ist eine Ehrenmedaille, die vom Bischof verdienten Mitbürgern verliehen wird.«

»Wie schade«, antwortete ich. Der Priester verabschiedete sich und wandte sich der Stadt zu. Ich sah seiner Gestalt, die in eine lange schwarze Sutane gehüllt war und dem sausenden Wind standhielt, versonnen nach.

Zu dieser Zeit hatte ich gerade meinen ersten Problemjugendlichen in Hoheneich aufgenommen. War er nicht ein solcher

Schatz, den ich behüten sollte? Es ist meine Aufgabe, das sagte mir dieser Spruch sehr deutlich, die zerbrechlichen Gefäße zu stabilisieren, jeden Sprung zu kitten und sogar das kostbare Innenleben, wenn es bereits kränkelt, zu formen. Eine Aufgabe, die mich mit Mut und Kraft erfüllt. Der Spruch schwingt wie eine geheime Botschaft in meinen Sinnen.

## Von Regeln und Vereinbarungen

Liebe und Verständnis sind eine Sache, Regeln und Vereinbarungen eine andere. Das Zusammenleben von Menschen erfordert Regeln. Kleine Kinder hören meist auf die Ge- und Verbote ihrer Eltern, nehmen sie hin, stellen sie nicht in Frage. Mama und Papa sind die Größten und haben immer recht. Wie anders sind da die Jugendlichen aufgrund ihrer sozialen Erfahrungen und ihrer Mobilität. Wohl alle Eltern können davon ein Lied singen. Hier kann es zu erbitterten Machtkämpfen zwischen Eltern und ihren heranwachsenden Sprösslingen kommen. Mein Mittel gegen solche Machtkämpfe sind klare Regeln und Vereinbarungen, an die sich alle zu halten haben.

Wenn die Jugendlichen nach Hoheneich kommen, müssen sie mit bestimmten Regeln einverstanden sein, die in einem Vertrag schriftlich festgehalten werden. Ich bespreche jeden einzelnen Punkt mit ihnen, und sie müssen, egal ob sie schon volljährig sind oder noch nicht, diesen Vertrag unterschreiben. Obwohl einige Punkte für die verwöhnten Kids sehr hart sind, haben sich bisher alle für die Regeln entschieden, zu denen zählt:

- absolutes Drogenverbot,
- keine Lügen,
- Pflicht zum Schulbesuch,
- sportliche Betätigung,
- gemeinsame Mahlzeiten mit der Familie am Tisch,

- geregelte Uhrzeiten für Haus- und Bettruhe,
- stets ein freundlicher, höflicher Umgangston im Haus.

Auch ist es mir sehr wichtig, dass ich nur eine Bezugsperson für den Jugendlichen benannt bekomme. Meine Abschlussfrage nach den Verhandlungen lautet immer: »Wer ist mein Ansprechpartner, Vater oder Mutter?«
Am häufigsten sind es doch die Mütter, die sich für diesen Part zuständig erklären. Leider musste ich oft die Erfahrung machen, dass sich die Eltern über die Probleme des Kinds bitter zerstreiten. Die Mutter schlägt dieses Internat vor, der Vater jedoch einen Auslandsaufenthalt. Schon über solche Entscheidungen kommt es zu heftigsten Auseinandersetzungen. Wenn das Kind dann in diesem oder jenem Schulaufenthalt nicht reüssiert, also keinen Erfolg hat, ist der totale Bruch innerhalb der Familie vorprogrammiert. Es kommt auch häufig vor, dass die Jugendlichen die Eltern gegeneinander ausspielen.
Um das alles zu vermeiden, bitte ich, nur eine Kontaktperson genannt zu bekommen, die ich bei dringenden Nachfragen telefonisch erreichen kann. Während des Aufenthalts des Sohns bei mir gebe ich dann der Bezugsperson in monatlichen Abständen die Noten des Kinds durch und teile die Fort- oder Rückschritte, auch Ausraster, hinsichtlich ihres Sozialverhaltens mit.
Verstößt ein Jugendlicher gegen eine Regel, erhält er eine Abmahnung. Die dritte Abmahnung ist gleichzeitig die Kündigung. Nur aufgrund dieser Regeln und der konsequenten Anwendung kann ich mit den Kindern fertig werden. Bei Problemen verweise ich immer wieder auf die schriftliche Vereinbarung. Zum Beispiel, wenn ein Jugendlicher seine Freundin bei sich im Zimmer übernachten lassen will. Das ist nicht erlaubt, und wenn er dann mault und verhandeln will, zeige ich den Vertrag und sage: »Hier, mein Lieber, steht es schwarz auf weiß. Mädchenbesuche, überhaupt Besuche nach 22 Uhr, sind nicht erlaubt. Du hast es unterschrieben.«

Die Regeln sind ein Gerüst, an dem sich alle orientieren können, ein Fundament, das trägt, aber kein starrer Panzer. Auf keinen Fall möchte ich, dass der Jugendliche wie ein »dressierter Affe« wirkt. Ich strebe auch keinen militärischen Drill an, wie er in einigen Erziehungscamps praktiziert wird. Aber Kuschelpädagogik betreibe ich auch nicht. Verstöße gegen die Regeln werden von mir sofort und konsequent geahndet. Leere Drohungen vermeide ich.

Allerdings achte ich bei Regelverstößen und den daraus folgenden Konsequenzen auch darauf, dass sie verhältnismäßig sind. So manches Mal muss ich intuitiv entscheiden. Wenn ein Jugendlicher beispielsweise Kummer hat, ist ein Gespräch notwendig, das im Zweifelsfall eben die Bettruhezeiten sprengt. Sehr intuitiv sind meine kleinen »Mahn-Teufel«. Von meinem Bruder, der ein ausgezeichneter Künstler ist, ließ ich mir mehrere kleine Teufel malen. Diese, einmal frech, einmal lustig, doch auch humorvoll drohenden oder scheinheilig schmollenden Figuren kopiere ich auf ein leeres Blatt Papier und schreibe meine akuten Beschwerden mit Wünschen zur Besserung darunter. Diesen Papierzettel hefte ich den Jungs an die Schranktür.

Eines Tages fand Ed an seiner Schrankwand einen solchen Gruß: Ein Teufelchen mit Engelsflügeln, das wütend die Augenbrauen zusammenzog, kommentierte die Worte: *So geht's nicht Edward!!!* (Kleines Teufelchen) *Edward kann sich nicht beherrschen! Also: Nie mehr Schreianfälle in Gegenwart von Damen!!! Edward benutzt primitive Schimpfwörter!*

Diese Memos erzielten ganz unterschiedliche Wirkungen. Entweder waren die Jungs beschämt, dass ihre Taten öffentlich an der Wand prangten, verinnerlichten jedoch die Rüge, zerknüllten aber dann den Zettel und warfen ihn in eine Ecke des Zimmers, oder – was viel öfter passierte – sie waren stolz auf die humorvolle Art der Darstellung und fotografierten diese mit ihrem Handy. Die Bilder veröffentlichten sie dann im Internet unter ihrem persönlichen Profil. Freunde meiner Pflegejungs berichteten mir später, dass sie die Schandtaten

genau im Internet verfolgt hätten und die zornigen Teufel besonders aussagekräftig und witzig fanden.
Aber auch Willkommensgrüße und Erfolge schreibe ich auf diese Merkzettel, z. B.: *Edward! Jetzt geht's los!!* – (Lachteufelchen) *Das letzte halbe Jahr bis zum Abitur. Guter Start! Das wünscht Trixi.* Aufforderungen solcher Art bleiben länger unbehelligt an der Tür hängen.
Große Freude bereitet der Biedermeier-Damenschuh als Sparbüchse. In diesen prachtvoll rotglänzenden Schuh mit hohem Absatz werden von mir jeden Morgen 50 Cent geworfen, wenn das Morgenwecken nur einmal nötig ist und der Schüler sofort aus den Federn springt. Am Wochenende sind die Jungs richtig neugierig, sie drehen den Schuh hin und her, um die Menge der klappernden Moneten zu ergründen. Das angesammelte Geld gehört ihnen und ist ein gerngesehenes Zubrot zu ihrem Taschengeld.
Askan erhielt seine dritte Abmahnung, nachdem er wiederholt Drogen genommen hatte. Laut Vertrag hätte er Hoheneich sofort verlassen müssen. Weil er kurz vor der mittleren Reife stand, durfte er die wenigen Wochen noch bei uns bleiben, aber am Tag der Zeugnisübergabe musste er abreisen, und die Abschlussfeier fand ohne ihn statt. Das schmerzte ihn, schließlich war er, der schillernde Weltenbummler, ein Paradiesvogel für die ländlich geprägten Schülerinnen und Schüler.
Die Regeln müssen gelegentlich verändert und der Entwicklung des Jugendlichen angepasst werden. Wenn die Jugendlichen älter werden und es dann beispielsweise heißt »keine Drogen«, dann sind damit die harten Drogen gemeint. Klar, Alkohol ist auch eine Droge, aber ich kann es Erwachsenen nicht verbieten, bei einem Fest ein Glas Wein zu trinken. Wohl aber kann ich Komasaufen und ständigen Alkoholkonsum verbieten. Das Rauchen kann ich auch nicht verbieten. Aber ich kann sagen: »Rauchen ist im ganzen Haus verboten!« Es müssen also klare Regeln herrschen, sonst entstehen Unsicherheit und Verwirrung. Die Jugendlichen müssen spü-

ren, dass ich konsequent bin und hinter meinen Entscheidungen stehe. Bin ich unentschlossen, signalisiert das Unsicherheit und ein schlechtes Gewissen. Die Jugendlichen würden meine Schuldgefühle schamlos ausnutzen, um ihre Interessen durchzusetzen, und sogar vor Erpressung würden sie nicht zurückschrecken.

Irren ist menschlich, und Fehlermachen auch. Aber ich gestehe sie ein. Wie heißt es in einem spanischen Sprichwort: »Ein Fehler, der abgestritten wird, wird zweimal begangen.« Das kleine Kind glaubt noch an die starken, allwissenden Eltern. Die Jugendlichen dagegen sehen bereits die Schwächen, dass Erwachsene nicht immer recht haben und nicht allmächtig sind. Meine Erfahrung ist, dass die jungen Menschen viel eher bereit sind, Fehler einzugestehen, wenn wir Erwachsenen es ihnen vorleben.

Vom Fehlermachen zum Lügen ist es nur ein kleiner Schritt. Auch der Begriff »Lügen« muss zunächst klar definiert werden, und zwar gleich zu Beginn des Aufenthalts. Laut Statistik lügen wir zehnmal am Tag, meist merken wir es nicht einmal. Wilhelm Busch schrieb: »Wenn Lügen Haare wären, wir wären rauh wie Bären und hätten keine Glatzen.« Mal ehrlich: Wer hat seinen Kindern nicht vom Nikolaus oder Osterhasen erzählt? Die einen nennen auch das schon Lügen, für andere sind es Phantasiereisen, die für die Entwicklung der Kinder wichtig sind. Und dann gibt es die kleinen Notlügen, die jeder kennt. Manchmal ist die Lüge sogar Pflicht. Menschen, die während der nationalsozialistischen Diktatur Juden geholfen haben, mussten lügen, um Menschenleben zu retten. Sie waren tapfere, aufrechte Menschen, und wir bewundern ihren Mut. Das Thema Lügen ist also ein weites Feld. Wenn ich von Lügen spreche, dann meine ich: Ausflüchte suchen, um nicht die Verantwortung für das eigene Fehlverhalten übernehmen zu müssen.

## Waffen im Haus

An einem herrlichen Sommermorgen spazierte ich durch unseren Garten. Die Blumen dufteten, und ich spürte das taufrische Gras unter meinen nackten Füßen. Ich war froh. Edward, mein Ziehsohn, hatte gute Noten geschrieben, die Lehrerin lobte ihn. Endlich einmal durchatmen! Er sollte erst zur Mittagszeit zurück sein, und ich hatte noch viel Zeit für mich. Es würde ein geruhsamer Tag werden.
Plötzlich laute Motorengeräusche. Autos hielten mit quietschenden Reifen auf dem Kiesplatz vor dem Haus und hinterließen tiefe Bremsspuren. Türen knallten. Acht Polizisten drangen in den Garten und umstellten das Haus: junge, durchtrainierte Typen mit kahlgeschorenen Köpfen. Ich sah die Pistolen in den Halftern hängen. Unbemerkt huschte ich ins Haus zurück. Schon hörte ich die Hausglocke schrillen. Jimmy, mein Mann, öffnete die Tür. Ein Polizist hielt ihm ein Schreiben vor die Nase.
»Kriminalpolizei! Hausdurchsuchungsbefehl!«
»Was ist passiert?«, fragte ich voller Entsetzen.
»Besitzen Sie Waffen?«, fragte ein anderer Kommissar, ohne auf meine Frage einzugehen.
»Natürlich, wir sind Jäger«, antwortete mein Mann.
»Sind die Waffen vorschriftsmäßig in einem Safe verwahrt?«
»Selbstverständlich!«
Der Kommissar zeigte das Foto einer fein verzierten silbernen Pistole. »Ist das Ihre Waffe?«, fragte er.
Jimmy verneinte. Sieben Polizisten durchsuchten das Haus, während der Kommissar uns weiter verhörte.
»Edward G., wohnt der bei Ihnen? Wo ist sein Zimmer? Wo ist der Junge überhaupt?«
»Edward ist in der Schule«, antwortete ich wahrheitsgemäß. »Was hat Edward denn mit der Waffe zu tun?«
»Diese Pistole wurde bei einem festgenommenen Dealer gefunden«, berichtete der Kommissar. »Er sagte, die Waffe sei von Edward G. Der hätte sie gegen Drogen eingetauscht.«

Ich atmete tief durch. Die Entspannung war verflogen. Es war Zeit zu handeln. Ich rief Edward auf seinem Handy an.
»Edward, hör zu, die Polizei sucht dich wegen der Pistole!«
»Keine Ahnung, was die wollen«, antwortete Edward absichtlich gelassen. »Pistole? Hab ich nie gehabt!«
»Dein Name ist gefallen, also hast du etwas mit der Sache zu tun. Sag die Wahrheit.« Ich redete bewusst leise.
»Dieser Kackheini! Ich bring ihn um. Der sollte mir nur Munition besorgen und nicht die Waffe behalten. Die Pistole, ja, die hab ich von meinem Vater gekrallt. Der hat eine ganze Sammlung davon.«
Zeitgleich wurde die Wohnung der Familie G. in Frankfurt durchsucht. Die Polizei verglich die Nummern im Waffenschein mit den Waffen von Edwards Vater, die dort zuhauf an den Wänden hingen. Zu der fein verzierten silbernen Pistole gab es keinen Eintrag im Waffenschein. Edwards Vater tobte. Er bangte zu Recht um seine Zulassung als Rechtsanwalt und Notar.
Am selben Abend besuchte ich Edward in seinem Zimmer. Ich war noch immer entsetzt, die Amokläufe von Winnenden und Erfurt geisterten durch meinen Kopf. Aber ich spürte, dass ich ihn jetzt nicht alleinlassen durfte. Ich atmete tief durch. In ruhigem, aber bestimmtem Ton sagte ich: »Das war nicht richtig, was du angestellt hast, Edward. Das ist Waffenschieberei und strafbar. Was wolltest du überhaupt mit der Munition?«
»Ich wollte einfach nur im Wald rumballern, hatte Langeweile«, antwortete er, als ob dieser Wunsch das Normalste auf der Welt wäre.
»Das ist doch Unsinn, mit Waffen muss man verantwortungsvoll umgehen. Sie müssen sicher und fest verschlossen in einem Waffenschrank aufbewahrt sein. Feuerwaffen sind kein Spielzeug! Wenn du ein Jäger werden möchtest, wie mein Mann es ist, musst du eine strenge Prüfung vor der Jagdbehörde ablegen. Die Prüfung für einen Jagdschein ist schwer, dafür muss man sehr lange büffeln. Und ganz wichtig ist da-

bei, dass man mit seinen Waffen verantwortungsvoll umgeht. Das hast du nicht gemacht. Die Konsequenzen wirst du nun tragen müssen«, klärte ich den Ahnungslos-Spielenden auf. »Die Verantwortung für dein Tun kann ich dir nicht abnehmen, aber ich stehe dir bei, du bist nicht allein.«
Es stellte sich heraus, dass Edward die Waffe zwei Tage in unserem Haus versteckt hatte, und zwar im Computerkasten. Diesen Vertrauensbruch nahm ich ihm übel und gab ihm seine zweite Abmahnung. Es kam zu Gerichtsverhandlungen und Zeugenaussagen. Die Eltern mussten sich rechtfertigen und Erklärungen abgeben, wieso ihr Sohn so leicht an die Waffen gelangen konnte.

## Mut zur Konsequenz

»Die Mutter hat Angst vor ihrem Sohn! Sie kann sich überhaupt nicht gegen ihn durchsetzen!«, verriet mir eine Freundin, die von einem Besuch bei einer befreundeten Familie zurückkam. Sie empfahl mir, diesen verwöhnten und gleichzeitig mental völlig verwahrlosten Jungen einer bekannten Diplomatenfamilie aus Bremen aufzunehmen.
Das erste Treffen mit der Mutter und dem fünfzehnjährigen Sohn fand im Sommer statt, als gerade auf der Burg Herzberg ein großes Malteser-Treffen mit Jugendlichen aus allen Teilen Deutschlands organisiert wurde. Offensichtlicher konnte der Gegensatz nicht sein: hier sportliche, frohe Jugend, die munter Pfähle herumschleppte, um die Rundzelte aufzubauen, dort der Neuankömmling mit wohlbeleibter Figur, der mit typischer Null-Bock-Visage über die Maulwurfshügel der Wiese stolperte. Die Mutter, Frau B., war froh, mich zu treffen. Ihr Sohn Askan nicht. Zum Gespräch setzten wir uns in die Burgschenke, und schon begann Askan zu maulen: »Ich habe Hunger! Riesendurst! Ich brauch jetzt was – aber schnell!«
Die Mutter rief ängstlich nach dem Wirt: »Mein Gott, bringen Sie irgendetwas Essbares, Hauptsache viel.« Da der Wirt

nur Grillwürstchen an diesem Tag anbieten konnte, fluchte Askan deutlich vernehmbar, wobei er demonstrativ seinen Hintern auf dem Stuhl nach vorne schob: »Gibt es in diesem Nest denn nichts Gescheites zu beißen? Ich hau gleich ab! Mein Versprechen kannst du abhaken!« Die Mutter wollte möglichst schnell ablenken und wies beflissen mit hastigen Worten auf das T-Shirt hin, das ihr Sohn gerade trug: »Ich konnte meinen Sohn nicht überreden, ein weißes Hemd anzuziehen. Bitte entschuldigen Sie dieses furchtbare Shirt.« Askan würdigte mich keines Blickes. »Ich finde sein T-Shirt gar nicht so schlecht, es hat eine schöne rote Farbe!«, antwortete ich. Na ja, beim näheren Hinsehen erkannte ich die Aufschrift »Fuck off«. Der will provozieren, dachte ich, aber was soll's. Viel schlimmer war das Benehmen des Jungen, der das T-Shirt trug. Ich sprach mit der Mutter über die Einzelheiten einer eventuellen Aufnahme in Hoheneich und warf immer wieder ein Auge auf Askan, der ein Würstchen nach dem anderen verdrückte. Während er stoisch in das fünfte Fleischstück biss, schaute er plötzlich auf, und sein Blick traf genau meinen.

Ich war berührt. Dieser Blick war eine kurze Offenbarung. Ich hatte plötzlichen Zugang zu seiner Seele und spürte Warmherzigkeit, Bitten um Verständnis und tiefen Kummer darin. Sofort sagte ich: »Ja! Natürlich, ich nehme Ihren Sohn auf!« Frau B. war sichtlich erleichtert und zeigte aufrichtige Freude. Die ersten Tage mit Askan waren recht anstrengend. Er besuchte das Gymnasium in Alsfeld und wurde nach einer Besprechung mit der Direktorin gleich in der 10. Klasse aufgenommen. Obwohl er nur unvollständige Zeugnisse vorweisen konnte, wollte sie ihm eine Chance geben. Das letzte Internat in Südafrika hatte Askan wegen Sauferei und darauffolgendem Rauswurf überhaupt kein Zeugnis ausgestellt.

Morgens stand er nicht auf, um den Bus zur Schule zu erreichen. Ich weckte ihn, ich rief ihn, redete leise, redete laut. Askan blockte ab und verschanzte sich in den Kissen. Er blinzelte mich böse an und murmelte, ihm sei schlecht, Schwindel

würde ihn lähmen. Ich betrachtete ihn sehr genau und befand ihn als gesund.
»Schwindel gibt es nur bei Schwangeren!«, antwortete ich und ging auf seine vorgetäuschten Beschwerden gar nicht ein.
»Hol bitte einen Arzt, Trixi!«, jammerte Askan.
»Einen Hausarzt haben wir hier nicht. Hier auf dem Land gibt es nur Tierärzte. Die können dir vielleicht Melkfett auf die Stirn reiben.« Meine Antwort war bewusst forsch. Denn ich wusste von Internaten, in denen Schüler, besonders die neuen, oft wochenlang in den Krankenzimmern herumliegen. Sie täuschen Krankheiten vor, um dem strengen Schulkorsett zu entkommen.
»O no! Wo bin ich nur hingeraten? Unfassbar!«, flennte er in seine Kissen.
Ich musste mir etwas einfallen lassen, denn es konnte nicht sein, dass die Jugendlichen, die in meine Obhut gegeben wurden, genauso weiteragierten wie dort, in jener Umgebung, wo die Erzieher versagt hatten. Außerdem hatte Askan meinen Vertrag unterschrieben, in dem es hieß: Schulbesuch ist Pflicht! Ohne Schulbesuch kein Aufenthalt in Hoheneich!
Ich überlegte, was ich tun konnte: einen Eimer Wasser über das Bett kippen? Nein, zu brutal! Decke wegziehen? Nein, zu intim! Plötzlich hatte ich eine gute Idee! Eilig lief ich in die Küche, kramte den Staubsauger hervor und steckte noch im Flur den Stecker in die Dose. Der Staubsauger heulte auf. Ich stürmte in das Zimmer des Schläfers und begann mit der Saugdüse sein Bett zu bearbeiten.
»Oh, ist es hier dreckig, so viel Staub!«, rief ich und blickte den vermeintlich Kranken nicht an. Jetzt zog ich an dem Laken. »Galina hat vergessen, dieses Laken zu waschen, nein, wie staubig und schmutzig!«
Ich fasste den Jungen nicht an, denn das konnte er als Körperverletzung auslegen, aber das Plastikrohr des Saugers berührte seine Beine. Plötzlich sprang Askan aus den Kissen und rief empört: »Das ist Hausfriedensbruch, ich rufe die Polizei! Ich lass mich abholen!«

»Nein, nein, nur Staub, nichts weiter«, antwortete ich viel zu beschäftigt. Askan rannte ins Bad und schmiss die Tür hinter sich zu. Sofort zog ich den Stecker aus der Dose, öffnete das Fenster, nahm sein Kissen und die Federdecke vom Bett und legte sie in das Nebenzimmer. Seine Schlafstelle sollte nicht gemütlich, sondern abweisend und kalt aussehen. Dann bereitete ich in der Küche das Frühstück vor. In meiner Phantasie ging ich seine möglichen Reaktionen durch: Wird er aggressiv reagieren? Oder apathisch? Oder beleidigt? Schon hörte ich seine Schritte vor der Tür. Mutig entschlossen, schaute ich ihm entgegen. Wie war ich erstaunt, als er in die Küche trat. Sein Blick war offen und froh.
»Mensch, Trixi! Wie bist du auf die komische Idee mit dem Staubsauger gekommen? Wirklich super genial! Das werde ich meinen Klassenkameraden erzählen. – Ich fühl mich fit!« Er spielte ausgelassen auf einer Luftgitarre, drehte ein paar Schritte im Kreis und pfiff ein Liedchen.
Ich ging nicht weiter auf den Schreck am Morgen ein, sondern begrüßte ihn lachend: »Ich freue mich, Askan, dich so positiv und gesund zu sehen.«
Askan stand jetzt jeden Morgen pünktlich auf. Er nahm den Bus, der im nächsten Dorf abfuhr und ihn in die Kreisstadt brachte. Dort besuchte er jetzt regelmäßig die Schule. Eines Morgens, es war sechs Uhr dreißig, ging Askan gut gelaunt in Richtung Küche, er hatte riesigen Hunger und wollte schnell gesättigt werden. Im Türrahmen stand ich und erwartete ihn. Doch er schien mich gar nicht wahrzunehmen, sondern drückte mich wie eine lästige Ameise zur Seite. Breitbeinig, die Brust nach vorn gewölbt, versuchte er, mich vor sich hertreibend, in den Küchenraum zu schieben. Er wollte seine Dominanz klar zum Ausdruck bringen. Nicht mit mir! Ich hatte keine Angst vor dem großen Kerl! Blitzschnell griff ich an seinen dicken Bauch und bekam eine Speckfalte zu fassen. Die hielt ich fest und kniff energisch zu.
»Au!«, schrie Askan auf. »Trixi will mich töten. Hilfe!« Er sackte zusammen und gab den Weg frei.

»Du, merk dir eines, Damen haben Vortritt!«, antwortete ich. »Und lass dieses Macho-Gehabe! Ein richtiger Gentleman hält der Dame die Tür auf und betritt nach ihr den Raum.«
Der Bremer Junge sah mich aufmerksam an. Schon oft in seinem Leben war es ihm gelungen, Erwachsene an die Wand zu drücken, eine Anforderung auf diese Weise zu erpressen oder Zugeständnisse zu erlangen. Aber jetzt das! Die Hexe Trixi lässt sich nicht beeindrucken und ist reaktionsschnell. Mit der muss ich rechnen, dachte er. Und Achtung lag in seinem Blick.
Nach ein paar Wochen Aufenthalt in Hoheneich rief Askans Vater aus Togo an. Er wollte mich sprechen. »Nein, das ist ja unglaublich!«, rief er durch das Telefon. »Dieser Wandel! Mein Sohn spricht auf einmal mit einer ganz anderen Stimme! Früher nölte er nur immer so tranig daher. Aber jetzt haben seine Worte einen festen, kernigen Tonfall. Haben Sie herzlichen Dank, vielen Dank! Sie haben ein gutes Händchen für ihn, nur weiter so!«
Mutter B. hätte niemals gewagt, ihren Sohn mit einem Staubsauger aus dem Bett zu jagen. Sie hatte gar nichts mehr gewagt. Im Gegenteil, sie war in die Defensive geraten. Um ihren Sohn nicht völlig zu verlieren, aber seinen unflätigen Beschimpfungen zu entgehen, tat sie einen großen Schritt zurück. Da sie von ihrem Sohn geliebt werden wollte, alle Wege aber verbaut schienen, flüchtete sie sich als letzte Möglichkeit in eine Symbiose (nach Michael Winterhoff, *Warum unsere Kinder Tyrannen werden*). In der Symbiose verschmilzt die Psyche eines Elternteils mit der des Kinds. Die Mutter verbrüderte sich mit den Untaten des Kinds. Dadurch wurde sie zur Mitwisserin. Die nette Frau in der Drogenberatungsstelle, die ich immer wieder um Rat frage, gab mir dazu einmal den wichtigen Tipp: »Werden Sie nie zur Mitwisserin! Dann sind Sie erpressbar, und der Delinquent sieht eine Lücke und somit Schwäche im System.«
Es ist ein schmaler Grat, den ich immer wieder gehe und dessen Grenzen ich sorgfältig abwägen muss: Soll ich das Kind

schützen, indem ich ihm Entschuldigungen für die Schule schreibe, obwohl es nicht krank ist, aber im Bett liegt? Oder soll ich ehrlich sein, keine Entschuldigung ausstellen, die Lehrer schonungslos informieren und die Konsequenz tragen? Es ist verdammt viel einfacher, bei einem versäumten Aufstehen einfach den Schüler bis Mittag schlafen zu lassen und ihm eine Entschuldigung an die Schule mitzugeben, als die Diskussion zu führen: »Nein, du bist nicht krank! Ich fahre dich zur zweiten Stunde zum Unterricht! Genau, jetzt aber aufstehen!«
Meine Pflegekinder jammern mir ständig die Ohren voll, wenn sie verschlafen haben oder gerade mal wieder keinen Bock auf Schule haben: »Trixi, schreib eine Entschuldigung! Bitte! Schreib irgendetwas, Fieber oder Angina. Du kannst mich jetzt nicht im Stich lassen und mir in den Rücken fallen. Der Lehrer wird mir eine schlechte Note geben. Das willst du doch nicht, oder? Wie steh ich dann da?«
»Ich mache mich nicht zum Mitwisser!«, gebe ich dann zur Antwort. »Ich entschuldige dich nicht. Ich lüge nicht! Dein Verhalten musst du selbst verantworten. Werde endlich erwachsen!« Nur mit dieser Klarheit und dem Mut zur Konsequenz ist der Weg zum Ziel zu erreichen.
Noch ein paarmal versuchten meine Pflegekinder, mich zu überreden, doch dann gaben sie auf.

Askan gab mir besonders harte Nüsse zu knacken, wenn er von einer Wochenend-Heimfahrt nach Bremen einfach nicht am Sonntagabend nach Hoheneich zurückkam. Ich telefonierte mit der Mutter und erhielt die Antwort, er sei krank, aber in drei Tagen wieder fit. Nach einer Woche bekam ich die Antwort, er würde eine medizinische Maßnahme, ein Langzeit-EKG, tragen und müsse im Haus bleiben. Nach 14 Tagen Ungewissheit sprach ich mit der Schuldirektorin. Sie verfasste einen Brief und forderte die Mutter auf, ein Attest vom Arzt zu senden oder einen Beratungstermin in der Schule zu verabreden. Gleichzeitig gab die Direktorin klar zu verstehen, dass der fünfzehnjährige Sohn, obwohl er nicht mehr der Vollschulpflicht unterliegt, berufsschulpflichtig sei. »Wir ersuchen Sie dringend, dafür Sorge zu tragen, dass Ihr Sohn umgehend zum Unterricht erscheint. Ansonsten werden wir beim staatlichen Schulamt eine Verweisung von unserer Schule beantragen. Dieser Vorgang wird dem zuständigen Jugendamt mitgeteilt.« Das waren die Schlussworte des Briefes.

Nachdem Askan endlich in Hoheneich erschien, fragte ich nach den medizinischen Maßnahmen, die er über sich ergehen lassen musste, doch er wusste nichts davon. Es waren offensichtlich Ausreden. In Wirklichkeit hatte Askan einfach keine Lust gehabt, in die Schule zu gehen, und blockte ab. Später erfuhr ich, dass er nachts in Bremen recht aktiv gewesen war, viel ausgegangen war und tagsüber seinen Schlaf nachgeholt hatte. Erst der drohende Brief und meine intensive Nachfrage bewirkten eine Wende. Mit Hartnäckigkeit und Konsequenz zogen wir den Karren wieder auf festen Boden. Ich stelle mich jeder Konfrontation. Auch Kritik kann ich gut einstecken. Ist die Kritik gerechtfertigt, so nehme ich sie an. Ist sie jedoch nach meiner Meinung nicht gerechtfertigt, so höre ich trotzdem zu und gebe eine leicht humorvolle, klärende Antwort.

## Nobody is perfect.<br>Der Mythos von den perfekten Eltern

Die Familie ist ein Mikrokosmos und spiegelt unsere Gesellschaft im Kleinen wider. Sie ist ein diffuses, nur schwer zu entwirrendes Geflecht aus den vielfältigsten Beziehungen zwischen den Ehepartnern, zwischen Eltern und Kindern und zwischen den Geschwistern. Und dann sind da noch die Beziehungen zur »Außenwelt«, wie zu Schule, Sportverein und Nachbarn. Dann gibt es die Zivilgesellschaft und den Staat, die dafür sorgen, dass das Gemeinwesen funktioniert, und deren Regeln wir beachten müssen, ob wir sie sinnvoll finden oder nicht. Wir wissen, dass Verstöße geahndet werden und mit welchen Konsequenzen wir rechnen müssen. Hielten wir uns nicht an die Regeln, würde das Gemeinwesen nicht mehr funktionieren. Man denke nur an den Straßenverkehr.

Wahrscheinlich träumen unzählige Eltern insgeheim von der heilen Familie, von Sprösslingen, um die sie von anderen beneidet werden. Aber das kann nicht Ziel der Erziehung sein. Kinder sollen zu eigenen Persönlichkeiten reifen, und die Kinder auf diesem Weg zu begleiten ist harte Arbeit, die oft von Gefühlen bestimmt wird. Alle Eltern werden antworten, sie liebten ihre Kinder gleichermaßen. Das mag auch stimmen. Aber es kann auch so sein, dass wir uns einem Kind mehr zuwenden als dem anderen, vielleicht weil es besonders musikalisch ist. Dieses Handeln muss ja nicht bewusst sein, aber trotzdem fühlt sich das andere Kind zurückgesetzt, weil es über keine herausragenden Begabungen verfügt. Andere Kinder empfinden die gleiche Situation nicht als Zurücksetzung, sie werden trotzdem starke Persönlichkeiten. Meist brauchen Kinder in einer Familie unterschiedliche Zuwendungen. In funktionierenden Beziehungen entscheiden das die Eltern intuitiv.

In der Familie entwickeln sich mit der Zeit ausgesprochene und – sehr viel mehr noch – unausgesprochene Regeln und Rituale. Glück und Leid können da sehr nah beieinanderliegen. In der einen Familie herrscht eine strenge Hierarchie. Die Kinder werden bis ins Kleinste kontrolliert, die Eltern geben ihre Anordnungen, Befehlen gleich. Andere Eltern praktizieren das genaue Gegenteil: Die Kinder werden sehr früh sich selbst überlassen, angeblich, um ihnen alle Freiheiten zu gewähren und damit sie lernen, Entscheidungen selbst zu treffen, selbständig zu werden. Und beide Elterntypen werden von sich behaupten, sie wollen nur das Beste für ihre Kinder.

Eltern müssen nicht immer perfekt sein. Ganz im Gegenteil,

sie sollten auch ihre Schwächen haben und ihre Fehler zugeben können. Man muss auch mal über sich lachen können! Das erste private Gespräch mit einem »Neuen« beginne ich stets mit einer kleinen Geschichte über ein amüsantes Missgeschick, das mir widerfahren ist, oder ich benehme mich anders als erwartet.
So erzähle ich die Geschichte, dass mir neulich im Kino die komplette Tüte mit Popcorn auf den Boden gefallen war, und zwar genau zwischen die Beine der feixenden Jugendlichen. Die laut lachten. Oder: »Stell dir vor, heute ist mir was Blödes passiert. Ich nahm den Telefonhörer und wollte damit den Fernseher ausschalten. Völlig beknackt!« Meine harmlosen Bekenntnisse machen den Jugendlichen Mut, sich auch ihren Fehlern zu stellen und Dinge einzugestehen, die sonst einem Tabu unterlägen.

## Von Turbo-Müttern und Streuobst-Vätern

Auch wenn Väter inzwischen einen oder mehrere Monate Erziehungsurlaub nehmen, so scheinen die Mütter immer noch die tragenden Säulen der Familien zu sein. Sie müssen enormen Belastungen standhalten, von denen sie oft überfordert sind. Ein Vater gilt schon als Musterexemplar, wenn er neben dem Beruf eine abendliche Radtour mit dem Kind einplanen kann. Aber eine Mutter soll Beruf, Kinder, Haushalt und Partnerschaft ganz selbstverständlich und perfekt meistern können. Ich habe großes Verständnis für die Sorgen der Mütter und höre immer aufmerksam zu, um mir ein Bild von der häuslichen Situation machen zu können, in der die Eltern-Kind-Beziehung eskaliert ist. Eltern sollten ruhig Ecken und Kanten zeigen. Nur so sind sie glaubwürdig. Das krampfhafte Festhalten am perfekten Vorbildsein zeigt nichts weiter als Arroganz und Angst. Ich habe die Mütter und die Väter meiner Pflegekinder in je drei Typen eingeteilt: Die Turbo-Mutter, die Chaoten-Mutter und die Leiden-Mam. Und bei den

Vätern gibt es den Streuobst-Dad, den Charming-Paps und den Iron-Dad.

Die *Turbo-Mutter* kehrt mit eisernem Besen, lebt gesund und ist bodenständig. Sie hat ihre Prinzipien, die starr sind und von denen sie nicht abweicht. Alles ist perfekt durchorganisiert und unterliegt Regeln: wie das Bett gemacht wird, wie gegessen wird, was angezogen wird, wann und was gelernt wird. Die Kinder stehen unter ständiger Beobachtung und Kontrolle, für Gefühle gibt es in fast allen Fällen nicht genügend Raum. Es fallen Bemerkungen wie: »Solange du deine Beine unter meinen Tisch steckst, machst du, was ich dir sage.« Auch die Mutter unterwirft sich einer starken Kontrolle, vor dem Frühstück hat sie bereits einen Waldlauf gemacht. Nicht nur der Beruf, sondern auch die Hobbys werden mit äußerster Disziplin durchgeführt. Sie ist intelligent, schnell und häufig recht gnadenlos in ihren Erwartungen gegenüber ihren Kindern, die so zielsicher und erfolgreich agieren sollen wie sie. Die Kinder machen die Erfahrung: Ich werde nur geliebt, wenn ich mich so verhalte, wie meine Mutter es erwartet. So können Kinder nur schwer zu selbständigen, eigenverantwortlichen Menschen heranreifen. Das eine Kind schafft es, den Erwartungen zu entsprechen, das andere nicht. Ein Kind, das aus diesem Schema herausfällt, zerbricht in den meisten Fällen. In diesen Kindern stauen sich Ärger, Wut und Hass auf andere Menschen und auf sich selbst auf. Als Jugendliche sind sie stark drogen- und selbstmordgefährdet.
Edwards Mutter klagte: »Ich habe meinem Sohn wirklich alles geboten, von Judo bis Tennis, von Gitarren- bis Gesangsunterricht. Nichts hat er durchhalten können, alles schmiss er hin. Ich weiß nicht, was ich noch tun kann.«
»Haben Sie einmal zugeschaut, wenn Ihr Sohn trainierte? War er gut?«, fragte ich.
»Nein, ich habe die Zeit genutzt, um selbst Sport zu machen. Warum sollte ich meine Zeit mit Zuschauen vertrödeln? Aber ich habe ihn immer pünktlich abgeholt.«

Es liegt nahe, dass sich ein Kind unter diesen Umständen wie ein Objekt fühlt, das abgegeben und wieder abgeholt wird. Edward merkte, dass kein echtes Interesse an seinem Tun vorhanden war. Kein Wunder, dass er in Panik einfach fortlief.

In unserem Vertrag steht, dass Sport empfohlen wird. Mit Edward besuchte ich regelmäßig das Fitness-Center der Kreisstadt. Ich hatte sehr bewusst keinen Leistungssport gewählt, wie z. B. Tennis, Baseball oder Fußball, denn dann hätten die Burschen, vielleicht mit Recht, eine Beteiligung verweigert. Aber mit Muskelaufbau, Training auf dem Laufband und dem Stepper konnte ich die Jungs locken. Es war keine spezielle Begabung nötig! Während des Trainings durfte ich keinen Blick auf Edward werfen und kein Wort an ihn richten. Das war ihm peinlich, und ich respektierte seinen Wunsch. Dennoch war es ihm wichtig, dass ich anwesend war: Wenn ich Edward einmal aus irgendeinem Grund nicht begleiten konnte, dann ging er auch nicht zum Training. »Kein Bock, Trixi, ich nehme lieber den frühen Bus nach Hause«, war seine Ausrede. Ich merkte, wie stark Edward liebevollen Zuspruch und Lob brauchte. Wie er aufblühte und lachte, wenn wir dann nach dem Training im Auto heimfuhren.

»Du hast heute ganz schön was geschafft!«, sagte ich.

»Hast du den Muskelprotz mit den Tattoos gesehen?«, fragte Edward.

»Ja, genau, aber du hast mehr Gewichte gestemmt als dieser Angeber!«, antwortete ich stolz.

»Dem werde ich's zeigen. Ich trainiere jetzt zweimal in der Woche!«

Und so unterhielten wir uns ausgelassen wie zwei Verbündete. Ich empfand Bewunderung für Edward. Denn als er aus der Jugendpsychiatrie zu mir kam, war er ja die »geknickte Rose«, ausgebrannt und willenlos. Es war schön, zu beobachten, wie sich jetzt sein Selbstbewusstsein stabilisierte, sobald er spürte, dass ihm jemand Interesse und Aufmerksamkeit zukommen ließ.

Als Edward, seine Mutter und ich zu einem Termin in der Schule erschienen, erlebte ich, wie die aufgestaute Wut aus meinem Schützling herausbrach. Es war ein Termin zur Notenbesprechung festgelegt worden. Edwards Mutter kam abgehetzt aus Köln angereist, Edward erschien in meiner Begleitung. Der junge Klassenlehrer war freundlich und interessiert, sein Gesicht entspannt. Noch! Die Noten waren nicht besonders gut, Nachprüfungen in Mathematik standen an, Edward war genervt von den dauernden Anklagen und Vorwürfen seiner Mutter. Sie meinte, der Sohn lerne einfach zu wenig, das sei der simple Grund allen Übels. Edward fläzte sich im Stuhl, alles demonstrierte deutlich: null Interesse. Auf einmal riss der Mutter der Geduldsfaden. Sie rief energisch: »Dann geh doch wieder in die psychiatrische Anstalt, das wird dir sicher guttun. Ich kann dich ja gleich anmelden.« Edward rastete völlig aus, sprang vom Stuhl auf und brüllte: »Halt endlich mal die Fresse!«

Ich hatte so ein primitives Schimpfwort noch nie von einem Jugendlichen gegenüber seiner Mutter gehört und war sehr geschockt. Der Lehrer erhob sich und sagte im Gehen: »Das ist eine Familienangelegenheit, scheint mir. Da geh ich mal lieber!« Damit war die Besprechung beendet. Während der Rückfahrt nach Hoheneich herrschte eine beklemmende Stimmung.

»Du brauchst nicht mehr nach Köln kommen. Ich will dich nie wieder in meinem Haus sehen!«, sagte die Mutter. Sie fühlte sich tief verletzt und war beleidigt.

Edward schwieg und wandte den Kopf ab. Weder Mutter noch Sohn wollten weiter über den Vorfall sprechen.

Nach einigen Wochen empfahl ich Edward, doch einmal wieder nach Hause zu fahren. Er sprach nicht über sein Fehlverhalten, sondern antwortete lediglich: »Die will mich ja nicht sehen! Ich fahre nicht!« Nach vielen Gesprächen mit Mutter und Sohn glätteten sich die Wogen, und beide erkannten, dass sie sich zu sehr von Emotionen leiten ließen. Edward fuhr einige Zeit später übers Wochenende heim.

Ich erzähle den Turbo-Müttern: »Nehmt euch einfach mal zurück. Zündet eine Kerze an, setzt euch gemütlich mit einer Decke ins Sofa, haltet das Kind im Arm und kuschelt. Ist das Kind bereits älter, so ist ein Kuscheln nicht mehr gefragt, aber dennoch brauchen die Jugendlichen eure Nähe, lasst sie Harmonie spüren und erzählt euch Geschichten. Nehmt euch Zeit für Gefühle.«

Die *Chaoten-Mutter:* Auf den ersten Blick wirken sie sehr jung, frisch und unkompliziert. Doch der zweite Blick offenbart völlige Planlosigkeit. Sie gönnen ihren Kindern alle Freiheiten und setzen keine Grenzen. Casimir wuchs mit seinen Geschwistern in großer »Freiheit« auf. Als die junge Mutter noch studierte, warfen die kleinen Kinder eines Tages aus Übermut die Bilderbücher und andere Gegenstände aus dem Fenster auf die belebte Straße. Passanten riefen die Polizei. Die kam und verwarnte die Eltern, weil sie die Kinder unbeaufsichtigt gelassen hatten. Später kam es vor, dass die Kinder aus der Schule heimkehrten und kein Essen vorfanden. »Das könnt ihr schon selbst organisieren!«, sagte die Mutter. Aber die Kinder waren damit in ihrem jungen Alter überfordert. Die Kinder schufen sich im Laufe der Zeit ihre eigenen Regeln. Sie kamen zu der Einsicht: Wenn die Eltern sich nicht kümmern, müssen wir eben alles selbst tun! Also tun wir es, wir brauchen keinen Erzieher über uns. Fazit: Sie verwilderten, und die Probleme wuchsen den Eltern über den Kopf.
Später – Casimir war gerade ein paar Monate bei mir – brachte ich ihn zum ersten Besuch in sein Elternhaus zurück und erhielt dabei Einblick in das häusliche Leben. Mein Motto heißt ja, wie schon beschrieben: Nie überrascht sein!, aber ich war, gelinde gesagt, doch sehr erstaunt über die Unordnung und abschreckende Schlampigkeit in der Kinderetage. Essensreste lagen unter den zerwühlten Betten, Teller mit alten Nudeln und verschmiertem Ketchup standen neben Käfigen mit mehreren tobenden Ratten. Die Atmosphäre war trostlos.

Anfangs wirkte Casimirs Mutter auf mich kalt und desinteressiert, doch später, nachdem ihr Sohn ein Vierteljahr bei mir war, erstaunten mich ihre Reaktionen und belehrten mich eines Besseren. Das vermeintliche Desinteresse war ihre Auffassung von Erziehung: Sie wollte Casimir die Verantwortung für sein Tun selbst überlassen – mit allen Konsequenzen. Auf ihre Art meinte sie es wirklich gut mit ihrem Sohn, nur spürte sie nicht, dass er sich nicht nach Freiheit, sondern nach Grenzen sehnte. In ihrer Auffassung von Freiheit sah er nur Gleichgültigkeit.

Casimir sollte – es war der Wunsch der Eltern – erst nach drei Monaten wieder seine Eltern besuchen, weil Drogenhändler hinter ihm her waren und ausstehendes Geld einforderten. Casimir fuhr nur widerwillig heim. Am Abend klingelte bei uns das Telefon, und ich hörte die tränenerstickte Stimme der Mutter: »Ich muss Ihnen danken, wie haben Sie das gemacht? Mein Sohn hört mir zu! Das erste Mal hört er mir zu!«

Ich war sehr erleichtert, dass Casimir das erste Wiedersehen mit seinen Eltern gemeistert hatte. Unsere nächtelangen Gespräche hatten Wunder bewirkt. Er hatte ohne Murren verschiedene Regeln anerkannt, den Sinn von Strukturen begriffen und verstanden, dass er sich Ziele setzen musste.

Kinder brauchen einen geregelten Tagesablauf, an dem sie sich orientieren können. Das beginnt mit dem Aufstehen und endet mit dem Zubettgehen. Viele Mütter erzählen stolz, dass die Kinder morgens von alleine aufstehen, das Frühstück machen und sie so die Chance haben, noch länger zu schlafen. Sie halten das für Selbständigkeit. Die Kinder schaffen sich ein eigenes Morgenritual, werden aber im Grunde sich selbst überlassen. Wenn die Eltern zu Hause sind, sollten sie jede Chance nutzen, ihre Kinder zu begleiten und ein fürsorgliches Auge auf sie zu haben. Wie viele Kinder gehen ohne Frühstück aus dem Haus und holen sich stattdessen in der Pause ein Stück Kuchen vom Bäcker. Viele Eltern meinen, das seien Kleinigkeiten. Aber Kinder lernen an Kleinigkeiten und durch Wiederholen. Ständiges Wiederholen lässt vieles zu

einer Art Bedürfnis werden: Regelmäßige Körperhygiene wie das tägliche Zähneputzen muss mit kleinen Kindern gemeinsam eingeübt und auch kontrolliert werden. Es reicht nicht, es den Kindern zu erklären und dann zu sagen: »Ich habe ihm gesagt, wie wichtig das Zähneputzen ist. Mein Kind ist ja so vernünftig. Es kann jetzt selbst die Verantwortung für die Zahngesundheit übernehmen. Wenn es nicht regelmäßig und ordentlich die Zähne putzt, dann bekommt es eben Löcher, und der Zahnarzt muss bohren. Danach wird es ordentlich putzen.« Und wenn dann Löcher da sind, fallen Sätze wie: »Ich habe es dir erklärt, aber du wolltest ja nicht hören. Das hast du jetzt davon!« So werden Kinder gedemütigt. Wenn es schon im Kindesalter keine klaren Strukturen gibt, kann das zu größeren Problemen bei Jugendlichen führen. Denen stehen die Eltern dann hilflos gegenüber und greifen zu Erziehungsmethoden, die sie eigentlich ablehnen. Sie bestechen ihre Kinder: »Wenn du lernst und eine gute Note schreibst, bekommst du 10 Euro«, oder sie bestrafen sie unangemessen hart und schreien sie an: »Du hast wieder eine Fünf mit nach Hause gebracht, den Wochenendausflug mit deinen Freunden kannst du vergessen.« Kinder und Jugendliche können nur in einem Gefüge von Strukturen und Regeln reifen.
Mit Kontrolle ist natürlich nicht die strenge, geißelnde Kontrolle, sondern eine anteilnehmende, verantwortungsvoll begleitende gemeint. Es gibt da keine klaren Richtlinien, auch hier müssen die Eltern intuitiv entscheiden und das Alter der Kinder berücksichtigen. Einen Zwölfjährigen können wir sicher nicht mehr beim Zähneputzen und Duschen kontrollieren. Das wird auch nicht nötig sein, wenn wir ihn als Kind entsprechend angeleitet und begleitet haben. Und natürlich müssen Kinder Entscheidungen selbst treffen können. Wenn das Kind eine bestimmte Jacke anziehen will und die Mutter meint, sie sei zu dünn, dann soll das Kind – wenn nicht gerade arktische Temperaturen herrschen – ruhig die dünne Jacke anziehen. Wenn es dann bibbernd nach Hause kommt, wird es – zumindest in den meisten Fällen – das nächste Mal die

wärmere Jacke nehmen. Die Eltern sollten dann nicht ermahnend oder sarkastisch sagen: »Siehst du, ich hab es ja gleich gesagt, aber du wolltest nicht hören!«

Die *Leiden-Mum:* Die Leiden-Mum trägt Narben aus ihrer eigenen Kindheit mit sich herum und leidet unter ernsten persönlichen Problemen. In diesen Fällen hat die Betreuung der Mutter am Telefon für mich manchmal mehr Zeit beansprucht als die Pflege ihrer Kinder.
Boris kam im Alter von fünfundzwanzig Jahren nach Hoheneich. Schon bei der ersten Begegnung spürte ich sehr viel Sympathie für den zwei Meter großen jungen Mann. Aber warum diese flackernden Augen, dieser unruhige Blick? Boris konnte keinen Blickkontakt halten. Eines Abends setzte ich mich in Boris Zimmer und wollte das weitere Vorgehen, die Maßnahmen und Ziele besprechen. Das musste ich verschieben, denn Boris fing auf einmal an, wie ein Wasserfall zu erzählen: »Ich weiß nicht, wer ich bin!«
Okay, dachte ich, die Drogen. »Du bist Boris Malpain«, sagte ich.
»Findest du meinen Namen schön? Ich meine, dieses französische ›mal‹ heißt doch ›schlecht‹?«, sagte er.
»Dein Name ist sehr schön, weil er anders geschrieben wird als ausgesprochen, klingt irgendwie geheimnisvoll! Es ist ein französischer Name aus der Zeit der Hugenotten. Du hast einen außergewöhnlichen Namen«, antwortete ich.
»Meine Mutter behauptet, dass ich böse sei«, redete er mit tonloser Stimme. »Das Böse wäre schon mit der Geburt in mich gedrungen. Auf mir liegt ein Fluch. Immer wieder musste ich diese Einläufe mit warmem Wasser über mich ergehen lassen, noch mit sechs Jahren. Die sollten den Dämon aus meinem Körper schwemmen.«
Ich hörte fassungslos zu und beschloss in Gedanken, Hilfe bei unserem sehr verständigen Pfarrer zu suchen.
»Meine Mutter«, erzählte er hastig weiter, »hat sich der Esoterik verschrieben. Sie schließt sich im dunklen Zimmer ein

und berechnet Sternenbahnen und pendelt. Ich wollte als kleiner Junge immer zu ihr, doch sie machte die Tür nicht auf. Ich schrie und trat gegen die Tür. Meine Wutausbrüche musste ich bitter büßen.«

Von Boris' Onkel wurde ich später aufgeklärt. Boris' Mutter litt in ihrer Kindheit unter psychosomatisch bedingten Beschwerden. Ihr wurden Gerüchte zugetragen, dass der Mann ihrer Mutter, den sie natürlich immer für ihren Vater gehalten hatte, nicht ihr Erzeuger war. Sie wurde von ihrer Mutter darüber im Unklaren gelassen und erfuhr nie den Namen ihres richtigen Vaters. Um Klarheit zu finden, begab sich Boris' Mutter auf einen inneren, spirituellen Erkenntnisweg. Sie suchte nach einem Ausweg aus ihrem Leid und überhäufte dabei den kleinen Sohn mit Erfahrungen aus ihrer okkulten Welt, die er nicht verstehen konnte und die ihn ängstigten. Boris erlebte diese düstere Mystik als eine schwarze, lähmende Macht, die sich auf alles Lebensbejahende legte und ein normales Zusammenleben unmöglich machte.

In langen Telefongesprächen, die ich mit Boris' Mutter führte, wurde mir bewusst, dass sie von Ängsten geplagt wurde und Zuspruch suchte. Es ist schwierig, Menschen, die psychisch labil sind, aufzumuntern oder ihnen gar Tipps zu geben. Auf meine Einladung, uns doch einmal besuchen zu kommen, antwortete Boris' Mutter: »Um Gottes willen! Nein, auf keinen Fall!«

»Warum nicht?« Nach diesem zweistündigen Gespräch wäre mir ein Besuch angemessen erschienen.

Aber die Mutter wiegelte energisch ab: »Sonst müsste ich Ihre Probleme tragen.«

»Ich habe aber keine Probleme!«, verkündete ich munter.

»Oh, doch, ich kann Ihre Probleme fühlen, auch wenn Sie sie nicht spüren!«

»Was? – Na dann halt nicht.«

Es war nichts zu machen. Aus einem Besuch konnte nichts werden. Ich kann nicht auch noch den Eltern helfen und konzentriere mich lieber auf das Kind, baue es auf, gebe ihm Lebensmut und Perspektive. Heute kann Boris sein Wissen von übersinnlichen Dingen richtig einschätzen und wendet es in Gesprächen gelegentlich moderat an. Wer weiß, vielleicht rührt daher auch sein Interesse an Philosophie.

Der *Streuobst-Dad* ist ein auf den ersten Blick gemütvoller Typ. Genau wie die Äpfel auf der Streuobstwiese verstreut der Streuobst-Dad seine Akten, Papiere und Notizen in genialem Durcheinander auf dem Boden. Sie liegen auch in Stapeln neben den Computer oder auf dem Papierkorb seines Büros. So ein Streuobst-Dad war auch Casimirs Vater. Er fand dieses Chaos keineswegs störend, sondern normal. Erst wenn er selbst nichts mehr wiederfand, die Rechnungen nicht bezahlt wurden oder wichtige Unterlagen einfach irgendwo verschwanden, wurde er plötzlich und ohne Vorwarnung jähzornig. Er suchte Sündenböcke. Und die fand er in den Schwächsten der Familie – in den Kindern.

Casimir musste nach der Schule Bürodienste für seinen Vater übernehmen. Wenn der Jurist Gerichtstermine wahrzunehmen hatte, dann wurden die Kinder als Sekretäre eingesetzt. Sie mussten das Telefon bedienen. Eine ausgebildete Bürokraft konnte sich der Vater, abgesehen von einer Sekretärin in Aushilfe, nicht leisten. Casimirs ältere Schwester weigerte sich bald, diese Arbeit zu übernehmen. Sie hatte die Angewohnheit, bei jedem Anruf einen etwas schrägen Humor zu zeigen und statt ihres richtigen Namens, Dinkelmann, ein »Pinkelmann« in den Telefonhörer zu rufen, was zu einer gewissen Verwirrung führte. Über die Anrufe Buch zu führen oder gar den Mandanten die Abwesenheit des Vaters zu erklären, dafür sah sie keinen Anlass.

Casimir dagegen wollte seine Sache besonders gut machen. Es gefiel ihm, vom Vater wie ein Erwachsener behandelt zu werden und scheinbar in die schwierige Materie der Juristerei einbezogen zu werden. Immer wieder notierte sich Casimir pflichtgetreu die Anrufe, Adressen und Daten für Rückrufe. Er verstellte seine Stimme und gab Rechtsauskünfte nach

Gutdünken, war darin so geschickt, dass es nicht auffiel. Bis er eines Tages nicht mehr die Zeitung fand, auf die er die Mitteilungen der Mandanten gekritzelt hatte. Es gab ohne Vorwarnung ein riesiges Donnerwetter. Der Vater schrie Casimir wütend an und warf Gegenstände vom Schreibtisch auf den Boden. Casimir floh in sein Zimmer, knallte die Tür zu und schloss sich ein. Er verstand gar nichts mehr. Mir taten Casimir und seine zwei Geschwister leid. Kein Wunder, dass Casimir mit zwölf Jahren von zu Hause abgehauen war, keine Schule mehr besuchen wollte und Trost in Drogen suchte.

Einen anderen Vatertyp nenne ich gerne den *Iron-Man.* Damit meine ich nicht einen Eisen-, also knallharten Mann, sondern »Iron« steht bei mir für ironisch oder gar zynisch. Für Kinder ist die Ironie von Erwachsenen nicht nachvollziehbar. Sie verstehen den Witz oder den ironischen Umkehrschluss nicht. Sie merken nur sehr deutlich, dass eine emotionale Kälte die häusliche Atmosphäre trübt. Der Einzige, der sich in dieser Situation amüsiert und über seine Wortspiele lacht, ist der Vater. Das Kind ist verunsichert und fühlt sich blamiert. Es glaubt sich vom Vater verraten, zu dem es doch eigentlich aufschauen möchte. Gegenseitiges Vertrauen kann so nicht aufgebaut werden.

Ich war mit dem inzwischen siebzehn Jahre alten Edward bei seinen Eltern zu Besuch. Die Eltern hatten sich zur Renovierung der Kinderzimmer entschlossen. Edward sollte nach Hause kommen, um seine Möbel und den Computer-Kabelsalat auszuräumen. Der Sohn verspürte dazu wenig Lust. Er mochte sein Zimmer sowieso nicht. Auf meine Nachfrage, ob er sich schon Tapeten und Möbel ausgesucht hätte, bekam ich die Antwort, nein, die Auswahl würden die Eltern treffen.

Ich machte mich für meinen Pflegesohn stark und sagte zu den Eltern: »Kein Wunder, dass Ihr Sohn sein Zimmer nicht liebt. Er hat gar kein Verhältnis zu der Einrichtung und fühlt sich darin nicht wohl. Lassen Sie ihn doch seine Tapeten, Vorhangstoffe und Möbel selbst aussuchen.«

Edward wollte gerne mitbestimmen. Gemeinsam phantasierten wir schon über Farbkombinationen und Bettvariationen. Dabei liefen wir begeistert im Zimmer hin und her. Mit der Mutter wurde sogar ein Termin für den Besuch im Möbelgeschäft festgelegt. Doch dann erschien der Vater. Und sofort wurde die fröhliche, phantasievolle Stimmung zerstört: »Du willst also deine Tapeten selbst kaufen, vielleicht mit Bärchenmotiven, Kätzchen und himmelblauen Wölkchen, ach wie süß!«, sagte er und warf sich lachend auf einen Stuhl. Edward stöhnte auf und verließ sofort mit resigniertem Augenrollen das Zimmer. Die väterliche Bemerkung hatte ihn verletzt. Er fühlte sich mit seinen Wünschen nicht ernst genommen, da sein Vater alles ins Lächerliche zog. Das war typisch. Nur selten war ein normales Gespräch möglich. Ich kann die Kinder gut verstehen, denn auch ich selbst empfinde eine gewisse Ablehnung gegenüber Zynikern, die sich über alles und jedes lustig machen. Aber vielleicht versteckt sich hinter dem Zynismus und der Ironie auch nur Schwäche?

Der *Charming-Paps* wirkt auf den ersten Blick meist sehr sympathisch. Er ist elegant und weltgewandt, scheint allzeit bester Laune, locker und amüsant zu sein. Ständig ist er auf Achse, nie zu erreichen, nie zu finden. Ein wahrer Graus für jede Ehefrau. Im Kindesalter lieben seine Söhne und Töchter ihn sehr, weil er immer großzügig und tolerant ist. Da der Charming-Paps so gut wie keine Grenzen setzt – er ist ja auch selten anwesend –, passiert es jedoch immer wieder, dass er von seinen lieben Kleinen enttäuscht wird. Sie nehmen die Vorzüge mit zunehmendem Alter als selbstverständlich hin und zeigen keine wirkliche Dankbarkeit. Im Gegenteil, sie nutzen den großzügigen Vater aus. Das geht so lange gut, bis der Vater das plötzlich merkt, meistens am Geldbeutel, und dann flippt der Charming-Paps ohne Vorwarnung total aus. Askan bestellte während eines Aufenthalts mit seinem Vater in Ägypten jeden Tag an der Bar teure Drinks, Menüs und allerlei Schnickschnack. Der Vater hatte keine Ahnung von dem Treiben seines Sohns. Da er in diesem Land Geschäftstermine wahrnehmen musste, konnte er sich wenig kümmern. Erst als ihm die hohe Hotelrechnung präsentiert wurde, kam es zum Eklat. Der Vater brüllte vor allen Hotelangestellten seinen Sohn in Grund und Boden. Zähneknirschend zahlte er.

Askan erzählte mir einmal, dass er als kleiner Junge große Angst vor den Wutausbrüchen des Vaters hatte. Bevor es richtig losging, fragte der Wütende noch: »Willst du eine Backpfeife, oder soll ich brüllen?« Askan entschied sich immer für die Backpfeife.

Ich erinnere mich genau, als Askan eines Sonntags von einer Heimfahrt wieder nach Hoheneich zurückkehrte. Der Vater brachte ihn im Auto. Schon beim Eintreten in unser Haus bemerkte ich, dass Askan blass und verstört wirkte. Irgendetwas musste während der Fahrt passiert sein. Ich fragte beim Vater nach, denn Askan hatte sich sofort in seinem Zimmer verschanzt. Locker antwortete der Vater, dass Askan die Autobahnausfahrt nach Alsfeld über das Hattenbacher Kreuz verschusselt hatte und immer wieder in gelangweiltem Ist-mir-doch-scheißegal-Tonfall die falsche Richtung angab, bis dem Vater der Geduldsfaden riss. »Aber richtig riss«, beteuerte der Vater, »da war Tunnelende!« Sie hatten dann lange Umwege fahren müssen, bis sie endlich in Hoheneich angekommen waren. Besser wäre es wohl gewesen, im Voraus die Route anzusehen, die Karte zu wälzen und den Beifahrer um Mithilfe zu bitten, aber diese Zeit hat eben ein »Charming-Paps« nicht. Das wäre auch nach seiner Auffassung zu pedantisch gewesen.

Diese drei Muttertypen und drei Vätertypen haben eines gemeinsam: Sie begreifen das Konzept »Kindheit« nicht und wollen ihren Nachwuchs schnell durch diese sensible und wichtige Phase treiben, so als wäre sie eine Krankheit. Die kindliche Seele hat für sie keinen Wert an sich. Sie können sich nicht zu dem Kind herabbeugen und auf seine Bedürfnisse eingehen. Das Kind soll ein Partner sein, gleich voll in Anspruch genommen werden können. Auf die eine oder andere Art missbrauchen sie das Kind zur Kompensation ihrer selbst.

Doch die schlimmen Folgen sind den Eltern einfach nicht klar. Das Kind wird zum Tyrannen – nach Michael Winterhoff, *Warum unsere Kinder Tyrannen werden.* Es rächt sich mit unmäßigem Verhalten. Die Missachtung seiner Persönlichkeit in jungen Jahren speichert das Kind, bis es als Jugendlicher, der stark genug ist, sich zu wehren, brutal zurückschlägt. Er provoziert in aller Öffentlichkeit, ist respekt- und schamlos und gibt sich exzessivem Drogen- und Alkoholkonsum hin. Nicht alle Jugendlichen aus den geschilderten Familien reagieren so extrem; andere überleben, haben aber keine Chance, ihre Persönlichkeit voll zu entfalten. Wieder anderen gelingt es trotz alledem.

Oft werde ich gefragt: »Wie war denn Ihre eigene Kindheit? Wenn Sie so ein gutes Gespür für die Kinderseele haben, muss doch bei Ihnen alles in Ordnung gewesen sein?«

»Ja, stimmt!«, antworte ich.

Ich fühlte mich geborgen und umsorgt von meiner Mutter. Sie musste meinen Bruder und mich alleine aufziehen, da mein Vater sehr früh gestorben war. Meine Mutter kämpfte wie eine Löwin für uns »nach außen«, trotzdem war sie zärtlich und liebevoll »nach innen«. Sie gab uns ein sicheres Nest, in dem wir gerne eng zusammengerückt ihren Geschichten von früher und Kommentaren zum aktuellen Geschehen lauschten. Wir empfanden Wärme und Geborgenheit. Ich spürte als Kind, ich war ungefähr fünf, sechs Jahre alt, ein Urvertrauen. Dieses Vertrauen fand ich überall: in der Natur, wenn ich die Vögel beobachtete, im Dorf, wenn ich mit den Schulfreunden spielte, oder im Kreis der Verwandten, wenn ich mit Onkeln und Tanten plauderte, die in großer Anzahl unser Landhaus bevölkerten, da sie nach dem Krieg geflohen waren. Dieses Urvertrauen gibt ein starkes, sicheres Gefühl: Man ist nie allein!

Auch genoss ich die Ruhe und versteckte mich gern in den wilden Weinranken, die unser Haus umwucherten. Der Stamm der alten Rebe war durch die Jahre recht dick und massiv gewachsen und bildete in der Höhe meines Kopfs einen richtigen Stuhl. Der Stamm strebte empor, lenkte auf einmal eine waagerechte Kurve ein und strebte dann wieder weiter bis unter das Dach. Auf diesem Platz saß ich oft, aß ein Körnerbrot, das dick mit Quark bestrichen war – noch heute habe ich den köstlichen Geschmack auf der Zunge –, und beobachtete die Menschen, die in unser Haus ein und aus gingen. Ich wurde nicht gesehen, und ich gab mich auch nicht zu erkennen. Nur als mein kleiner Freund Franz mich suchte und verzweifelt nach mir rief, dann auf der Eingangstreppe, ganz in meiner Nähe, Platz nahm und sich die Augen nach mir ausguckte, gab ich ein leises Zwitschern von mir. Er zuckte vor Schreck zusammen, dann zeigte er große Freude. Ja, von ihm wollte ich entdeckt werden.
Jahre später habe ich an einem Seminar von Pater Anselm Grün teilgenommen. Der Pater ist Benediktinermönch im Kloster Münsterschwarzach und führt zum Beispiel Kurse durch »für Menschen in beruflicher Verantwortung«. Das Thema hieß: »Menschen führen – Leben wecken«. Ich bewunderte diesen Pater, denn seine Worte trafen mich wie ein Komet, der meine Sternenbahn kreuzte. Alles, was ich aus dem Bauch heraus, rein intuitiv empfand, benannte er fachlich untermauert mit den neusten psychologischen Erkenntnissen. Er sagte unter anderem: »Sucht ist die Suche nach dem Urvertrauen, das die Mutter bringt. Ideologie ist die Suche nach dem Vater, der den Rücken stärkt. – Führen hat etwas zu tun mit Reife und Weisheit. – Jeder soll sich fragen, welches Bild er von sich selbst hat. Wie siehst du dich?« Der Pater hatte mehrere Beispiele angeführt: Der eine sah sich im Hamsterrad, immer auf Achse, keine Pause, der andere war das Pferd, das einen schweren Wagen zog und immer wieder den Karren aus dem Dreck zerrte. Ganz wenige sahen sich in Harmonie auf einer Wiese sitzen. Niemand sah sich als Engel!

Nach dieser Erfahrung fragte ich meine Problem-Kids: »Wie seht ihr euch?« Sie antworteten ausnahmslos: »Vor einem riesigen Berg stehend. Den Berg können wir nicht erklimmen!« Ich bin da, um den Verzagten über den Berg zu helfen. Ich möchte sie über den Grat führen und ihnen den geraden Weg durchs Leben ebnen. – Das Leben ist schön! – Ich sehe mich geborgen im wilden Wein.

## Mein Auffangnetz. Allein kann ich es nicht schaffen, ich suche mir Hilfe

Ich sehe es als meine Berufung, den Jugendlichen zu helfen. Aber ich weiß, ich kann das nicht allein. Um ihnen den Weg ins Leben zu öffnen, nehme ich auch die Hilfe einiger Menschen in Anspruch. Ich knüpfe sozusagen unter den strauchelnden und gestrauchelten Jugendlichen sinnbildlich ein festes Netz, das sie auffangen soll, wenn sie wie ein Trapezkünstler aus großer Höhe abzustürzen drohen. Dieses engmaschige Netz ist gestrickt aus Fäden der Freundschaft zu ihren Lehrern, zur Polizei, zu Ärzten, Psychologen und zu meinem Pfarrer.

### Die Lehrer

In Alsfeld befindet sich das größte Gymnasium des Vogelsbergkreises. Diese Schule ist in einem funktionellen modernen Flachdach-Betonbau untergebracht. Es sieht von außen wegen seiner gelben Farbe einem Postgebäude ähnlich. Schon meine Töchter haben dort gelernt, gebüffelt und geschwitzt und ihr Abitur bestanden. Auch meine Pflegekinder vertraue ich vorzugsweise diesem Gymnasium an, und dabei wurde ich noch nie enttäuscht. Ich pflege ein gutes Verhältnis zu der Lehrerschaft und zur dynamisch, kompetenten Direktorin, die mit rotgefärbtem Kurzhaarschnitt wie ein Tornado durch die Klassenzimmer und über die breite Treppe in die obere

Etage fegt. Sie signalisiert: Hier weht ein frischer Wind. Die Lehrer sind aufgeschlossen, konsequent und haben Humor. Bevor ich einen neuen Schüler in der Schule anmelde, lege ich die Probleme und Ziele offen auf den Tisch und bespreche die Vorgehensweise. Ich bitte darum, von den Lehrern unterrichtet zu werden, wenn irgendein Vorfall oder ein Benehmen meines Schützlings aus dem Rahmen der Schulvorschriften fällt. Ich habe da schon einiges zu hören bekommen!

Eines Morgens war ich in euphorischer Stimmung, weil Edward gute Noten in Ethik und in Geschichte erhalten hatte. Ich rief seine Mutter an und lobte ihren Sohn mit Engelszungen: »Ed macht sich fabelhaft, die Noten bessern sich. Er ist umgänglich und lernt wirklich intensiv!«

Frau G. umarmte mich vor Freude durchs Telefon. Nachdem ich den Hörer aufgelegt hatte, gab ich dem Dackel Kessy einen freundschaftlichen Klaps: »Ja, Hundchen, wir haben Erfolg!«

Da klingelte das Telefon, ein Liedchen summend, nahm ich den Hörer ab. Eds Deutschlehrerin, Frau Katscher, war am Apparat. »Guten Morgen, ihr Ziehsohn könnte nun mal eine Entschuldigung bringen. Ist er sehr krank?«, fragte sie.

»Wie bitte? Entschuldigung?« Ich zeigte offen mein Erstaunen. »Edward ist nicht krank. Ist er denn heute nicht in der Schule?«, fragte ich zurück.

»Nein, er ist nicht da. Nicht nur heute, sondern schon drei Tage ist er nicht erschienen!«

»Was?« Mein Motto: Nie erstaunt sein, sollte sich wieder einmal bewähren! »Vielen Dank für den Hinweis, ich werde der Sache sofort nachgehen!«, versprach ich der Lehrerin.

Als Edward aus der Schule heimkam, konfrontierte ich ihn mit der Tatsache. Zuerst wiegelte er ab, doch dann gab er zu, am ersten Schwänztag mit seinem Freund ein Video angesehen zu haben. Am zweiten Tag hatten beide auch keine Lust, und Ed ging mit dem Freund einfach nach Hause, um dort neue Computerspiele auszuprobieren. Die Mutter des Freundes arbeitete und war außer Haus. Am dritten Tag konnten beide Experten wirklich nicht mehr im Unterricht erscheinen, denn dann wäre alles aufgeflogen. Und sie blieben wieder der Schule fern. Ed gab seine Erklärung in ruhigem Ton ab, als ob diese Haltung die selbstverständlichste Sache der Welt wäre.

Eine Standpauke war angebracht, die sollte aber nicht zu sehr überziehen. Mein Konzept heißt in solchen Fällen: Ein Ausweg muss immer offen bleiben. »Ed, sag es doch gleich, du hast keinen Bock! Warum stehen wir beide um sechs Uhr in der Früh auf, du nimmst den ungeliebten Bus und gehst doch nicht in die Schule? Wir könnten beide schön ausschlafen, statt uns solch einen Stress zu machen. Aber ich finde, wenn schon schwänzen, dann heb dir die Schwänztage lieber für den Herbst auf, wenn du Schnupfen und Grippe hast. Dann kannst du von mir aus mal einen Tag dranhängen. Jetzt aber gilt erst die Schule, dann das Vergnügen!«

Edward sah ein, die Sache war dumm. »Diese Katscher muss auch alles auspetzen! Ich hasse sie!«, rief er noch im Hinausgehen. Ich aber war erleichtert, dass ich durch den Anruf der Lehrerin größeren Schaden abwenden konnte. Auch Ed fühlte sich irgendwie gut, denn das Ding mit dem Schwänzen hatte ihn bedrückt. So wurde das Problem ohne großes Trara aus der Welt geschafft und wieder eine klare Ordnung hergestellt.

Wie oft musste ich mir Klagen von verzweifelten Müttern anhören, deren Kinder einfach untergetaucht sind, irgendwo in der Stadt bei älteren Freunden leben, die Hartz IV und eine Bude bezahlt bekommen, die die Schule schmeißen und von einem Tag in den anderen gammeln. In dieses Messie-Milieu, wie es die Polizei nennt – es ist ein Begriff aus dem Englischen und heißt: Unordnung, Dreck –, rutschen die sorglosen Jugendlichen sehr schnell ab. Menschen mit dem Messie-Syndrom leiden unter einem gestörten Ordnungssinn, sind nicht in der Lage, den Alltag sinnvoll zu meistern. In diesen Wohnungen versammeln sich tagelang bis zu zehn Ausreißer, die dann auf einfachen Matten zwischen dem Müll liegen.

Ich habe es mir zur Gewohnheit gemacht, in regelmäßigen

Abständen mit den Lehrern zu sprechen. Auf diese Weise erfahre ich, ob der Schüler gut mitarbeitet, wie sein Notenstand ist und ob sein Sozialverhalten erfreulich ist. Meine P-Kids wollen mich unbedingt von dieser Spionage, wie sie es nennen, abhalten und protestieren lautstark, wenn ich die Lehrer aufsuchen will. Das beeindruckt mich wenig, denn auch die Lehrer begrüßen mein Interesse und bedauern, dass nicht viel mehr Eltern Kontakt zu ihnen pflegen. Außerdem lasse ich mir auch von Schülern, die über achtzehn Jahre alt sind, vorher unterschreiben, dass ich von den Lehrern über die schulischen Leistungen unterrichtet werden darf.

### Der Polizist

Eines Tages suchte ich die Polizeistation in unserer Kreisstadt auf. Ein junger Polizist, der mit meiner ältesten Tochter Abitur gemacht hatte, ist jetzt in der Drogenfahndung tätig. Den weihte ich ein. Ich erzählte ihm von meinen Problemkindern, dass sie in meinem Haus wohnen und ich die Verantwortung für sie tragen würde. Er klärte mich über das Problem des Flatrate-Saufens und des unmäßigen Drogenkonsums auf.
»Die Discobetreiber sind unverantwortlich«, klagte er, »sie wollen ihre Kneipen natürlich voll haben und bieten diese Billigdrinks aus hartem Alkohol an, zum Beispiel den ›Fliegenden Hirsch‹, eine Mischung aus Jägermeister und Red Bull, oder Wodka-Red-Bull. Auch Korn-Cola ist beliebt. Die Kids trinken schon mit zwölf Jahren, das ist Standard im Suffalltag. Ich habe mal ein Mädchen aufgelesen und sie nach Hause gefahren, die war ziemlich dicht, 21 Longdrinks Wodka-Energy für 10 Cent, hatte sie gelallt. Wir Polizisten können zwar hin und wieder Razzien durchziehen und uns die Ausweise zeigen lassen, doch die Fünfzehnjährigen oder noch Jüngeren, die wir aufgreifen, berufen sich auf ihre achtzehn Jahre alten Freunde, die in ihrer Begleitung sind und somit Aufpasserfunktion haben. Die besorgen den Alk und lassen ihn zu dem Minderjährigen rüberwachsen. Da sind wir quasi machtlos.«

»Warum trinken die Jugendlichen diese Unmengen von Alkohol?«, wollte ich wissen.
»Stress, immer Stress! Mit der Schule, mit den Eltern, mit der Freundin oder dem Freund. Die wollen einfach vergessen! Hemmungen verlieren, locker ins Gespräch kommen. Aber sie unterschätzen die Suchtgefahr. Kürzlich fiel ein Berliner Junge, sechzehn Jahre alt, nach 45 Tequilas ins Koma. Immer mehr Krankenhäuser haben sich auf die Behandlung von alkoholkranken Jugendlichen spezialisiert. Bundesweit gibt es 500 000 alkoholkranke Jugendliche. Das Schlimmste ist, dass die Zellen im Gehirn absterben, was bei den jungen Menschen zu irreparablen Langzeitschäden führt, denn ihr Gehirn ist noch im Aufbau. Hinzu kommt die Gefahr psychischer Erkrankungen.«
»Ab welchem Alter dürfen sie überhaupt trinken? Kann ich es verbieten?«
»Das Jugendschutzgesetz verbietet die Abgabe von hochprozentigem Alkohol, auch Alkopops, an Jugendliche unter achtzehn Jahren. Wein und Bier dürfen dagegen an Jugendliche ab sechzehn Jahren – in Begleitung der Eltern sogar schon ab vierzehn Jahren – abgegeben werden. Die Jugendlichen kennen ihre Rechte genau.«
»Kann ich den Gastwirt oder Tankstellenbesitzer anzeigen?«
»Nur, wenn er Alkohol an Jugendliche unter sechzehn Jahren verkauft. Zuständig sind dann die örtlichen Ordnungsämter.«
»Wie kann ich meine Kinder, und insbesondere meine Pflegekinder, schützen?«
»Da hilft nur das aufklärende Gespräch. Ich empfehle den Eltern, mit den Kids ein Restaurant oder Bistro zusammen zu besuchen und das Alkoholtrinken gepflegt zu zelebrieren. Den Wein erst auf der Zunge zergehen lassen, wenn die Blume genussvoll in der Nase kribbelt. Das richtige Glas zu den verschiedensten Arten von Alkohol aussuchen, z. B. Sherry aus einem kleinen Stielglas trinken.«
»Und Wein aus einer Tulpe!«, ergänzte ich.

»Und das Glas richtig in der Hand halten, das muss gelernt sein! Dann Zuprosten und dem Gegenüber in die Augen sehen! Alkoholtrinken kann so stimmungsvoll und romantisch sein.« Der gestrenge Polizeimann geriet richtig ins Schwärmen.
Bevor ich mich verabschiedete und dem jungen, engagierten Polizisten für seine hilfreiche Aufklärung dankte, fiel mein Blick auf ein großes Poster, das hinter dem Amtsschreibtisch an der Wand hing. Auf dem Bild waren zwei lachende Mädchen zu sehen, gekleidet und geschminkt wie für einen Discobesuch. Sie blickten auf einen Jungen, der neben ihnen auf dem Sofa lag und schlief.
»Der hat ja ein Engelsgesicht«, sagte ich bewundernd und deutete auf den Träumer.
»Ganz schön peinlich, was? Die Jungs finden sich besonders cool und männlich, wenn sie Drogen eingefahren haben, aber dann passiert das!«
Ich sah genauer hin und entdeckte einen großen schwarzen Fleck auf der Hose, ausgerechnet in der Lendengegend des friedlich Schlafenden. »Er hat sich total vollgepinkelt! Oh, nein, und er merkt es gar nicht!«, rief ich aus. Ich fühlte Mitleid, musste aber doch lachen. Herr Schwarz erklärt mir das Poster genauer. »Das ist ein abschreckendes Foto der Drogenambulanz aus der Hamburger Uniklinik, die Notrufzentrale ist mit der Telefonnummer unter der Überschrift ›Drogen. Nur lustig, wenn man sie nicht selbst nimmt!‹ angegeben.«
In Wellenlinien war über den Knien der Mädchen geschrieben: Dass Kiffer sich häufig cooler finden, liegt daran, dass Cannabis entspannt. Zuweilen auch die Schließmuskeln.
»Das Poster muss ich haben, wo kann ich es kaufen?«, fragte ich spontan den Polizisten. Ich war begeistert von der Darstellung der scheinbar so friedlichen Welt und der dabei doch deutlichen Problematik der Süchtigen.
»Was wollen Sie mit dem Poster tun? Natürlich kann ich es Ihnen besorgen.«

»Das hänge ich in meinem Haus auf, so dass es mein Pflegesohn Edward G. jeden Tag sieht.«
Der freundliche Helfer zog eine Schublade seines Schreibtischs auf und gab mir ein Duplikat. Seitdem hängt dieses Poster in Hoheneich an der Küchen-Pinnwand. Edward hatte es am selben Tag gleich entdeckt. Peinlich berührt rief er: »O no! Zerreiß sofort diesen Schwachsinn!« Doch die Küche ist mein Hoheitsgebiet. Dort und überall im Haus, außer in Edwards Zimmer, gelten meine Regeln.

## Die Psychologin

In Frankfurt wurde ich im Jahr 2008 zu einer Podiumsdiskussion mit unserer damaligen Familienministerin Ursula von der Leyen eingeladen. Die Ministerin stellte ihr neues familienpolitisches Leitbild vor: Die Anzahl von Kindertagesstätten und Vorschulkindergärten sollte deutlich verbessert werden. Junge Mütter dürfen nicht zu lange ihrem Beruf entzogen werden. Denn schließlich sind sie vollwertige, emanzipierte Mitglieder unserer Gesellschaft und haben das Recht auf Ausübung ihrer erlernten Berufe. Und unsere Wirtschaft braucht sie dringend. »Wir müssen unser Land für die Frauen verändern. Die Kita ist eine hochgeschätzte Einrichtung, die ich voll befürworte!«, waren ihre freundlichen, doch mich distanziert und kühl anmutenden Worte.
Ich meldete mich. Wollte etwas sagen! Das Mikrophon wurde mir gereicht. Ich fragte: »Frau Ministerin, was ist mit den Kindern, die darunter leiden, von ihrer Mutter getrennt zu sein? Die nicht in einem fremden Haus mit vielen anderen, unbekannten Kleinkindern krabbeln wollen? Die weinen? Oder stumm bleiben, da sie unter Schock stehen, und deren empfindliche Seelen von Entwicklungsstörungen beschattet werden? Wie wird das Urvertrauen des Kinds beeinflusst, wenn es in so jungen Jahren der Mutter entzogen wird?«
»Wie ist denn Ihr Name?«, fragte die Ministerin mädchenhaft lächelnd zurück. Ich nannte meinen Namen und erklärte, dass ich Problemkinder und -jugendliche im Alter von fünf-

zehn Jahren aufwärts aufnehme und immer wieder feststelle, dass die Kinderstube dieser mental verwahrlosten jungen Menschen zu kurz und zu lieblos war. Und dass diese Fehlleistung zu fatalen Folgen führt.

»Sehr interessant und lobenswert ist Ihr Engagement«, lobte die Politikerin.

Ich redete weiter, war nicht zu bremsen: »Diese heranwachsende, hoffnungsvolle Generation hat kein Stehvermögen. Sie kann das Leben nicht meistern, sie wird häufig drogen- und alkoholsüchtig. Bei der geringsten Belastung knicken die Jugendlichen ein wie hohe Gräser unter Dauerregen! Schließlich landen sie in Jugendpsychiatrien und Entzugseinrichtungen! Sie sind den Anforderungen eines Studiums oder einer Lehre in einem Betrieb nicht gewachsen.«

»Sicher, das Problem ist mir bekannt«, bemerkte die Familienministerin.

»Das erschreckende Urteil von Lehrern und Arbeitsvermittlern – unsere Jugend ist unausbildbar – kann man doch nicht einfach so hinnehmen und dann zur Tagesordnung übergehen!«, rief ich laut. »Diese Schlagzeile habe ich gerade in der Zeitung gelesen. Jetzt fordern die Politiker sogar junge Menschen aus den östlichen EU-Ländern auf, in die Bundesrepublik einzureisen, um hier ausgebildet zu werden. Das ist doch eine Blamage!«

Die Ministerin gab ihrem Sekretär einen Wink, er solle sich meine Adresse aufschreiben. Ich würde später von ihr hören, denn diese prekäre Angelegenheit sei sehr wichtig und schwerwiegend. Über Lösungen würde sie nachdenken.

Gleich nach meiner Frage meldete sich eine junge Frau zu Wort: »Die Dame, die eben geredet hat, die hat total recht!«, rief sie aufgebracht ins Mikro. »Ich bin Dr. Cynthia Förster und leite die Jugendpsychiatrie Offenbach. Wir sind überfüllt! Wir können dem Andrang von suchtabhängiger Jugend gar nicht mehr nachkommen. In den Zimmern liegen die Kranken zu viert oder noch mehr. An Einzelbehandlung ist nicht zu denken. Helfen Sie uns bitte in der Prävention. Unsere Kinder brauchen mehr Zuwendung, Liebe und wärmende Häuslichkeit. Die Mütter müssen sich mehr Zeit für ihre Kleinstkinder nehmen!«

Jetzt begann die Diskussion etwas unbehaglich zu werden. Man merkte, das Gespräch passte der Ministerin nicht ins Konzept, eine Frau, die selbst sieben Kinder geboren hat, aber ständig auf Achse ist und wohl das sichere Gefühl hat, dass zu Hause alles gut läuft. Deshalb ging Frau von der Leyen nicht weiter auf das Problem ein, sondern wandte sich anderen Fragestellern zu.

Persönlich hörte ich nichts mehr von der Politikerin. Doch nachdem zu dieser Zeit auch ein katholischer Bischof ihre Familienpolitik kritisierte und eine kinderfeindliche Grundhaltung anprangerte, wurde vom Familienministerium eine pekuniäre Unterstützung auch für Mütter in Aussicht gestellt, die zu Hause ihr Kind großziehen wollen. Diesen Entschluss habe ich sehr begrüßt. Leider wurde diese finanzielle Förderung schnell von einigen Feministinnen als »Herdprämie« diffamiert.

Am Schluss der Veranstaltung kam die sympathische Psychologin, die meine Sichtweise vehement unterstützt hatte, auf mich zu. Wir kamen ins Gespräch. Traurig beklagte die junge Offenbacher Ärztin: »Wir haben keine Lobby in der Politik. Die psychisch Kranken werden vergessen. Unsere Einrichtung benötigt dringend Gelder für Reparaturen, aber wir stehen ganz am Ende der Dringlichkeitsliste.« Sie bat mich, ein besonders sensibles und intelligentes Mädchen, die Tochter einer Ärztin, nach dem Aufenthalt in ihrer Klinik zu übernehmen. Wir vereinbarten einen ersten Kontaktbesuch in Offenbach.

## Der Pfarrer

Herr Andraschi, Pfarrer in unserer Gemeinde, ist ein sehr bodenständiger Geistlicher mit gesundem Menschenverstand. Er hat mir oft geholfen, die Probleme meiner Jugendlichen zu entwirren und aufzuklären. Gerade weil er kein kühler Theo-

retiker ist, sondern auf recht unkonventionelle Art Auskunft auf brennende Fragen gibt, wirkt er glaubwürdig. Als ich das erste Mal mit Boris M. zu einem Gespräch ins Pfarrhaus kam, öffnete er uns mit langer weißer Küchenschürze. Er war gerade dabei, einen Kuchen zu backen, den er dem Country-Dance-Club versprochen hatte. In diesem Club war er, zum Erstaunen der älteren Dorfbewohner, Mitglied und tanzte flotter als mancher junge Spund. Ich erinnere mich genau, wie der deutsch-rumänische Geistliche seine mehligen Hände an der Schürze säuberte und uns begrüßte. Ich stellte meinen Schützling vor. »Herr Andraschi«, sagte ich, »Boris M. hat ein Problem. Er möchte von Ihnen über das Böse aufgeklärt werden. Haben Sie eine biblische Erklärung dafür? Können Sie uns aus der Bibel passende Psalme vorlesen?«
»Natürlich, nehmen Sie in der Küche Platz. Ich muss nur noch schnell das Kuchenblech in den Ofen schieben. Ich hoffe, das stört Sie nicht.«
Boris schaute etwas konsterniert. Er hatte lange keinen Gottesdienst mehr besucht, stellte sich aber aus der Erinnerung ein religiöses Gespräch irgendwie feierlicher und salbungsvoller vor.
»Wir können warten«, antwortete ich und sah mich in der Küche um. Auf dem Tisch lagen zerstreutes Mehl, Eierschalen und Zuckerstreusel. Der Ofen surrte leise.
»Fertig!«, rief der Pfarrer. »Jetzt hole ich die Bibel.« Er wandte sich freundlich an Boris und fragte ihn: »Warum interessiert dich das Böse? Denkst du an ein konkretes Erlebnis?«
Boris rutschte unbehaglich auf seinem Stuhl hin und her und fand keine Worte, deshalb ergriff ich das Wort: »Boris möchte von einem Druck befreit werden, der ihn sehr belastet. Er glaubt, dass er böse sei, verflucht von Geburt an. Seine Mutter hat ihm immer wieder einen Dämon aus seinem Körper austreiben wollen.«
»Das Böse ist wie das Gute in uns allen, in jedem von uns«, antwortet der Pfarrer mit ruhiger Stimme. »Denken wir an die Sintflut. Das erste Buch Moses, Kapitel 6, Vers 5, sagt uns,

dass Gott sich entschlossen hatte, seine von ihm erschaffene Welt durch eine Sintflut wieder zu vernichten, denn die menschliche Bosheit war groß: Alles Dichten und Trachten ihrer Herzen war immerdar nur böse. Der Mensch ist schwach, aber er soll nach dem Guten trachten, denn nur dann fühlt er ein Wohlbehagen, und seine Seele kann frei sein.«

Jetzt warf Herr Andraschi einen prüfenden Blick in die Ofenröhre. Ein Geruch von frischem Hefekuchen erfüllte wohlig den Raum.

Zur Untermauerung seiner Worte schlug der Pfarrer nun die Bibel auf. Er hatte bereits die Seite mit einem kleinen Holzlöffel markiert. Er las aus dem ersten Buch Mose, Kapitel 4, Vers 7, vor: »Ist's nicht also? Wenn du fromm bist, so bist du angenehm; bist du aber nicht fromm, so ruhet die Sünde vor der Tür, und nach dir hat sie Verlangen, du aber herrsche über sie.«

Boris hörte aufmerksam zu, dann atmete er erleichtert auf. »Ich habe verstanden. Sehr deutlich verstanden!«, sagte er leise.

»… Du aber herrsche über sie!«, wiederholte der Pfarrer noch einmal.

Plötzlich wurde Boris' Stimme fest und laut: »Ich muss die Dinge selbst in die Hand nehmen! Meinen eigenen Weg gehen. Mich von niemandem irritieren lassen. Nicht die Gene sind wichtig, sondern das, was wir daraus machen. Ist es das, was gemeint ist?«

»Ja, das ist es! Strebe nach dem Licht. Dann wirst du das Gute spüren!«, antwortete Herr Andraschi.

Boris starrte konzentriert auf den Küchenboden. Stille lag wieder über dem Raum, nur der Ofen summte leise. Jetzt musste Boris an das Gesicht seiner Mutter denken, an das mystische Flackern in ihren dunklen Pupillen, die er als Kind immer gefürchtet hatte. Die ihn noch im Traum verfolgten. Doch dann zerfloss das Bildnis, wurde milde und matter, bis es gänzlich verschwunden war.

»Ja«, erklärte der Pfarrer, »du musst auf dein eigenes moralisches Empfinden achten, dein Gewissen soll deine Messlatte sein.«
Boris bewegte seine langen Beine, die er verkrampft übereinandergeschlagen hatte, stand auf und bedankte sich bei dem Geistlichen. Ein helles Leuchten umspielte seine dunklen Augen. Er hatte kapiert, das Leben ist keine Ausrede!
Boris brachte mir nach diesem erlösenden Gespräch ein Geschenk. Als ich das blaue Kästchen auspackte, strahlte mich ein kleiner Glasfrosch an, der völlig durchsichtig war. Nur die Augen waren durch schwarze, ausdrucksvolle Punkte hervorgehoben. Dieses Geschenk schätze ich sehr, und es ziert noch heute den Esstisch bei uns zu Hause. Eines Tages fiel unserer Haushaltshilfe Galina beim Staubputzen das Fröschchen auf den Boden. »Na, nur kleines Bein kaputt! Kann man kleben!«, sagte sie. Boris und ich, wir waren jedoch beide derart verzweifelt, dass wir das Tierchen zur Fabrik zurückschickten und um eine rasche Operation baten. Bald erhielt ich eine Rückantwort, und das gesunde Fröschchen war wieder da. Seitdem steht es auf einer kleinen braunen Onyxscheibe, die dem gläsernen Tierchen einen Schattenriss verleiht.
Das zweite Gespräch mit Herrn Andraschi, das drei Monate später stattfand, verlief völlig anders. Boris verlangte, alleine mit dem Pfarrer zu reden. Ich fuhr ihn vor das alte Pfarrhaus und blieb im Auto sitzen. Nach einiger Zeit verließ Boris den Geistlichen, der mir von der Tür aus zuwinkte. Aber Boris schien nicht glücklich. Meine Nachfrage wiegelte er kopfschüttelnd ab. Erst mein Telefongespräch mit dem Pfarrer gab Aufschluss über das Geschehen.
»Was hatte Boris bedrückt?«, fragte ich.
»Er hat sich offenbar in ein Mädchen aus meiner Gemeinde verliebt. Irgendwelche hässlichen Vorkommnisse belasten sein Gewissen. Er fühlt sich schuldig.«
»Konnten Sie ihm helfen?«
»Nein, nicht in der Weise, die er sich wünschte.«

»Können Sie mir das deutlicher erklären? Ich bin immerhin verantwortlich für den Jugendlichen, obwohl er bereits über achtzehn Jahre alt ist.«

»Ich weiß, ich kann Ihnen vertrauen. Boris wollte von der Kanzel meiner Kirche herunter, während des Gottesdiensts, zu den Gläubigen reden und laut seine Sünden bereuen. Er spürte das Verlangen, öffentlich um Vergebung zu bitten.«

»Was haben Sie ihm darauf geantwortet?«

»Das wirst du nicht tun, mein Sohn.«

»Und weiter?«

»Denn das wäre eine Selbstdarstellung! Die Sühne muss ganz allein in dir reifen und wirken. Du kannst die Befreiung deiner Last nicht von außen erhalten. Gehe in dich. Und du wirst dich besser fühlen. Schau immer wieder in den Spiegel und du wirst die Veränderung an dir erkennen.«

»Fabelhaft. Ich verstehe Ihre Erklärung sehr gut. Wie hat er Ihre Antwort aufgenommen?«

»Er hat stumm genickt und ist gegangen. Dann haben Sie ihn abgeholt. Gut, dass Sie gewartet hatten. Nehmen Sie sich bitte Zeit, um mit Boris zu sprechen«, sagte Herr Andraschi zum Abschied, »jetzt braucht er Sie.«

Ich habe an diesem Abend noch lange in Boris' Zimmer auf dem lila Samtstuhl gesessen und mit ihm geredet. Ich nehme mir viel Zeit zum Zuhören, denn das gibt dem Gegenüber die Gewissheit, wichtig zu sein und in den Gedankenkreis des anderen aufgenommen zu werden. Ich kann nicht verstehen, dass es so wenig Menschen gibt, die sich wirklich Zeit zum Zuhören nehmen. Es ist so: Ich selbst verspüre ein wunderbares, glückliches Gefühl, wenn ich beim Zuhören mein Ich verlasse und in das Sein des anderen übergehe. »Hören bedeutet den anderen erkennen und anerkennen, ihn in den Raum des eigenen Ich hereintreten lassen«, sagt Papst Benedikt der XVI. in seinem Buch *Gedanken und Impulse für junge Menschen*.

Die meisten meiner Pflegekinder sind nicht gläubig. Das bedauere ich sehr. Denn der Glaube gibt Kraft, egal ob er christlich, buddhistisch, islamisch oder jüdisch geprägt ist. Er vermittelt uns, dass es eine Macht gibt, die über uns steht, die Dinge bewirken kann, wie wir sie nicht für möglich halten. Diese Macht gibt uns Schutz und Stärkung.

Ich bin eine gläubige Christin, obwohl ich nicht jeden Sonntag in die Kirche gehe. In der Barockstadt Fulda besuche ich oft den wunderschönen, eindrucksvollen Dom. Er steht erhaben auf einem großen freien Platz. In der Kathedrale gehe ich auf leisen Sohlen zu dem blumengeschmückten Altar, halte eine Andacht und blicke dann in die Kuppel. Von dort schauen vier Engelsköpfe auf mich herab. Ich sende ihnen einen Gruß hinauf. Sie erkennen mich und nicken zurück. Danach wende ich mich der Schutzmantel-Madonna zu. Sie ist eine spätgotische Holzplastik, die das Jesuskind auf dem Arm trägt und auf einer Mondsichel steht. Zwei Engel halten Marias weitgeöffneten Mantel. Viele kleine Köpfe von Schutzsuchenden schauen aus den Falten des Umhangs heraus. Oben rechts ist eine Lücke, und dort plaziere ich in Gedanken meinen jeweiligen Problemjugendlichen hinein. Sein Kopf blickt nun aus dem Mantel. Und es scheint mir, er fühlt sich dort sehr wohl. Geradezu selbstverständlich blickt er mich an. Ich bitte um Stärkung, Ausdauer und Mut für den Neuen in meinem Haus. Ich selbst bedanke mich für die erhaltene Kraft und für die tiefe Ruhe, die mir immer wieder die Madonna schenkt.

Ich glaube, dass viel mehr Menschen, auch Jugendliche, eine Kirche besuchen, als sie zugeben. Dort suchen und finden sie irgendwo ihr ganz spezielles, intimes Eckchen, flehen ein Stoßgebet oder hauchen ein paar Dankesworte. Kirche und Glaube – das ist für viele uncool, darüber wird nicht gesprochen. Im Gegenteil, es gilt sogar als Schwäche, solche Kraftquellen zu benennen.

Als ich kürzlich wieder einmal in München war, verabredete ich mich mit Boris M., der gerade dort in den Ferien einen Freund besuchte. Wir trafen uns in der City. Plötzlich nahm Boris meine Hand und sagte zu mir: »Komm mal mit, Trixi!«

Wir standen vor der barocken Theatinerkirche. Er öffnete die schwere Kirchentür und zog mich hinein. Ich ging mit eiligen Schritten hinter ihm her. Zielstrebig fand Boris seinen Weg durch das dunkle Kirchenschiff, ließ das weite, hohe Gewölbe rechts liegen und wandte sich westlich einem kleinen Kreuzgang zu. Ich bewunderte seine Entschlossenheit. Sicher ist er diesen Weg schon oft gegangen, heimlich, ohne irgendjemanden in dieses Geheimnis einzuweihen, dachte ich. Ich durfte jetzt aber Zeuge sein! Plötzlich hielt er vor einer kleinen Heiligenstatue inne, die völlig im Dunkeln verborgen war, aber doch von vielen flackernden Kerzenflammen mystisch erleuchtet wurde. Boris setzte sich auf die schmale Holzbank davor und sah gedankenverloren in die Kerzen. Sein Gesicht war entspannt, und Friede lag auf seinen sonst so angespannten Gesichtszügen. Nachdem sich meine Augen an die Dunkelheit gewöhnt hatten, erkannte ich viele Blumensträuße in Vasen und einfach neben den Altar gelegte Ranken und frische Wiesenblüten, die erst kürzlich von jemandem gepflückt und hierhergelegt worden waren. Hier beten viele. Das wurde mir klar, denn die Atmosphäre war belebt, die Dunkelheit war erfüllt von Stimmen, die zu mir sprachen. Wir verweilten nicht lange in der Kirche. Boris stand plötzlich auf und verließ mit schnellen Schritten das Kirchenschiff, ohne sich noch einmal umzuwenden. Das große Portal schlug hinter uns zu. Ich folgte ihm in den hellen Tag.

## Die Psyche – ein Mysterium

»Den kriegst du ganz schnell auf die Reihe!«, sagte mein Sohn Ferdinand zu mir und deutete mit dem Kopf in die Richtung, wo der Neue gerade seine Koffer über die Treppe ins Haus wuchtete. Der Neue war ein wirklich netter Kerl. Mein Mann, mein Sohn und ich, wir konnten uns gar nicht vorstellen, dass es Probleme mit dem sechzehnjährigen Maurice geben könnte. Dieser Jugendliche war schon im ersten Gespräch unglaublich mitteilsam, galant und verständig. Eine solche Offenheit war mir bislang bei meinen bisherigen Jungs noch nicht begegnet. Die Jugendlichen, die ich bis jetzt betreut hatte, waren in den ersten Tagen ausnahmslos abweisend, ja geradezu versteinert.

Maurice war das Gegenteil davon. Schon während der ersten kleinen Sightseeing-Autotour, die wir zu zweit in die Umgebung von Hoheneich unternahmen, sah er mich herzlich an und gestand: »Wenn Sie meine Mutter wären …! Ja, Sie müssten meine Mutter sein! Dann wäre das nicht passiert.«

»Das ehrt mich sehr«, antwortete ich und blickte Maurice lächelnd an. »Was wäre denn nicht passiert?«, mochte ich doch wissen.

»Dieser Unfall.«

»Von einem Unfall haben deine Eltern nichts erzählt. Was war bloß passiert?«

»Meine Mutter wollte mich töten! Sie wollte mit mir zusammen Selbstmord begehen. Sie raste mit mir, ich saß auf dem Beifahrersitz, gegen eine Mauer.«

Das war eine Hammeraussage! Mir gefror das Blut in den Adern. Nach außen ließ ich mir jedoch nichts anmerken, sondern fuhr jetzt nur etwas langsamer die lichte Birkenallee entlang. Es war Sommerzeit, und die Stoppelfelder glühten goldgelb in der Sonne. Alles war so friedlich. Aber die Gedanken begannen in meinem Kopf herumzuschwirren, und ich hatte keinen Blick mehr für die romantische Idylle.

»Es ist Gott sei Dank nicht gelungen, denn ihr beide lebt ja noch, wie ich sehen kann«, antwortete ich.

»Wir waren schwer verletzt«, sagte er, während er ausdruckslos ins Leere schaute.

Jetzt wollte ich nur noch auf dem schnellsten Weg nach Hause fahren. Ich musste sichergehen und die Eltern fragen. Sollte das wirklich wahr sein? Konnte ich dem Sechzehnjährigen glauben? Oder wollte er sich nur wichtigmachen, war das vielleicht ein Hirngespinst?

Ich musste absolute Klarheit haben. Nur auf Klarheit, die

mehr bedeutet als Wahrheit, kann ich aufbauen und meine Ziele erreichen.

Maurice' Vater war noch bei uns zu Hause in Hoheneich. Ich suchte ihn sofort auf und bat ihn in mein Büro, um alleine mit ihm zu reden. »Ihr Sohn hat mir eben etwas Ungeheuerliches erzählt«, begann ich vorsichtig das Gespräch. Der Vater sah mich amüsiert an. »Ja, dafür ist er immer gut!«, antwortete er.

»Entspricht es der Wahrheit, dass Ihre Frau große Probleme hatte und sie deshalb den Freitod suchte?«

Beängstigende Stille. Der Vater sagte kein Wort. Ich blickte aus dem Fenster und fuhr fort: »... und dann mit Maurice in voller Fahrt gegen eine Wand gefahren ist?«

Eine Sekunde lang reagierte der Vater überhaupt nicht. Dann sprang er auf und lief erregt im Zimmer auf und ab. »Wie oft habe ich ihm das schon erklärt?«, rief er ärgerlich. »Tausendmal, abertausend Mal schon, immer und immer wieder! Und doch ist es in seinem Gehirn so fest verankert, als hätte ich nie etwas gesagt!«

»Stimmt es oder stimmt es nicht?«, bohrte ich weiter.

»Ja, es stimmt! Meine Frau war damals psychisch sehr labil. Aber ich habe meinem Sohn deutlich gemacht, dass es eine Irrung der Mutter war, keineswegs eine Tötungsabsicht. Maurice fühlte sich gedemütigt durch die Tat, irgendwie benutzt. Er war damals zehn Jahre alt und hätte es doch längst vergessen müssen.«

»Die Psyche speichert schlimme Erfahrungen unglaublich lange, auch wenn die konkreten Umstände verdrängt werden«, gab ich meine Erfahrungen weiter.

»Jetzt ist Maurice bereits sechzehn Jahre alt, und man könnte meinen reif genug, um den Dingen die nötige Wertung zu geben.« Der Vater schüttelte den Kopf, dann blieb er stehen und sah mich an. »Es war für uns alle eine schwere Zeit. Aber hier auf dem Land bei Ihnen in Ihrem schönen Haus wird Maurice zur Ruhe kommen. Er hat mir gleich seine Zuneigung zu Ihnen gestanden.«

»Ich werde mein Bestes tun«, versprach ich.

Maurice' Vater verabschiedete sich bald. Maurice ordnete seine Schulutensilien für den morgigen Tag, und auch wir gingen nicht zu spät zu Bett.

Am nächsten Morgen weckte ich den neuen Schüler. Er war nicht wach zu kriegen. Ich redete mild, dann eindringlich: »Maurice, bitte aufstehen. Heute ist Schule ... Schule ...« Weit kam ich nicht mit meinem Appell, plötzlich schnellte der Tiefschläfer empor und brüllte mich an: »Wer sind Sie? Was wollen Sie von mir?«

Ich war sehr erschrocken. Maurice war wie von Sinnen, er war auf einmal ein ganz anderer, hielt sich die Ohren zu und schrie: »Ihr wollt mich wohl alle verarschen mit eurer Musik, hört sofort mit den schrillen Tönen auf!«

Ich beteuerte, dass keine Musik zu hören sei und auch niemand außer mir reden würde.

Maurice hörte Stimmen und verlangte einen Arzt zu sprechen. Später, als der Arzt erschien, stellte sich heraus, dass Maurice vor seinem Besuch in Hoheneich jede Menge Amphetamine eingeworfen hatte, um den Tag zu überstehen. Er war schwer drogenabhängig.

Ich musste mich leider von Maurice trennen. Da ich keine Ärztin oder Psychologin bin, konnte ich ihm nicht helfen. Ich kenne meine Grenzen genau und überschreite sie nie. Ich benachrichtigte die Eltern, die sich zuerst weigerten, wieder die Verantwortung für ihren Sohn zu übernehmen, und mich in die Pflicht nahmen, nun für Maurice zuständig zu sein. Nur mit Hilfe der Polizei konnte ich den Sechzehnjährigen bändigen. Er war mit einem Messer in den Wald gelaufen, wurde gefunden und in eine geschlossene Anstalt eingeliefert.

Die Eltern entschuldigten sich später bei mir für ihre Unkenntnis und die falsche Einschätzung der Lage. Sie hatten wohl von dem Drogenkonsum ihres Sohnes gewusst, doch das Ausmaß der Sucht unterschätzt.

Das sollte mir eine Lehre sein, und ich verstand: Je einfacher der Charakter eines Problemjugendlichen auf den ersten

Blick erscheint, umso größer kann das Chaos sein, das sich hinter der scheinbar heilen Fassade verbirgt. Erscheint der Charakter jedoch von Anfang an als schwierig, verdreht oder verstockt, so ist mit keinen größeren Überraschungen mehr zu rechnen.

## Die vier Verhaltensphasen

Nach den vielen Erfahrungen mit meinen »schlimmen Jungs« kann ich gewisse Parallelen in ihrem Verhalten feststellen. Ja es lassen sich bei den nunmehr acht Jugendlichen, die sich in meiner Obhut befanden und die alle zwei bis drei Jahre in Hoheneich wohnten, immer die gleichen Entwicklungsphasen in unserem Zusammenleben erkennen.
In der erste Phase, die etwa eine Woche dauert, müssen sich die Jugendlichen in der neuen Umgebung eingewöhnen. Alle Jugendlichen zeigten in dieser Zeit unverblümt ihre Abneigung und Verweigerung: Ich nenne es die Null-Bock-Phase. Ab der zweiten Woche der Eingewöhnung – in der zweiten Phase – lassen sich die Jugendlichen manchmal erweichen. Sie lassen sich zu etwas überreden und zeigen hin und wieder mal ein mildes Lächeln – die Lächelphase.
Die dritte Phase ist nach etwa zwei Monaten Leben in Hoheneich erreicht. In dieser Phase, der heißen Phase, zeigt der Jugendliche seinen wahren Charakter, manchmal eine offene und liebenswerte Seite, manchmal aber auch seine brutale Seite. Die vierte Phase ist ein paar Monate vor der Entlassung erreicht. Ich nenne sie die Phase des leisen Rückzugs. Der Jugendliche ist jetzt gefestigt und selbständig. Er braucht mein Mitdenken nicht mehr.
»Die Anfangsphase ist doch sicher die schwierigste?«, fragte mich meine Freundin Sarah, die sich immer sehr für meine Arbeit mit den Jugendlichen interessiert und oft das Wochenende in Hoheneich verbringt. »Ich möchte nicht in deiner Haut stecken!«

»Finde ich gar nicht«, gab ich zur Antwort, »der Anfang ist zwar meist mühsam, aber er ist eine Herausforderung für mich. Außerdem finde ich die Jugendlichen sehr sympathisch, auch wenn sie sich noch so abweisend und provokativ gebärden. Denn ich sehe ja bereits in Gedanken die dritte Entwicklungsphase. Und ich stelle mir einen selbstbewussten jungen Helden vor. Ich muss jetzt nur noch die Barrieren abräumen, hinter denen er sich verschanzt.«

»Wie kommst du an den Neuen ran, wie schaffst du es immer wieder, sein Vertrauen zu erlangen?«

»Das gelingt nur mit sehr viel Fingerspitzengefühl und Geduld.«

»Na, dann erzähl mal, wie du das machst!«, forderte mich Sarah auf.

»Nach dem ersten gemeinsamen Mittagessen lasse ich den Jungen erst einmal in Ruhe. Er soll alleine sein Zimmer auskundschaften, um sich einzugewöhnen. Am späten Nachmittag klopfe ich dann an seine Tür, öffne sie und betrete den Raum. Er dreht mir den Rücken zu, sitzt dann vielleicht an seinem Computer und daddelt irgendwelche Spiele. Er blickt nicht auf und ist stumm. Ich setze mich auf den lila Sessel neben seinem Bett und sehe dem Spiel zu. Dann merkt er, dass ich noch im Zimmer bin, und reagiert genervt. Die ist ja zäh wie Kaugummi, mag er denken. Er wendet unwirsch den Kopf mit einer Halbdrehung zu mir und hebt das Kinn, soll heißen: Was machst du noch hier? Verpiss dich! Wenn das nicht wirkt, fragt er unhöflich: ›Und was jetzt?‹

Ein Jugendlicher, es war John G., hat bei diesem ersten ‹Auf-die-Pelle-Rücken‹ laut gerufen: ›Hallo, dein Schwein pfeift! Hörst du es nicht?‹ Und wies nach der Tür.

Ich bleibe in solchen Situationen immer betont ruhig. Überhöre gelassen kleine Frechheiten, die sie sich ja nicht erst während unseres Zusammenseins angewöhnt haben können, sondern die sie als Altlasten mitbringen. Dann antworte ich: ›Ich bin in deinem Zimmer, weil ich bei dir sein möchte.‹ So etwas haben die Jugendlichen in der Regel noch nie gehört.

Denn die Erwachsenen, die sie bis jetzt kennengelernt hatten, nahmen sich für sie nie Zeit. Die wollten auch nicht in ihrer Nähe sein. Selbst die eigenen Eltern sind da keine Ausnahme. Aber nicht nur dass die Eltern nicht bei ihren Kindern im Kinderzimmer sitzen wollten, sondern jedes Zusammentreffen war durch Aggressionen geprägt. Kaum sieht man sich, werfen sie ihren Kindern schon irgendwelche Vorwürfe an den Kopf. Insbesondere die sogenannten Turbo-Mütter können ihre Kinder scheinbar nur anschreien. Es herrscht Nervenkrieg pur.«

»Wie entwickelt sich denn ein Gespräch?«, fragte mich meine Freundin weiter.

»Nach meiner Antwort beobachte ich sein Profil und bemerke vielleicht das Mahlen seiner Backenmuskulatur. Das ist ein gutes Zeichen. Denn dann überlegt er! Jetzt lenke ich ab und interessiere mich scheinbar für den Actionhelden in seinem Computerspiel, lobe seine blitzschnellen Reaktionen, diese kunstvolle Grafik mit richtigem Schattenspiel. Der Schüler freut sich, dass ich mitfiebere. Jetzt fängt er an, mit mir zu sprechen. Er erklärt mir freudig die Funktionen seiner Waffen und die zu findenden Ziele. Das Eis ist gebrochen. Jetzt kann ich zum Thema kommen. Ich kann ihm jetzt sogar unsere Ziele erläutern: Wir sind ein Team, Ehrlichkeit ist oberstes Gebot, klare Offensive ohne Lügen, totales Drogenverbot. Das Ziel ist erreicht mit Bestehen des Abiturs.

Oft ist es vorgekommen, dass der Jugendliche auf meine Einführungsworte wie ein Kleinkind reagiert und abweisend schreit: ›Nein! Nein! Wie ich mein Leben anpacke, das ist meine Angelegenheit und geht dich nichts an!‹ Dann lege ich die Karten klar auf den Tisch: ›Hör mal zu!‹, sag ich zu ihm. ›Wir sind nicht verwandt und, bevor du kamst, auch nicht befreundet gewesen. Wir sind zwei Fremde, zusammengeführt als eine reine Zweckgemeinschaft mit einer Zielsetzung, nämlich der, das Abitur zu schaffen. Das können wir nur gemeinsam erreichen. Du musst wollen und ich auch. Ich achte deine Persönlichkeit und werde dich mit Respekt und Würde behandeln. Das Gleiche erwarte ich von dir auch. Also, packen wir's an!‹ Der Jugendliche ruft zum PC gewandt noch ein paarmal sein stures: ›Nein! Nein! Nein!‹ – Das ist sein letztes Aufbäumen. – Ich antworte unbeeindruckt von diesem Kinderkram: ›Ja, ja, ich bin sicher, du meinst, ja!‹ Und raus bin ich aus dem Zimmer. Zuvor sage ich noch ganz deutlich, dass ich jetzt und nicht früher gehe.«

»Ganz schön mutig«, fand Sarah.

»In der Phase zwei bin ich viel mutiger!«, erwiderte ich. »Dann klopfe ich kurz an die Tür und stürme ins Zimmer. Die ohrenbetäubend laute Musik aus dem PC des Jugendlichen verleitet mich zu einem kurzen Tänzchen. Ich spreize die Finger und bewege mich rhythmisch. Mit zackigen Bewegungen lobe ich seinen Sound. Dann beobachtet er mich konsterniert und zeigt ein mildes Lächeln, bleibt aber stumm. Ich plaziere meine Fragen und Mitteilungen und verlasse wieder das Zimmer.«

Als wir einmal gemeinsam mit Jimmy, unserer Tochter Lucy und ihren Freunden am Tisch saßen, gab der Jugendliche, in diesem Fall war es John, seinen Kommentar zu meinem Auftritt. Ich sagte am Anfang des Tischgesprächs: »John liebt Techno!«

»Ja? Stimmt das?«, fragte Lucy nach.

»Ja, aber deine Mutter erst, du glaubst ja nicht, was die macht«, gab John die Frage weiter.

»Was denn?«

»Die kommt einfach zu mir ins Zimmer und danced ab. Hallo, will ich sie tanzen sehen? Nein, will ich nicht!«, erklärte John und hob scheinbar leidend seine Arme.

»Damit musst du leben, Trixi macht immer alles anders, als du denkst!«, befand Jimmy lapidar.

»Aber sie kann sich doch wenigstens ihrem Alter entsprechend benehmen! Oder?«, stöhnte John.

»Nee!«, riefen da alle einstimmig. Und der Neue hatte die Lacher auf seiner Seite. Jetzt war er voll integriert.

»Trixi, machst du dich zum Affen für die Kids?«, wollte Sarah belustigt wissen. Sie war erstaunt, dass ich mich so ungeniert benommen hatte.

»Nein«, sagte ich aus voller Überzeugung. »Ich will sie nur aus der Reserve locken. Ihren engen Tunnelblick, der sie so paralysiert und versteinert, will ich sprengen und öffnen! Damit sie dieses deprimierend passive Leben endlich hinter sich lassen. Ich möchte die Kids für die Vielfalt des Lebens begeistern!«

»Phase drei ist sicher ganz nach deinem Geschmack? Da geht doch die Post ab?!«, fragte mich Sarah und blickte neugierig über ihre Teetasse.

»Ja, das stimmt! Dann ist der Jugendliche frei und selbstbewusst. Das ist eine Herzensfreude für mich. Es heißt aber nicht, dass der Jugendliche nur noch positiv auffällt. In der heißen Phase können immer noch die brutalsten Schlägereien passieren. Das Gute aber ist, der Jugendliche hat mich jetzt an seiner Seite. Ich stehe hinter ihm, kann ihn überall rauspauken, halte aber mit Kritik und meinem Rechtsempfinden nicht hinter dem Berg.

Askan rief in jener Zeit oft aus seinem Zimmer laut meinen Namen: ›Trixi, Trixi, komm schnell, ich weiß nicht mehr weiter!‹ Dann ließ ich alles stehen und liegen und sauste aus der Küche zu ihm, den Kochlöffel noch in der Hand, und half ihm bei den Hausaufgaben. Kam er aus der Schule heim, so rief er schon auf dem Parkplatz vor dem Haus: ›Hunger, fürchterlicher Hunger! Was gibt's zu essen?‹ Und du weißt, er ist nicht gerade von zierlicher Statur. Also, ich heizte die Töpfe auf dem Herd an, dass die Deckel klapperten. Auch Edward, die geknickte Rose der Anfangszeiten, entwickelte sich zu einer prächtigen, aber auch gefährlichen Pflanze. Du wirst ihn noch sehen, denn er ist da.«

»Was hat die gefährliche Pflanze denn angestellt?«, wollte Sarah wissen.

»Schlägereien!«, antwortete ich. »Immer an den Wochenenden passierte es. Die Schüler feierten dann mit ihren Klassenkameraden in irgendwelchen Grillhütten der Dörfer. Edward

schlug nicht nur mit der Faust blitzschnell zu und hinterließ gebrochene, blutende Nasen, sondern er tat etwas viel Brutaleres.«
»Ich muss wirklich um dich Angst haben. Gott sei Dank hast du Jimmy an deiner Seite. Gab es Messerstechereien?«
»Nein. Der diensthabende Polizist, der gerufen wurde, hat mich aufgeklärt. Edward hat sich mit ›Kopframmen‹ gewehrt. Dieses Rammen zählt zur schweren Körperverletzung, da der Gegner nicht mit dieser Gegenwehr rechnet. Der Angreifer kommt nah heran, der Gegner schaut aber nur auf die Arme des anderen, um diese abwehren zu können. Mit einem Stirnhieb rechnet er nicht. Die harten Stirnknochen können schlimme Verletzungen verursachen, wenn sie mit voller Wucht ins Gesicht, auf die Nase und Augen des anderen gerammt werden.«
»So brutal wirkt Edward gar nicht auf mich«, sagte Sarah.
»Es waren ja auch Angstschläge, wie der Polizist mir sagte. Edward hat aus Furcht vor Prügel zuerst zugeschlagen. Ich habe ihm in langen Gesprächen klargemacht, dass Worte eine viel stärkere Waffe sein können, und ihm geraten, sich sofort abzuwenden, wenn irgendein besoffener Kerl ein Handgemenge anzetteln will. ›Aber‹, hat mir Edward geantwortet, ›wenn jemand meine Freunde beleidigt, dann kann ich nicht tatenlos zusehen. Dann kriegt er was auf die Nase!‹ Er zeigte mir, wie er die Faust ballt und die Hand nach vorne dreht, so dass die Mittelhandknochen dem Gegner wie ein Schlagring drohen.«
»Hat er nun kapiert, dass es eine Toleranzschwelle gibt?«, fragte Sarah.
»Das hat noch gedauert. Allen diesen Jungs mangelt es an Frustrationstoleranz und Schuldbewusstsein. Sie haben überhaupt kein Gewissen. Jetzt aber weiß er, dass Sichabwenden und Einfach-stehen-Lassen keine Feigheit sind, sondern Weisheit.«
Nach einer kurzen Pause erzählte ich weiter: »Nun steht er mitten im Abitur und erhielt von seinen Eltern sein erstes

Auto. Das eigene Auto ist ein großer Vertrauensbeweis seiner Eltern. Sein Fahrstil ist jedoch höchst rasant, ja, beinahe kindisch. Am liebsten rast er in voller Fahrt auf den Parkplatz vor dem Haus und markiert mit Ziehen der Handbremse eine breite Bremsspur in den Kies.«

Plötzlich wurde die Tür aufgerissen. Sarah drehte sich erwartungsvoll um. Im Türrahmen stand Edward. Er war gerade von der Schule nach Hause gekommen und sprach aufgeregt und voller Begeisterung: »Stell dir vor, Trixi, das war eine richtige Show! Im Deutschunterricht lesen wir doch den ›Faust‹. Ich rezitierte in der Klasse aus dem ›Faust I‹ den Mephisto: ›Ich bin der Geist, der stets verneint, und das mit Recht, denn alles, was entsteht, ist wert, dass es zugrunde geht.‹ Mein Lehrer staunte nicht schlecht: ›Wow, brav, Edward!‹ Ich bekam eine super Note. Dann fragte der Lehrer in der Klasse, wer noch einen Part aus Faust auswendig wissen würde. Keiner! Zero! Ich hatte einfach Lust, den Mephisto zu lernen, da der Teufel hundertprozentig meinem Wesen entspricht.« Edward warf theatralisch die Hand auf sein Herz und zog eine böse Grimasse. Dann entdeckt er Sarah und ging locker auf sie zu. »Hallo, Sarah«, sagte er charmant, »mal wieder im Lande?«

Kaum hatte Ed wieder den Raum verlassen, hielt meine Freundin ihr Erstaunen nicht hinter dem Berg: »Ist das wirklich der kleine Kerl, den ich vor zwei Jahren hier ankommen sah? Der ist ja jetzt ein richtiges Mannsbild geworden. Und so höflich! Das ist ja unglaublich!«

Ich lachte stolz und erzählte weiter von der exzessiven Turbophase: »Wenn ich Edward von der Schule mit dem Auto abgeholt habe – ehe er sein eigenes hatte –, war er total gut drauf. Er wurde von mehreren Mitschülern umringt, alle lachten und gaben sich den Abschiedsgruß – Faust gegen Faust boxen, dann ›Give me five‹ –, die Handflächen zusammenschlagen. Entdeckten sie mich dann, begrüßten sie mich mit dem Victory-Zeichen. Einige wollten mitfahren, wenn auch nur bis zum Bahnhof oder zur nächsten Kreuzung. Ich habe immer so viele Freunde in mein Auto gepackt, wie es Sitze hat, und voller Lebensfreude die schwatzende, laut lachende Fracht durch die Straßen gesteuert.«

»Du nimmst also auch die Freunde deiner Jugendlichen in den Sympathiereigen mit auf. Das tun doch sicher nicht viele Eltern, da es recht mühsam ist«, antwortete Sarah.

»Ich lasse mir die Freunde vorstellen und lade sie in mein Haus ein. Lieber dem Feind ins Gesicht sehen, als ihn im Rücken zu wissen.«

»Du glaubst, die Freunde deiner Jungs sind deine Feinde?«

»Ja schon, manchmal sind sie das. Sie erzählen mir schöne Geschichten von Grillen in Schrebergärten oder von ähnlich harmlos klingenden Verabredungen und dann verführen sie eiskalt mein Pflegekind zum Kiffen und Saufen. Habe ich die Freunde im Haus, kann ich besser Einfluss nehmen.«

»Schlau, schlau!«, lobte Sarah.

»Danke«, erwiderte ich lachend, »Loben ist so wichtig. Ich lobe meine Problemjungs sehr oft. Und ich merke, das tut ihnen gut. Jede verbesserte Note, auch wenn es nur eine Steigerung von einer Vier minus auf eine Vier ist, lobe ich. Das macht Mut. Edward und Casimir haben mir einmal traurig gestanden, dass ihre Eltern sie nie loben würden. Alles, was sie machen, würde deren Anforderungen nicht genügen. So könnten sie sich nie verbessern. Das ist schade, denn es gibt immer irgendetwas, das heute besser ist als gestern.«

Sarah blickte mich plötzlich betrübt an. »Das Ende, die Phase vier, ist doch sicher herzzerreißend. Nun hast du die Jugendlichen mit vollem Einsatz mehrere Jahre lang aufgebaut. Du hast sie richtig lieben gelernt. Sie sind dir ans Herz gewachsen, und dann musst du dich von ihnen verabschieden. Ich stell mir das Finale für dich und deine Zöglinge sehr schmerzhaft vor.«

Ich antwortete nicht gleich. Ich verinnerlichte die Frage und sagte dann mit Bedacht: »Natürlich ist es traurig! Es ist immer traurig, Abschied zu nehmen. Der Jugendliche wird ja wie mein eigenes Kind in meine Familie aufgenommen, aber die Trennung gehört zu meinen Zielen. Ich bin ja nur eine

Ersatzmutter auf Zeit. Stetig arbeite ich daran, das Verhältnis der Kinder zu ihren eigenen Eltern zu verbessern. Ich erkläre den Jugendlichen, wie ihre Eltern ticken, und andersrum coache ich die Eltern, bevor das Kind an den Wochenenden nach Hause zurückkehrt, damit sie sich Zeit füreinander nehmen. Geduld und Respekt muss von beiden Seiten aufgebracht werden. Dann gebe ich den Jugendlichen frei, das heißt, ich trage nicht mehr die Verantwortung für ihn. Das heißt aber nicht, dass wir uns nie mehr sehen. Ganz im Gegenteil, die »in die Freiheit entlassenen« Jugendlichen besuchen mich immer wieder. Oft stehen sie plötzlich vor der Tür und wollen sich den »Neuen« mal ansehen. Solche Überraschungen liebe ich sehr. Die großen, selbstbewussten Kerle, die als kleine, verwahrloste Knaben zu mir kamen, wollen mich dann mit Triumph durch die Küche tragen. Das gehört zum Begrüßungsritual.«
»Wann und woran bemerkst du den ›leisen Rückzug‹, wie du es nennst?«, wollte Sarah wissen.
»Das beginnt meist im Abiturjahr. Auf einmal bleiben sie nach der Schule bei Freunden, erledigen dort ihre Hausaufgaben, kommen erst abends nach Hoheneich zurück. Oder sie bleiben das ganze Wochenende bei irgendeinem Schulkameraden. Sie geben mir pflichtbewusst und korrekt per SMS von dem Vorhaben Bescheid. Jetzt haben die Jungs bereits das achtzehnte Lebensjahr erreicht, und ich kann sie nicht mehr gängeln. Natürlich sind auch Mädchen im Spiel. Meine Jungs sind sehr charmant und wirken durch ihren in früherer Zeit exzessiven Lebenswandel recht interessant und anziehend auf das weibliche Geschlecht.«
»Fabelhaft! …«
Plötzlich wurden wir unterbrochen, Edward stand wieder im Türrahmen. »Hi, ihr beiden. Trixi, ich fahr jetzt mal«, sagte er fröhlich und tippte auf seine Armbanduhr.
»Wann kommst du wieder?«, wollte ich wissen.
»Keine Ahnung, mach dir kein Kopf, Trixi. Du weißt doch, ich ruf dich an oder simse. Ciao, Sarah!«

Sarah schaute dem erwachsenen Edward mit offenem Mund nach. Irgendetwas ließ sie sprachlos werden.
»Ja, Sarah, jetzt wird mir doch traurig ums Herz«, sagte ich und brach mit meinen Worten diese gewisse Melancholie, die plötzlich über dem Raum lag. Um nicht sentimental zu werden, stand ich schnell auf und schlug einen Spaziergang mit Dackel Kessy vor.

Wenn ich noch einmal über die vier Entwicklungsphasen und den typischen Reifeprozess der Jugendlichen nachdenke, fallen mir kleine Begebenheiten ein, die den Wandel illustrieren:
Boris war erst ein paar Tage in Hoheneich, als ich ihm ein kleines rosa Marzipanschwein schenkte, das in meinem Lieblingscafé in der Auslage angeboten wurde. Ich überreichte ihm das Geschenk mit den Worten: »Schau, für dich hab ich ein Marzipanschweinchen gekauft. Es bringt Glück!«
Boris blickte mürrisch auf und wehrte das Geschenk ab. »Ich möchte nicht dein Glücksschwein sein!«, sagte er.
»Dir soll es doch Glück bringen, nicht mir«, erklärte ich lachend. Aber er verstand den Sinn des Schweinchens nicht, war noch zu sehr in einer Welt des Misstrauens gefangen. Er fühlte sich fälschlicherweise benutzt und dachte, er müsse etwas geben. Aber wie immer konnte er dieses Erwünschte nicht geben. Deshalb nahm er das süße Tierchen nicht an.
Ein paar Wochen später, es war die Eingewöhnungsstufe zwei, war ich wieder im Besitz eines Marzipanschweinchens. Es war mir geschenkt worden. Ich zeigte es Boris und fragte: »Möchtest du es haben?«
»Sieht ganz putzig aus, das fette Ferkel! Stell es auf meinen Schreibtisch«, antwortete er.
In der dritten Phase lachte Boris mir offen entgegen und sagte zum Schweinchen, das ich in der Hand hielt: »Hallo, da bist du ja wieder! Heute werde ich dich fressen!« Er schnappte nach dem Zuckertier und biss ihm den Kopf ab. »Schmeckt wunderbar, gute Konfiserie!«, lobte er.

In Phase vier kam Boris auf mich zu und fragte: »Trixi, hast du mal wieder so ein Schweinchen, ich möchte es meiner Freundin mitbringen. Diese Ferkel sehen wirklich appetitlich aus. Und außerdem bringen sie doch Glück!« Der Jugendliche hatte es endlich geschafft, sich aus der Opferrolle zu befreien und in die selbstbewusste Geberrolle zu schlüpfen.

## Das Elternhaus: Heimat und Kraftquelle

Ein Zuhause ist dort, wo die Freunde sind, wo die Erinnerungen wach sind und Wohlgefühl die Gedanken umhüllt. Beim Wort Zuhause fällt mir ein: Geborgenheit, Schutz, stressfreies Ausruhen, Stärkung erfahren. Die Eltern meiner Pflegejungs besitzen meist schöne Wohnungen und Häuser, so dass ich manchmal denke, dort möchte man doch gern wohnen. Doch die Jugendlichen sehen das nicht so. Oft weigern sie sich sogar, nach Hause zu fahren. Sie lassen sich Ausreden einfallen, zögern den Ferienbeginn hinaus, um bloß weit entfernt von ihrem Zuhause zu sein.
Meine eigenen Kinder kommen immer wieder gerne nach Hause. Auch alle ihre Freunde sind uns herzlich willkommen. Am Wochenende habe ich oft zehn und mehr Gäste zu bekochen und die Betten in den Gästezimmern mit frischer Wäsche zu beziehen. Ich habe jeden Raum von einem Wünschelrutengänger testen lassen. An Stellen, wo die Rute ausschlug und eine Wasserader gefunden wurde, habe ich die Betten umgestellt, so dass keine Schlafstätte auf einer Ader zu stehen kommt. Jetzt stehen die Betten auch mal mitten im Raum und nicht unter der sich anbietenden Dachschräge oder in einer Nische. Ich glaube, dass Wasseradern im Erdreich einen erholsamen Schlaf verhindern können. Auch sonst versuche ich, die Kinderzimmer auf ihre Bedürfnisse ihrer Bewohner abzustimmen.
Nachdem meine eigenen Kinder aus dem Kleinkindalter ent-

wachsen waren, habe ich mit ihnen zusammen ihre Zimmer neu eingerichtet. Sie durften sich Tapeten aussuchen und kleine Sessel hineinstellen. Die Mädchen verzierten ihre Betten mit duftigen Stoffen, die zu Himmeln gerafft wurden. Der Sohn bekam einen Schrank mit Glastüren und Beleuchtung für seine Automodelle. Die Zimmer meiner Kinder sind kleine Wunderkammern, denen eine spezielle, für die Bewohner typische Atmosphäre innewohnt. Diese Zimmer sollen immer ihre Zufluchtstätte bleiben. Das wissen meine nun schon sehr erwachsenen Kinder. Und sie sagen, der Gedanke an zu Hause gibt ihnen Kraft.

## Gute Gespräche bei Tisch

Zu einem Heim, in dem sich alle wohl fühlen, gehört meiner Überzeugung nach auch eine Tischkultur mit festen Regeln. In meinen Tischregeln, die von den Jugendlichen beachtet und unterschrieben werden müssen, steht unter anderem: Essen immer am Tisch (im Esszimmer oder in der Küche), nie im Bett!

Meine Freunde wunderten sich anfangs über diese Regel. »Das ist doch klar, die Kinder dürfen nur, wenn sie krank sind, im Bett essen«, sagten sie. Doch die Regel hat durchaus ihren Sinn. Meine Pflegejungs kriechen in der Eingewöhnungsphase immer wieder in ihre Betten. Dort liegen sie völlig angezogen in Jeans und dickem Pullover unter der Daunendecke, stellen den vollen Teller mit warmer Mahlzeit, den sie sich in der Küche geholt haben, auf die Matratze und hören, während sie essen, laute Musik. Den halbleeren Teller räumen sie nicht wieder in die Küche, sondern kicken ihn in eine Ecke des Raums. Ebenso machen sie es mit Flaschen und Joghurtbechern.

Dieses Verhalten finde ich schlimm. Deshalb habe ich es verboten. Und wenn ich gekocht habe, fordere ich den Jugendlichen auf: »Komm bitte essen, ich habe köstlich gekocht, der Tisch ist gedeckt. Ich warte auf dich!«

Leises Murren aus dem Jugendzimmer ist dann manchmal die Antwort. Der Junge verschanzt sich im Bett. Wieder rufe ich: »Bitte komm, ich beginne erst zu essen, wenn du da bist.«

Diese Ansage ist für die Jugendlichen neu! Ein Erwachsener wartet auf ihn, den Säumenden? Bis jetzt stellte sich die Situation für ihn immer so dar: Schlafen, Aufwachen, Helligkeit, Ärger, Hunger, null Bock auf Gespräche mit Eltern, bloß keine Gegenüberstellung und dämlichen Fragen! Deshalb leise in die Küche schleichen, Essen krallen, ins Bett springen, »reinschaufeln« und weiterpennen!

In den meisten Fällen haben die Eltern resigniert. Sie warten schon längst nicht mehr, denn sie sind das ewige Rufen und Drängen satt. Sie essen ohne den Sohn, räumen ab einer kurzen Wartefrist den Tisch komplett ab und verlassen das Haus.

In Hoheneich ist es anders. Ich sende »Ich-Botschaften« aus: »Ich warte auf dich! Ich fange ohne dich nicht an!« Das heißt: Du bist mir wichtig. Du bist mir so viel wert, dass ich mir gerne Zeit nehme, um zusammen mit dir etwas zu erleben, mit dir zu speisen, und sei es nur den warmen Toast beim Frühstück.

Der Gerufene hat endlich Mitleid mit mir. Er kommt zu Tisch, weil er mich nicht enttäuschen will, weil er Stress vermeiden möchte und weil meine Stimme freundlich klingt. Wenn er dann endlich erschienen ist, zeige ich meine Freude und lache ihn an: »Prima, dass du aufgestanden bist!« – Nur nicht ungeduldig und gereizt reagieren, denke ich bei mir.

Der Junge ist verblüfft. So einladend und gemütlich hatte er sich in seinem müden Hirn den gedeckten Tisch nicht vorgestellt. Er bemerkt erstaunt: Der Tag ist ja gar nicht zu hell, das Aufrechtsitzen tut eigentlich ganz gut, und der Energiefluss, angeregt durch positive Gespräche, belebt sein Gemüt. Der Tag verspricht ganz schön zu werden!

Ich gebe mir immer Mühe, den Esstisch liebevoll, ja sogar

etwas festlich zu dekorieren. Ein frischer, duftender Blumenstrauß aus dem Garten oder zur Winterzeit vom Gärtner ziert die Mitte der Tafel. Kerzen werden aufgestellt. Dinge, die eine gewisse Symbolik ausdrücken, werden auf dem Tisch verteilt: Mein kleiner Glasfrosch, den mir Boris M. geschenkt hat, ein Porzellanschweinchen mit abgeriebener Vergoldung, das meinem Onkel in seiner Jugend immer die Angst vor dem Zahnarzt genommen hatte, und ein kleiner Glückskäfer aus meiner Jugend müssen stets dabei sein. Zum Frühstück riecht es nach frischen Brötchen, heißem Kaffee, die Luft ist warm. Im Sommer stehen die Terrassentüren zum Garten hin weit offen, die Hunde liegen zufrieden auf den von der Sonne erwärmten Steinen, und eine freundliche Unterhaltung erfüllt den Raum.

Zur Tischkultur gehören das gemeinsame Essen zu festen Zeiten, höfliches, zuvorkommendes Benehmen während der Mahlzeit und kleine Tischgespräche, die große Bedeutung haben. Denn das Zusammentreffen der Familienmitglieder am Esstisch hat auch rituellen Charakter. Am Tisch wird der Tagesablauf besprochen, über jüngst Erlebtes berichtet, es wird sich über Empfindungen ausgetauscht und offene Fragen werden beantwortet.

Ich erzählte eines Abends von dem Mann im Nachbarort, der sich zwei Finger beim Holzsägen abgeschnitten hatte, mit dem Helikopter nach Fulda geflogen wurde, wo der Arzt die Finger wieder annähen konnte. Danach trug der Mann einen dicken Verband und klagte über furchtbares Kribbeln in den tauben Fingern. Ed konnte völlig unerwartet auch etwas zum Gespräch beisteuern: »Ein Mädchen aus meiner Klasse hat auch einen Finger verloren und leidet unter Phantomschmerzen. Ihr Finger blieb am Stacheldraht hängen. Und das ist so passiert: Einmal sind wir nachts über den Zaun ins Schwimmbad geklettert, wir hatten auch Alkohol dabei. Beim Zurückmarsch über die Abgrenzung ist es passiert. Sie schrie auf, da sich ihr Ring in dem Eisendorn des Zauns verhakt hatte. Sie sprang runter, und weg war der Finger.«

In ruhigem Ton kommentierte ich: »Das ist ja schrecklich! Aber es ist ja auch verboten, nachts über den Zaun zu klettern und heimlich schwimmen zu gehen. Das weißt du doch! Es könnten noch viel schlimmere Dinge passieren, z.B. ein Freund ertrinkt, weil er zu viel Alkohol im Blut hat, und ihr seid schuld. Überleg mal, was da alles passieren kann. Bitte, mach so was nie wieder!«
So habe ich ein Erlebnis, das Edward beschäftigte, in ruhiger Gesprächsatmosphäre erfahren und konnte darauf unaufgeregt reagieren. Hätte ich mit Turbostimme und gehetztem Blick auf die Uhr gefragt: »Und was war heute los? Na, raus mit der Sprache! Noten? Arbeiten?« Dann wäre die Antwort sicher die gewesen: »Nichts Besonderes, Standard eben.«
Unser Haus ist ein Refugium für die ganze Familie: Die Türen stehen sozusagen immer offen. Jeder respektiert den anderen, achtet seine Persönlichkeit, ist kameradschaftlich und ehrlich. Alles wird besprochen, ohne Geheimnisse. Die Kritik des Familienmitglieds kann in Ruhe angehört werden, sie ist frei von Egoismus. Nach außen werden die Gespräche nicht getragen. Das Haus ist wie eine Burg, die Schutz und Stärke gibt.
Eines Sonntags kam Edward ziemlich ramponiert von zu Hause nach Hoheneich zurück. Er sah fürchterlich zerkratzt aus, hatte blutige Narben am Hals. Ich fragte in Sorge: »Was ist passiert?«
»Ich hab mich mit meiner Schwester gestritten, die hat mich so zugerichtet.«
In einem Telefonat mit der Mutter erfuhr ich, dass Ed das Lieblingsposter seiner Schwester mit einer Spielzeugpistole zerschossen hatte. Die Schwester war daraufhin wütend über ihren Bruder hergefallen, als der nicht aufhörte. Da rastete Edward völlig aus und schlug seine Schwester beinahe krankenhausreif. Sie erlitt Platzwunden im Gesicht und am ganzen Kopf. Eds Eltern waren nur eine Stunde zu Nachbarn gegangen, hatten ihren sechzehnjährigen Sohn und ihre siebzehnjährige Tochter allein gelassen. Aber in diesem Haus

herrschte kein Geist von Toleranz und gegenseitigen Respekts. Das bewies diese Gewalteskalation.
Auch mit Boris M. hatte ich aufschlussreiche Erlebnisse am Esstisch. Am zweiten Tag seines Aufenthalts in Hoheneich rief ich ihn zum Essen. Ich klopfte an seine Tür und sagte: »Komm bitte, ich warte auf dich!« Im Zimmer blieb es still. Nach einer Weile trat ich erneut vor seine Tür und sagte schon lauter: »Komm doch, alles fertig zum Essen!« Ich hörte ein Gemurmel und ging wieder in die Küche zurück. Plötzlich wurde die Tür aufgerissen, Boris stürmte in den Raum.
»Schön, dich zu sehen, ich warte schon«, empfing ich ihn freundlich. Er war wild drauf! Energisch nahm er den Stuhl vor seinem Platz, kippte ihn nach hinten und stieg mit seinen langen Beinen über die Lehne auf den Sitz. Ich nahm ihm gegenüber am Tisch Platz und schlürfte meinen Kaffee. Lange sagte er keinen Ton, blickte mich aber seltsam starr an. Ich sah ruhig zurück.
»Du wartest also auf mich? Ist es nicht so, dass du nur vorgibst, auf mich zu warten? Hast du nicht sowieso in der Küche zu tun und bist also da?«, fragte er schließlich mit Grabesstimme.
Dann bohrte er seine dunklen Pupillen in meine ahnungslosen Augen und kam mir immer näher, wobei er mir seinen Kopf über den Tisch ins Gesicht streckte.
»Nein, ehm!« Ich schluckte, hielt jedoch seinem Blick stand. Mein Herz klopfte ein wenig schneller. Was hat er nur?, dachte ich. Bin ich zum Gespenst mutiert? Ich starrte zurück, es schien eine Ewigkeit zu sein. Auf einmal sackte Boris in sich zusammen. Er kippte zurück auf seinen Stuhl und atmete laut aus. »Bei dir ist alles anders«, stöhnte er leise resignierend.
»Was denn?«
»Eben alles!«
Ich konnte mir nicht vorstellen, was ihn bewegte. Doch sein trauriges Gesicht sagte mir, ich solle am Tisch sitzen bleiben und ihm Zeit geben, seine Gefühle zu sortieren.

Nach einigen langen Minuten schweigenden Kauens murmelte er mit gesenktem Blick: »Du bist Sternzeichen Löwe, das weiß ich. Ich bin im Zeichen des Skorpions geboren. Ihr Löwen wollt immer uns Skorpione fangen und beherrschen, aber ihr kriegt uns nicht!«
»Das ist überhaupt nicht wahr«, beruhigte ich ihn. »Ich will niemanden fangen!«
»Du willst Macht ausüben. Und versuchst es immer und immer wieder!« Seine Stimme nahm einen gereizten Tonfall an.
»Nö.« Ich blieb gelassen. Nahm mir Zeit für die Antwort. Dann erklärte ich, wobei ich meinen Toast langsam mit Nutella beschmierte: »Weißt du, wir sind zwei gleich starke Tiere, haben aber total verschiedene Jagdmethoden. Du lebst in dem tropischen Afrika und reckst deinen gefährlichen Stachel zur Abwehr in die Höhe. Ich bevorzuge mehr die Savanne und brülle mit meinem weitgeöffneten Raubtiergebiss. Ich jage offen, du liebst mehr den Überraschungseffekt. Ihr Skorpione könnt trickreich sein, indem ihr euch in die Stiefel verkriecht und auf ahnungslose Beute wartet.«
»Das ist es, was ihr Löwen uns neidet«, rief er aufgebracht.
»Nein, nicht wirklich. Aber eine Eigenart bewundere ich an euch. Die Skorpionweibchen verwöhnen ihre Jungen. Sie tragen sie einige Zeit lang auf ihrem Rücken spazieren. Richtig mütterlich!«
Boris hielt inne. Ich sah seine Wangenmuskeln arbeiten. Noch nie hatte ihm jemand sein Sternbild, mit dem er sich völlig identifizierte, sympathisch beschrieben. Er dachte, in den Augen der anderen immer das bösartige, hinterlistige Spinnentier zu sein. Und nun konnte er ausatmen, ein warmes Gefühl durchfuhr seine Adern.
Boris hob seinen Kopf. Er blickte mich mit einem völlig verwandelten, weichen Schimmer seiner Augen an. »Früher, als ich noch in Paris lebte, ging ich jeden Morgen in den Zoo«, sagte er etwas schüchtern lachend. »Dort suchte ich sofort das Schlangenterrarium auf.«
»Aha, interessant.«

»Ich liebe Schlangen. Spreche mit ihnen. Will die kriechenden Biester hypnotisieren. Sie sollen mir gehorchen.«
»Mensch, Boris!«, rief ich erstaunt. »Du bist doch hoffentlich nicht in das Terrarium geklettert, als freiwilliger Schlangenfraß?«
»Nein, ich schaute nur durch die starke Glasabtrennung. Die Anakonda hat sich sofort nach meinem Befehl zurückgezogen und in die trockenen Gräser verkrochen. Die ägyptische Kobra war ein leichtes Spiel. Auch die afrikanische Puffotter kannte mich schon. Sie züngelte zuerst mit ihrer gespaltenen Zunge in meine Richtung, doch dann wandte sie ihren Schuppenleib ab und vergrub sich im Laub. Ich liebte diesen Triumph!«
»Schlangen sind sehr schöne Tiere, wenn sie nicht zu nahe kommen«, bemerkte ich. »Im Altertum wurden sie verehrt und galten als heilige Begleiter der Götter.«
»Ich weiß«, antwortete er. »Aber einen Typus kann ich nicht bezwingen. Das ist der grüne Buschmeister.«
Boris schaute mich bedeutend an. Seine Augen zeigten wieder diesen dunklen, harten Glanz. »Du bist der grüne Buschmeister!«, fügte er hinzu.
»Und du mein Beschwörer!«, rief ich lachend. Wir verließen später den Tisch in gelöster Stimmung.

Wenn es schnell gehen soll, dann essen wir in der geräumigen Küche. Aber am Sonntagmorgen gibt es das Frühstück im Esszimmer. Ich decke den Tisch mit einem anderen Service als an Wochentagen, nämlich mit der grünen Rose. Die wunderschönen Blumendekors schmücken alte Tassen mit breitem Schlürfrand und Teller mit feinem Goldrand. Die Marmeladenpötte aus dickem Glaswerk bleiben an diesem Tag in der Küche. Jetzt duftet die Konfitüre aus kleinen Blumenschalen und Gefäßen. Der Sonntag soll sich von den harten Wochentagen abheben, nicht nur durch den Kirchgang oder langes Ausschlafen, sondern auch durch den Tischschmuck.

An einem ersten Sonntag im Monat frühstückte ich allein mit Boris. Er war erst ein paar Tage zuvor angekommen. Ich faltete sorgfältig die Servietten und drehte den Blumenstrauß so, dass die schönste Rose ihn anlachte. Hier wird Boris sitzen, beschloss ich und rückte den Stuhl etwas vor. Gegenüber ist besser als Seite an Seite, dachte ich, das könnte sonst zu eng werden. Deshalb nahm ich meinen Platz an der gegenüberliegenden Tischseite ein. Wie immer kam mein Pflegesohn später, er ließ sich Zeit. Schließlich hörte ich seine Schritte. Er setzte sich auf den Stuhl, wobei er seine Beine nicht unter den Tisch, sondern seitlich neben den Stuhl stellte und in einer komischen Verrenkung nach dem Brotkorb griff. Er vermied es sichtlich, mich anzusehen. Über die Stuhllehne nach hinten gebeugt, biss er in sein sorgfältig mit Butter bestrichenes Croissant.
»Hallo! Hier ist der Teller! Warum isst du mit dem Rücken zum Tisch?«, fragte ich erstaunt.
»Das Gegenüber ist das Spiegelbild seiner selbst«, antwortete er wieder mit tonloser Stimme.
»Spiegelbild?« Ich lachte. »Das muss doch schön aussehen!«
»Aber ich will nicht immer in meine dumme Visage blicken. Kannst du doch verstehen, oder?«
Oh, Mann, war das schon wieder einer seiner übersinnlichen, esoterischen Einfälle, die ihm seine Mutter eingeimpft hatte?, sausten mir meine Gedanken durchs Hirn. »Versteh ich!«, sagte ich. »Willst du, dass ich mich neben dich setze?«
»Besser«, murmelte er.
Ich nahm also meinen Teller und rückte an die Kopfseite des Tischs, über Eck neben ihn. An dieser Plazierung hielten wir für die Dauer von mehreren Monaten fest. Später konnte Boris Blickkontakten standhalten, nicht nur als mein Gegenüber, sondern gegenüber der gesamten Spezies des Homo sapiens.
Jede Äußerung, Erzählung und alle Berichte meiner Pflegekinder nehme ich sehr ernst. Ich beschäftige mich nächtelang mit den Problemen, die unterschwellig oder ganz offensicht-

lich auf ihren Seelen lasten. Ich möchte verhindern, dass diese negativen und belastenden Erfahrungen, die oft schon in frühester Kindheit ihr Leben geprägt haben, sich weiter vertiefen und wie schwarze Rabenschwingen ihr Gemüt verdunkeln. Der Geist soll frei sein. Frei für die Ziele, die wir uns gesteckt haben. Deshalb versuche ich, jedes Gespräch mit einer hoffnungsvollen und positiven Wendung ausklingen zu lassen.

# Zwei ist einer zu viel. Die Verbrüderung

Unsere Büros in Hoheneich sind nebeneinander an der Nordseite des Hauses gelegen. Das Büro meines Mannes ist geräumiger. Durch die große Glasfront kann der Blick über den Garten schweifen. Ganz nah vor dem Fenster steht eine Eibe, an deren Stamm die Eichhörnchen lustig rauf- und runterklettern.

Dort saß ich eines Tages, als das Telefon klingelte. Am Apparat war ein Sprecher der Jugendpsychologie Offenbach. Er verband mich mit meiner neuen Freundin, der Psychologin Frau Cynthia Förster, die ich bei dem Auftritt der Bundesfamilienministerin kennengelernt hatte.

»Hallo, guten Tag, Frau von Dörnberg, Sie sind meine große Hoffnung«, sagte sie leise.

»Wie kann ich Ihnen helfen?«, fragte ich zurück.

»In unserer Einrichtung ist ein besonders netter Junge von fünfzehn Jahren. Er wird entlassen. Wir können nichts mehr für ihn tun. Er ist jetzt clean. Aber er braucht unbedingt eine Unterstützung auf seinem weiteren Lebensweg, sonst wird er wieder rückfällig. Er ist sehr sensibel. Können nicht Sie ihn aufnehmen?«

»Leider nein, ich bin besetzt. Ich kann immer nur einen Problemjugendlichen annehmen. Sonst besteht die Gefahr der Verbrüderung gegen mich. Und dann ist mein Erfolg gleich null.«

»Dieser Junge ist sehr leicht zu handhaben. Er heißt Edward G. und ist der Sohn eines Richters. Glauben Sie mir, er wird Ihnen wenig Mühe bereiten. Er ist intelligent. Die Eltern wissen keinen Rat, wie es mit dem Sohn weitergehen soll. Sie wollen ihn eventuell anschließend in einem Jugendheim unterbringen. Auf jeden Fall darf er nicht in das heimische Um-

feld zurück. Daran haften zu viele negative Erinnerungen, die ihn belasten und einen Neuanfang erschweren würden.«
»Aus welchem Grund wurde er in die Psychiatrie eingeliefert?« In Gedanken ging ich bereits der Möglichkeit einer Zweitbelegung in meinem Haus durch. Ich wollte die junge Psychologin nicht enttäuschen und dem Jugendlichen gern eine Perspektive geben. Ich befand mich in der Zwickmühle.
»Schlägereien, Drogen, Alkohol. Das letzte Internat behielt Edward nur drei Wochen. Dann wurde er wieder rausgeworfen. Der Direktor des Internats gab Edwards Eltern den dringenden Rat, den Sohn in eine Jugendpsychiatrie einliefern zu lassen. Denn sein Verhalten wäre besorgniserregend aggressiv. (...) Der Junge liegt mir wirklich am Herzen! Er ist nicht verloren, sondern nur durch den unmäßigen Drogen- und Alkoholmissbrauch völlig der Realität entfremdet.«
»Sie sagen, jetzt ist er clean?«, fragte ich noch einmal nach.
»Ja.«
»Ich würde den Jungen gern einmal kennenlernen und mich danach entscheiden!«, antwortete ich. »Gleichzeitig könnte ich mir ja auch mal das Mädchen Patricia ansehen, das Sie in meine Obhut geben wollten.«
»Patricia ist noch nicht so weit«, antwortete die Psychologin mit dieser wissenden Samtstimme, »wir müssen erst ihre Medikamente reduzieren, es wird noch ein paar Monate dauern. Edward ist jetzt wichtiger! Ich freue mich wirklich sehr, dass Sie bereit sind, ihn aufzunehmen.«

Es war so weit, eine Woche später wurde Edward von seinem Vater gebracht. Der Neue besichtigte schweigend das fröhliche Hortensienzimmer. Die Blumenmuster auf der Tapete leuchteten in rosa und hellblauen Tönen, die Heizungsröhren waren rosé gestrichen. Ich war trotzdem skeptisch. Für einen Jungen von fünfzehn Jahren war das sicher nicht das passende Umfeld. Gespannt schaute ich ihn an. Wie würde der wilde Rebell aus der Jugendpsychiatrie auf diese Eindrücke reagieren?

»Ja, ich bleibe!«, sagte er plötzlich fast beiläufig. Dann verließ er den Raum, um sein Gepäck zu holen. Auf dem Gang traf er auf den Bewohner des Leopardenzimmers, auf Askan B. Ich hörte beide reden. Das wollte ich sehen. Ich trat ebenfalls auf den Flur, der die beiden Zimmer der Jugendlichen verband, und war völlig überrascht. Edward bewegte sich geradezu elegant, warf seine Füße regelrecht beim Gehen nach vorne und breitete seine Arme weit aus, um Askan zu begrüßen. Lachend und betont herzlich sagte Ed: »Ich bin der Neue. Wünsche einen schönen Tag. Wie geht es dir?«

»Charmant, charmant!«, dachte ich. Wie ausgewechselt war der Bursche, von Schüchternheit keine Spur mehr! Vater G. trat nah an mich heran und raunte in mein Ohr: »So ist er sonst nicht! Fallen Sie nicht darauf rein! Alles Show!«

Askan, der »alte Hase«, fühlte sich von der Frische des Neuen überrumpelt. Er konnte kaum seine Verwirrtheit verbergen. Denn er hatte noch fest geschlafen, als der Dackel Kessy die Ankunft der Gäste laut bellend ankündigte. Askan rieb sich die Augen und brauchte einige Zeit, bis er zu seinem lässigen norddeutschen Dialekt fand. »Moin, Moin!«, rief er endlich breit grinsend. »Bist du also auch der Turbo-Hex ins Netz gegangen? Hast du das Zimmer neben mir? Prima, dann bin ich nicht so einsam. Ist verdammt öde hier.«

Nachdem Vater G. sich von seinem Sohn verabschiedet hatte, gab er mir die Hand, und ich begleitete ihn nach draußen. »Ich fasse es nicht!«, sagte er leise, kopfschüttelnd. »Zu Hause ist ihm nichts gut genug. An allem meckert er rum. Und hier nimmt er diese kitschige Gartenlaube in Kauf! Ich fasse es nicht! Es ist ja noch nicht einmal ein Computer drin! Und der andere? Der ist ja noch in der vorpubertären Phase!«

»Die Pubertät von Askan sollte meine Sorge sein. Was Ihren Sohn Ed angeht, so wohnt er in unserem Gästezimmer. Es ist nur eine Übergangslösung. Vielleicht passt Ihr Sohn aber in dieses Meer von Blüten? Vielleicht ist er selbst sogar eine Wunderblume?«

So gab ich diesem typischen »Iron-Man« noch einige Rätsel

mit auf den Weg, ehe sein schwerer Wagen das Kiesrondell verließ.

Noch lange in die Nacht hinein hörte ich lautes Lachen aus dem Leopardenzimmer herausschallen. Die beiden Jugendlichen hatten sich viel zu erzählen: »Meine letzte ›Presse‹ behielt mich nur drei Wochen … ha … ha … Die hatten mich beim Tickern erwischt!«, hörte ich die helle Stimme von Ed sagen.

»Ich wollte nie in Südafrika zur Penne gehen, aber mein Dad wollte es unbedingt. Dem hab ich es aber gezeigt. Gleich am ersten Abend hab ich von den Schwarzen Stoff gekauft. Die tragen dir das säckeweise in die Bude. Und eine fette Flasche Whisky setzte ich in meinen Nachttischkasten. Du kannst dir das hysterische Geschrei der Betreuer nicht vorstellen, was? Am nächsten Morgen hatte ich das Rückticket in der Tasche«, erwiderte Askan mit ruhiger, tiefer Stimme.

»Das ist ja hammerhart! Holten dich deine Eltern vom Flughafen ab?«

»Ja, der Dad. Er sprach aber während der ganzen Fahrt keine Silbe mit mir. Er war beleidigt, weil er gegen den Willen meiner Mutter das Internat in Afrika durchgesetzt hatte. Pech für ihn! Und du?«

»Mich holte kein Schwein ab! Wurde aber vom Direx höchstpersönlich vor die Tür gesetzt. Also, was sollte ich machen? Auf keinen Fall wollte ich meinen Eltern unter die Augen treten. Ich haute ab, trampte heim und hauste ein paar Tage im Gartenhaus auf unserem Grundstück. Mich bemerkte keiner, ich schlief am Tag und klaute nachts, bis mich dann doch unser Hund spitzkriegte und laut bellte. Dann hatten sie mich.«

»Mann, dumm gelaufen!«, rief Askan lachend und schlug sich auf die Schenkel.

Ich bin eine Frühaufsteherin und das genaue Gegenteil eines Morgenmuffels. Schon vor dem Frühstück springe ich zum Leidwesen meiner Kinder singend und pfeifend durchs Haus,

begleitet von Dackel Kessy, die eine quietschende Gummiente durch die Gegend wirft. Die Ledersohlen meiner Cowboystiefel klacken laut auf dem Terrakottaboden, vorbei geht's an den Türen der schlafenden Jungs, hinein ins Büro und wieder zurück in die Küche. Um sieben Uhr wecke ich die Schüler und erwarte erfahrungsgemäß kein sofortiges Anzeichen des Aufstehens. Doch heute war es anders. Ich hörte eine Tür klappen, und einige Minuten später betrat Edward gut gelaunt die Küche.
»Guten Morgen, Trixi! Was gibt's denn Gutes zum Frühstück? Wo ist der Bremer Biber?«
»Guten Morgen, Edward!«, begrüßte ich ihn positiv überrascht. Mir gefiel seine lässige Art, über Askan B. zu reden. »Du bist aber früh! Super! Wir können schon anfangen zu frühstücken, denn Askan kommt immer erst auf die letzte Minute.«
Es waren nur noch fünf Minuten Zeit, um den heißen Kaffee herunterzuspülen, da erschien Askan in der Küche, schlecht gelaunt und verschlafen.
»Schnell, schnell!« Mit den Worten heizte ich ihm ein.
»Mensch, Trixi, bist du schon wieder auf Ecstasy? Mach mal langsam, komm mal runter! Schon die ganze Zeit geht das Hin- und Herklacken deiner Killerstiefel vor meiner Tür. Man könnte ja meinen, da rasen die vier apokalyptischen Reiter vorbei.«
Mit einem Lachen wehrte ich diese Vermutung ab und beobachtete, wie Edward sein Frühstücksgeschirr mit schlanken Händen zusammenstellte und in die Geschirrspülmaschine einordnete. Askan grunzte erbost: »Schleimer!« Er ließ seinen Teller stehen. Beide Jungs schob ich aus der Tür, denn das Auto der Mitschülerin wartete schon auf der Bundesstraße. Jetzt hatte ich Ruhe bis zur Mittagszeit, dann musste das Essen fertig sein.

## Der erste Drogentest

In Hoheneich ist es verboten, in den Zimmern zu rauchen. Askan und Edward waren starke Raucher. Um ihrem Laster frönen zu können, standen sie auf der Terrasse oder auf dem Parkrondell und bliesen den blauen Dunst in die Luft. In diesen Zigarettenpausen lachten und redeten sie viel miteinander, schlugen sich gegenseitig auf die Schultern und hatten sichtliches Vergnügen, wie echte Kerle zu wirken. Askans Eltern duldeten den Zigarettenkonsum, da er bald achtzehn Jahre war. Edwards Vater jedoch verbot strikt das Rauchen mit der Begründung: Wer raucht, der kifft auch! Dieses Vorurteil habe ich empört zurückgewiesen. Oder war etwas dran? Natürlich ist der Einstieg in den Drogenkonsum einfacher, wenn schon mal die nur mit simplem Tabak gestopfte normale Zigarette schmeckt.

Eines Tages bemerkte ich, dass Askan und Edward nicht mehr auf der Terrasse oder auf dem Kiesplatz rauchten, sondern irgendwo hinter der Hecke. Sie verhielten sich auffällig still, ihr typisches Macho-Gehabe und Geprahle waren verstummt. Als ich sie rief und fragte: »Wo seid ihr?«, erhielt ich die Antwort: »Ganz ruhig, Trixi, keine Hektik, wir kommen gleich!« Noch machte ich mir nicht allzu viele Gedanken, aber das auffällige neue Verhalten prägte sich mir ein.

An einem Montag, um neun Uhr dreißig, in der Zeit der großen Schulpause, rief mich die Klassenlehrerin meiner Pflegejungs an und erzählte, dass Edward sehr unkonzentriert arbeiten würde. Mündlich würde er zwar mitarbeiten, aber seine schriftlichen Leistungen seien mangelhaft. Auch Askan wurde gerügt. Oft sei er zu faul, überhaupt die Schulutensilien aus dem Rucksack zu packen. Er zeige wenig Interesse und glänze durch Passivität. Eds Beurteilung erstaunte mich sehr, da er jedes Mal, wenn ich die Hausaufgaben anmahnte und ihn nach seinen geschriebenen Noten fragte, immer sehr gute Noten nannte und er alles bereits bestens gelernt hätte. Askan organisierte ich einen Nachhilfelehrer, der einmal wöchentlich ins Haus kam, um mit ihm Mathematik zu üben.

In den Osterferien wurde Askan B. achtzehn Jahre alt. Er freute sich schon seit Monaten auf diesen Tag und kündigte an, dass er, sobald er volljährig sei, auf niemanden mehr hören und nur das tun würde, wozu er Lust hätte. Kurz vor Ferienende rief Vater B. aus Dubai in Hoheneich an: »Mein Sohn hat sich ja bei Ihnen bestens entwickelt. Kompliment an Sie. Wir hatten gerade eine kleine Geburtstagsfeier in Dubai – ich bin hier geschäftlich tätig –, mein Sohn wurde achtzehn Jahre alt. Es war eine richtig gute Sause! Nur eines, Frau von Dörnberg, ist mir suspekt. Mein Sohn war am nächsten Tag nicht mehr ansprechbar gewesen.«

»Na das ist kein Wunder, bei den Mengen Alkohol, die er fließen lassen wollte!«, erwiderte ich.

»Es muss noch etwas anderes sein. Ich sah am nächsten Tag diese Panik in seinen Augen. Das ist merkwürdig. Ich rate Ihnen, lassen Sie einmal einen Drogentest durchführen.«

»Jetzt ist Ihr Sohn achtzehn Jahre alt, er wird den Test verweigern. Ich habe keine Befugnis mehr über ihn«, antwortete ich.

»Versuchen Sie es, Sie haben doch ein gutes Händchen für ihn! Bye-bye!«

Die Verbindung brach ab.

Dr. Phyll ist der Arzt meines Vertrauens. Er führt die Drogentests im Gesundheitsamt der nächstgrößeren Stadt Lauterbach durch. Das Positive ist, dass die Tests in den dortigen Laboren sofort ausgewertet werden und die Ergebnisse ohne lange Wartezeit auf den Tisch kommen. Der Patient muss eine Urinprobe abgeben. Um sicher zu sein, dass nicht getrickst wird, steht der Arzt an der Tür des Untersuchungsraums und beobachtet den Vorgang: Hosen runter, in den Becher pinkeln und tschüs, eine halbe Stunde Bibbern im Wartezimmer. Dann ruft eine Stimme aus dem Lautsprecher zum Gespräch ins Behandlungszimmer.

Ich bereitete meine Jungs auf diese Prozedur vor. »Am nächsten Mittwoch«, sagte ich ihnen, »werde ich euch beide zu einem rein routinemäßigen Drogentest fahren. Gleich nach der Schule hol ich euch ab.«

»Prima, du wirst sehen, Trixi, ich bin sauber. Habe mit Drogen nichts am Hut!«, antwortete Askan fröhlich.

»Klar, das machen wir, bin jederzeit bereit!«, sagte auch Edward.

Ich war erleichtert, dass die Jungs nicht abblockten, sondern die Neuigkeit wie beifällig aufnahmen. Da es zu meiner Lebensphilosophie gehört, positiv zu denken und immer zunächst das Gute im Menschen zu sehen, hatte ich keinen Zweifel an der Ehrlichkeit meiner Jungs. Und letzte Bedenken zerstreuten sich wie der Morgennebel über den Türmen der Burg Herzberg.

Am Mittwoch fuhr ich vor dem Gymnasium vor. Schon sah ich meine beiden Schüler, die mir von Klassenkameraden umringt zuwinkten. Sie verabschiedeten sich von den anderen mit Faust-an-Faust-Schlagen und stürmten dann, einer den anderen übermütig in mein enges Auto schiebend, mit den vollgepackten Rucksäcken auf die Sitze. »Los geht's Trixi!«, rief Askan, der wegen seiner Leibesfülle vorne neben mir Platz genommen hatte. In Lauterbach begrüßte uns der Amtsarzt routiniert höflich. Er hielt eine kurze Einführungsrede und bat danach das Jungvolk einzeln in den Untersuchungsraum. Ich blieb im Wartezimmer und blätterte entspannt in diesen wunderbaren Schundblättchen, die zerfleddert auf dem Tisch lagen. Nach einiger Zeit hörte ich den Lautsprecher hallen: »Frau von Dörnberg, bitte ins Besprechungszimmer zwei!«

Dr. Phyll empfing mich mit ernster Miene. »So«, begann er seine Rede, »das haben wir hinter uns. Beide Jungs sind THC negativ.«

»Das ist ja wunderbar! Ich hoffte es so sehr!« Euphorisch reckte ich meinen Körper in die Höhe und klatschte in die Hände.

»Aber, wir haben ein Problem«, hörte ich den Arzt weitersprechen.
»Wieso?« Ich blies laut die Luft aus und sackte auf meinen Stuhl zurück.
»Sind die beiden Jungs verwandt?«, fragt Dr. Phyll.
»Nein, gar nicht!«
»Sie zeigen beide den gleichen, völlig identischen Glukosewert. Und der ist bedenklich hoch.«
»Sie meinen also, beide sind zuckerkrank?«
»Nach diesem Befund ja. Es besteht dringender Handlungsbedarf. Können Sie die Eltern anrufen?«
Voller Sorge wählte ich die Nummer von Frau G., die Mutter von Edward. Nein, sagte sie mir, Zucker sei bei ihrem Sohn noch nie diagnostiziert worden. Frau B., die Mutter von Askan, konnte ich nicht erreichen und deshalb wählte ich die Nummer des Vaters, obwohl ich annehmen musste, dass der irgendwo im tiefsten Ausland ungestört arbeiten wollte. Er meldete sich aus Togo und wehrte meine Frage mit einem kleinen Witz ab, in der Familiegeschichte hätte es bis zurück zum Stammvater Noah noch nie einen Zuckerkranken gegeben. Also völlig unmöglich.
Als ich Dr. Phyll von meinen Recherchen berichtete, schüttelte er nachdenklich den Kopf und empfahl mir: »Dieser identische Befund von zwei nicht verwandten Menschen ist höchst selten, kann jedoch schon mal vorkommen. Wir wollen auf Nummer sicher gehen und noch einmal nachtesten. Ich rate Ihnen, kommen Sie deshalb in zwei Tagen wieder zur Untersuchung, und zwar unangemeldet!«
»Oha, das werde ich tun. Ich werde kein Wörtchen von unserem Vorhaben verraten.«
Ich verließ die Praxis und suchte nach meinen Jungs, die ihre Befunde, auf einem sauberen weißen Papier gedruckt, stolz in Empfang nahmen.
»Siehst du, ich wusste es gleich, negativ!«, rief Askan fröhlich und klimperte ein paar Takte auf seiner Luftgitarre.
»Ganz klar, ich nehme keine Drogen. Warum also dieser

Stress?«, meinte Edward, und beide Jungs lagen sich jubelnd vor Glück in den Armen.
»Jetzt ist ein gutes Essen fällig, Trixi, lass uns zu Mac D. gehen! Das willst du doch auch mit uns feiern. Stimmt's? Ich habe einen Bärenhunger!«, schlug Askan vor.
»Klar!«, antwortete ich. »Der negative Drogentest macht mich froh, aber dieser Zuckerwert macht mich verrückt. Wir müssen noch einmal irgendwann einen zweiten Test machen lassen.«
»Irgendwann oder nie!«, antwortete Askan in bester Laune. »Erst einmal essen, gut essen!«
Wir fuhren in ein nahe gelegenes Fastfood-Restaurant, und Askan haute rein. Er bestellte zweimal das Super-Junior-Menü mit doppelter Menge Pommes und viel Mayo, großer Cola und Eis-Shake. Edward war etwas verhaltener, er hatte nicht allzu viel Appetit.
Zu Hause erzählte ich Jimmy von unserem Testergebnis. Über den Zuckerwert war er irritiert, sagte aber zu mir: »Vertrau Dr. Phyll, das ist ein alter Fuchs!«

## Der zweite Drogentest

Der nächste Tag, ein Donnerstag, ging ohne besondere Vorkommnisse vorüber. Am Freitagmorgen war ich etwas nervös.
Wie würden die Jungs auf meine plötzliche Änderung der Fahrtrichtung reagieren, wenn ich sie abholte und nicht geradeaus Richtung Hoheneich fuhr, sondern an der Kreuzung rechts abbog? Wie würden sie den unangekündigten, erneuten Drogentest aufnehmen? Ich sagte den Jungs am Frühstückstisch, dass ich einen Großeinkauf fürs Wochenende in Alsfeld plante und sie danach pünktlich von der Schule abholen wollte. »Also heute keine andere Mitfahrgelegenheit annehmen! Ich bin um dreizehn Uhr am Gymmi! Bis dann!« Das klang überzeugend, sie waren einverstanden. Dr. Phyll

wusste Bescheid, wir würden um dreizehn Uhr dreißig im Gesundheitsamt eintreffen.
Diesmal standen Askan und Edward in ein Gespräch vertieft auf dem Schulhof und schlenderten müde herbei, als sie mein weißes Auto sahen. Askan nahm auf dem Rücksitz Platz. Er wollte pennen. Edward schob seine langen Beine in den Raum vor dem Beifahrersitz. Dann fuhr ich gemächlich los, im Kofferraum klapperten die Flaschen mit Orangen- und Apfelsaft.
An der Kreuzung reihte ich mich in die rechte Fahrbahn ein und wartete an der Ampel. Gott sei Dank waren die Jungs viel zu dösig, um zu reagieren. Aber dann, ich gab gerade Gas, weil die Ampel auf grün schaltete, reckte Askan seinen Kopf nach vorne. »Wo fährst du eigentlich hin?«, fragte er misstrauisch.
»Ich fahre nach Lauterbach«, antwortete ich korrekt.
»Wir wollen nach Hause! Warum nach Lauterbach?«, fragte Ed verwundert.
»Wir müssen den Test noch einmal wiederholen. Erinnert euch, was der Amtsarzt dringend empfahl. Ihr wisst doch, der Zuckergehalt muss noch mal geprüft werden. Kurze Sache! Keine Aufregung!«
»Was?«, riefen da beide Jungs, wie von der Tarantel gestochen. »Kommt überhaupt nicht in Frage. Ich steig da nicht aus, auf keinen Fall!«, schrie Askan.
»Ich auch nicht!«, rief Ed.
Ich fuhr ungerührt weiter auf der jetzt schnurgeraden Landstraße nach Lauterbach.
»Mach einfach die Tür auf, Mann! Mach schon! Los!«, kommandierte Askan. Ed hantierte ungeschickt am Türgriff und wollte ihn gerade ziehen, da drückte ich unbemerkt die Sicherheitsknöpfe nach unten. Kindersicherung! Ich fuhr unbeirrt weiter.
»An der nächsten Ampel, Ed, da musst du blitzschnell reagieren! Zieh den Zündschlüssel ab, und raus sind wir!«
»Klar, Mann, aber wie soll ich das machen Askan? Es ist weit und breit keine Ampel in Sicht!«

»Nein«, sagte ich, »niemand steigt aus. Ich halte nicht an. Wir haben einen Termin beim Arzt und den nehmen wir wahr. Basta!«
Die Jungs gebärdeten sich wie schreiende Krähen, die in einem engen Käfig gefangen sind. Endlich wurde das kleine Städtchen Lauterbach sichtbar. Ich lenkte das Auto in größter Ruhe durch die Straßen bis zum Gesundheitsamt. Die zwei Ampeln, die ich durchfuhr, standen zu meiner Freude auf Sattgrün. Ich stieg aus und ging um das Auto herum, um auf Edwards Seite die Tür zu öffnen. Er blieb sitzen.
»Aussteigen!«, rief ich. »Wir sind da!« Er ignorierte mich. Auch Askan schwieg und blockte stur ab. »Wenn ihr nicht aussteigt und augenblicklich in die Praxis geht, dann rufe ich den Amtsarzt raus!«, warnte ich. Keine Reaktion. Ich griff zum Handy und ließ mich mit Dr. Phyll verbinden. »Herr Doktor, wir stehen vor Ihrer Praxis, doch die Jungs weigern sich auszusteigen. Was soll ich machen?«, fragte ich mit fester Stimme.
»Den Achtzehnjährigen müssen wir laufen lassen, doch den Jüngeren können wir uns schnappen. Dieses Verhalten der Jugendlichen ist ein schlechtes Zeichen. Ich komme raus!«
»Gut, kommen Sie raus! Bitte gleich!«, wiederholte ich laut seine Worte.
Ich blickte hilfesuchend zur Tür des Gesundheitsamts und sah schon den weißen Kittel des Doktors aufleuchten, da hörte ich eine zaghafte Stimme: »Wir brauchen den Test nicht zu machen. Erspar dir das. Ich gebe es zu. Ich habe gekifft. Ich bin positiv.«
Die Worte schlugen wie Wellen eines fernen, verwunschenen Sees gegen mein erregtes Trommelfell. Ich konnte die Bedeutung nicht fassen. War das Edward, der das gesagt hatte? Ja, Edward! Ich sah sein unglückliches Gesicht und dachte, wieder die geknickte Rose von damals.
Auf einmal packte mich eine unglaubliche Wut. Wollen die mich für dumm verkaufen? Ich riss den Rucksack auf Eds Schoß an mich und wirbelte ihn durch die Luft. Die Ver-

schlüsse lösten sich, Papiere und Hefte flogen wie ein aufgescheuchter Taubenschwarm in weitem Bogen heraus in die Büsche und auf den Teerplatz.

»Du wagst es, in meinem Haus zu kiffen? Du hast die Unverschämtheit, meine Verbote einfach zu missachten? Du Kiffer, du verdammter Kiffer!«, schrie ich. Tränen stiegen mir in die Augen, ich war außer mir vor Enttäuschung und Wut. Der Rucksack traf auch Eds Beine. Er wehrte sich nicht. Dr. Phyll trat plötzlich neben mich, und Ed ließ sich willenlos aus dem Auto ziehen. Auch Askan gab jeden Widerstand auf und trottete hinter Edward her in das graue Haus des Amtsarztes. Dr. Phyll folgte ihnen schnell. Ich startete mein Auto und fuhr mit laut aufheulendem Motor eine Runde nach der anderen in der Gegend umher. Wuttränen rannen meine Wange herunter.

Nach einer Stunde hatte ich mich beruhigt und fuhr wieder auf den Parkplatz des Arztes zurück. Ich betrat den leeren Warteraum und fragte eine Schwester nach Dr. Phyll. Mit fliegenden Rockschößen kam der mir aus dem Labor entgegen und schwenkte zwei weiße Papiere in der Hand.

»Positiv, Edward G. ist positiv!«, rief er mir schon von weitem zu. Ich hörte Triumph in seiner Stimme.

»Und Askan?«, fragte ich.

»Askan B. ist achtzehn Jahre alt. Ich darf Ihnen seinen Befund nicht aushändigen und auch nicht sagen. Er kann mich auf Verstoß gegen das ärztliche Schweigegebot verklagen.«

»Aber Sie können mir einen Tipp geben, einen Wink«, bat ich.

»Das kann ich. Also, Edward und Askan haben den gleichen Testwert. Edward ist positiv. Reicht Ihnen das?«

»Oh, diese gemeinen Kerle!«, rief ich aus. »Ich schmeiß beide aus meinem Haus. Diese Hinterhältigkeit!«

»Aber, in diesen heutigen Urinproben ist übrigens keine Spur von Glukose«, fügte der Arzt hinzu.

»Askan und Edward sind also nicht zuckerkrank?«, fragte ich nach und war auf einmal hellwach.

»Ich lasse jetzt die Jungs holen, sie sollen selbst Auskunft geben.« Dr. Phyll rief ihre Namen durch den Lautsprecher. Die Tür öffnete sich, und mit sichtlich schlechtem Gewissen betraten meine beiden Problem-Kids den Raum.
»Gebt es zu, wie habt ihr getrickst?«, fragte der Arzt barsch.
»Fremdurin«, bekannte Edward leise. »Wir haben die Pisse von einem Freund in kleine Shampooflaschen gefüllt und an unsere Oberschenkel geklebt.«
»Das habe ich vermutet«, sagte der Arzt. »Der Junge jedoch, der euch den Urin gab, ist sehr krank. Dieser Schulkamerad hat hochgradig Diabetes. Nennt mir seinen Namen. Ich muss seine Eltern unterrichten, das ist meine Pflicht.«
»Das glaube ich nicht!«, antwortete Askan in pampigem Tonfall. Er blickte nicht auf, sondern knabberte mit gesenktem Kopf an seinen Fingernägeln herum.
»Der ist gesund. Wir hatten in der Eile nur eine Coca-Cola-Büchse zur Verfügung, die konnten wir nicht auswaschen. In die hat er gepinkelt«, gestand Edward und blickte schuldbewusst auf seine Füße.
Dr. Phyll lachte auf. »Das ist die Erklärung. Da kommt der Zucker her. So eine Dummheit können auch nur Kiffer begehen, denen das Hirn schon aufgeweicht ist! Aber ich komme euch auf die Schliche. Mich könnt ihr nicht täuschen.«
Dann drehte er sich auf dem Absatz um und nahm von seinem Schreibtisch einen Briefumschlag, den er mir überreichte. »Das ist das Testergebnis von Edward G. mit der Rechnung«, sagte er.
Ich öffnete den Umschlag und las: »Die Austestung des Urins von Edward G. ergab einen unauffälligen Befund bezüglich Kokain, Benzodiazipinen, Opiaten, Amphetaminen und Methadon im Urin. THC (Haschisch) war positiv. Für weitere Rückfragen stehe ich Ihnen gerne zur Verfügung. Dr. Phyll«
»Okay!«, sagte ich, während ich die Worte noch einmal durchlas. »Diesen Brief werde ich deinen Eltern schicken. Und wo ist der Umschlag mit Askans Testergebnis?«
»Den Bescheid habe ich bereits Askan B. ausgehändigt, wäh-

rend er auf den Befund seines Freundes wartete. Er ist volljährig und für seine Handlungen selbst verantwortlich.«

»Ich verstehe«, antwortete ich und blickte den Arzt verschwörerisch an. Er wusste, was ich wusste, aber die Jungs wussten nicht, was ich wusste. Deshalb war der Blick des Arztes sehr eindringlich, mit dem er mir verdeutlichen wollte, jetzt konsequent und streng zu handeln. Ich bedankte mich und verabschiedete mich von Dr. Phyll. Ed sprang von seinem Stuhl und zog hörbar die Luft durch die Nase. Er war erleichtert, endlich diese blamable Situation hinter sich gebracht zu haben. Askan hingegen markierte das gelangweilte Desinteresse eines Unbeteiligten. Er fühlte sich völlig sicher, dass außer dem Arzt und natürlich Ed niemand von seinem ebenfalls positiven Ergebnis wusste. Deshalb gab er sich betont gelassen.

Es war schon später Nachmittag, als wir nach Hoheneich zurückfuhren. Ich nahm diesmal die Abkürzung durch ein Wiesental und durchquerte mehrere kleine Dörfer. Normalerweise liebe ich diese Strecke sehr und genieße es, in gemütlichem Tempo hindurchzufahren. Meine Blicke schweifen dann über die Waldflure, und ich versuche, ein Reh oder einen Fuchs zu überraschen. Einmal habe ich sogar einen kolossalen Keiler gesehen, der auf seiner schwerverletzten Hinterhand humpelte und sich über das Feld schleppte. Damals hatte ich den Förster benachrichtigt, der dann dem armen Tier einen waidmännischen Fangschuss gegeben hatte. Aber heute, an diesem Tag, preschte ich wie eine Motor-Cross-Fahrerin über die Landstraße und raste in der Ideallinie über den Asphalt. Innerlich tobte ich vor Wut, doch kein Wort kam über meine zusammengepressten Lippen. Die Gedanken überstürzten sich: Hätte ich doch bloß Edward nicht zusätzlich aufgenommen! Trixi, du bist zu nachgiebig, zu weich! Askan hatte sich gerade gut entwickelt, er war in der Turbo-Phase … nach all den anfänglichen Schwierigkeiten, der Staubsauger-Geschichte, den Lügen und Schulverweigerun-

gen … alles hatten wir überstanden. Und jetzt trat er alles Erreichte mit Füßen! Ich gab tüchtig Gas, um Ausrufezeichen in den Äther zu setzen.
Neben mir auf dem Beifahrersitz schaukelte Askan wie ein willenloser Sack hin und her. Er konnte sich bei meiner ruppigen Fahrweise nur mühsam im Sitz halten.
»Trixi, mir wird schlecht, ich muss gleich kotzen! Halt an! Halt an!«, rief er plötzlich mit würgender Stimme.
»Ich werde den Teufel tun!«, antworte ich. »Ich halte nicht an, und schon gar nicht deinetwegen!«
»Warum denn nicht? Bitte halt an!«
»Nein! Zeig mir zuerst den Brief von Dr. Phyll mit dem Drogenbefund! Er hat angedeutet, dass du auch Drogen konsumiert hast, dass du positiv bist!«
»Den verdammten Arzt zeig ich an! Das ist ganz allein meine Sache! Mein Befund ist übrigens negativ!«, wiegelte er ab.
»Dann hast du ein schlechtes Gewissen!«
»Überhaupt nicht, aber den Brief habe ich gar nicht mehr! Den habe ich zerknüllt und am Parkplatz in die Büsche geschmissen.«
»Das stimmt doch nicht! Das glaube ich nicht. Askan, zeig mir den Brief zum Beweis deiner Unschuld!«, forderte ich erneut.
»Geht nicht! Pech gehabt!«, trumpfte er auf.
Die Atmosphäre war zum Schneiden angespannt, da kam vom Rücksitz eine helle Stimme: »Entschuldige Trixi, es soll nicht mehr vorkommen. Ich nehme keine Drogen mehr. Ehrenwort!«, gelobte Edward.
Ich war erleichtert, dass wenigstens einer der Kiffer seinen Drogenmissbrauch zugab und ihn bereute.
»Askan, hast du mir nicht auch was zu gestehen?«, fragte ich und sauste an einem Forellenteich vorbei. Ein Fischreiher hob sich erschreckt in die Luft und ließ seinen gellenden Schrei hören.
»Nein!«, antwortete Askan mit gepresster Stimme.
Er nutzt schamlos seine Volljährigkeit aus, dachte ich. Wie

konnte ich bloß an den Befund kommen? Ich musste den schriftlichen Beweis in der Hand haben, um ihm kündigen zu können. Seine Eltern würden ihm und nicht mir glauben. Ich beschloss im Geist, unbedingt am nächsten Tag noch einmal nach Lauterbach zu fahren und nach dem zerknüllten Corpus Delicti zu suchen. Müde und deprimiert erreichten wir Hoheneich. Die Jungs suchten sofort ihre Zimmer auf. Mich verlangte es nach einem Abschlussgespräch mit Jimmy, der auf mich gewartet hatte.

Am Abend rief ich meinen Sohn Ferdinand an, der in Hamburg Produktdesign studierte. Er hatte stets sehr ausgewogene, gute Ratschläge parat und konnte eigene Erfahrungen aus der Schulzeit beisteuern. Ich erzählte, was passiert war, und schloss mit den Worten: »Ferdinand, ich schmeiß jetzt beide Kerle raus! Beide haben mich auf gemeinste Art belogen und verraten. Sie haben nicht die geringsten moralischen Bedenken!«

»Das finde ich auch hundsgemein!«, antwortete mein Sohn. »Doch warte noch, Mami, bis du mit Askan ganz sicher bist. Wenn er laut Arztbericht positiv ist, dann entlass ihn, aber erst nach der Notengebung. Ich glaube, dass ist vierzehn Tage vor dem offiziellen Abschluss. Die Chance gib ihm! Und kein Fest! Das wird ihn fuchsen. Er soll richtig kapieren, dass er eine Strafe verdient hat. Aber Edward kannst du nicht pfeffern, der ist noch viel zu jung. Er ist noch nicht in deine, wie du es nennst, heiße Phase eingebogen. Der wird noch gut, da wette ich drauf!«

Die Worte meines Sohnes berührten meine Seele wie Balsam. Ich wurde ruhiger und hatte nun einen Plan.

Am nächsten Tag fuhr ich in ruhigem Tempo den Weg des Vortags zurück nach Lauterbach. Ich meldete mich nicht bei Dr. Phyll, sondern ich stieg vor dem Gesundheitsamt aus, um nach dem Brief zu suchen. Rechts standen Büsche, die waren ganz schön, aber auch dornig. Ich kroch durch das Gesträuch. Kein weißer Papierball und kein achtlos geworfener Zettel waren zu sehen. Links floss ein Rinnsal durch die Wiese. Das sumpfige Gelände betrat ich im Känguruschritt und ließ mein Auge umherschweifen, doch auch hier war nichts außer ein paar leeren Zigarettenpäckchen zu entdecken.

Nach einer Stunde gab ich auf und fuhr heim. Ich war mir sicher, dass Askan den Brief in seiner Brusttasche versteckt hielt.

Unsere Haushaltshilfe Galina, die aus Kasachstan stammt und mit melancholisch temperamentvollen Kosakenliedern ihre Arbeit würzt, bat ich, das Leopardenzimmer besonders sorgfältig zu putzen und auf weiße Briefumschläge zu achten.

Die nächsten Tage vergingen in »kalter Waffenruhe«, und ich gab mich den Jungs gegenüber sehr wortkarg und zugeknöpft. Bei den Mahlzeiten saß ich nicht mit ihnen am gleichen Tisch, sondern richtete es so ein, dass ich schon mit meinem Mann früher gegessen hatte.

Drei Tage später kam ich nachmittags vom Erledigen einiger Besorgungen nach Hause und sah vor dem Haus ein fremdes Auto stehen. Ich betrat den Flur und wollte mein Büro aufsuchen, da hörte ich Stimmen im Leopardenzimmer. Einige Freunde von Askan und Edward schienen zu Besuch zu sein. Askan öffnete in bester Laune seine Tür und rief laut nach unserem Dackel Kessy. Drei fremde Jungs und Edward kamen zur Tür heraus. Lachend verkündeten sie, dass sie spazieren gehen wollten, und zwar mit dem Dackel. Kessy liebte diese Spaziergänge mit Askan überhaupt nicht. Denn einmal wurde sie von ihm durch den Teich gezogen, während Askan die Leine stramm hielt und am Ufer ging. Er war gnadenlos und wollte lediglich testen, wie lange so ein Dackel schwimmen könnte. Kessy zitterte nach dieser Attacke wie eine nasse Ratte. Jetzt sah ich, wie sich Kessy unter einem Sessel verbergen wollte. Aber Askan hielt sie fest.

Ich schritt ein und sagte energisch: »Das kommt überhaupt nicht in Frage. Ein Kiffer und Lügner ist es nicht wert, mit meinem Dackel spazieren zu gehen. Gib mir sofort die Leine, Askan!«

Er schmiss daraufhin wütend die Hundeleine auf den Boden, fluchte irgendetwas vor sich hin und verließ mit seinen Freunden das Haus. Die Tür knallte hinter ihnen zu.

Um sieben Uhr gibt es bei uns Abendessen. Ich arrangierte gerade in der Küche Schinkenröllchen und Wurstscheiben auf einem Holzbrett und erwärmte Baguettestangen im Ofen, da betrat Askan aus dem Esszimmer kommend die Küche. Er hatte dort wohl schon gewartet, bis ich die Teller deckte, konnte die Zeit aber nicht abwarten, sondern ging jetzt direkt auf mich zu.

»Trixi«, sagte er seltsam aufgeregt, »ich will …, ich weiß auch nicht, … keine Ahnung … aber …«

Ich schaute ihn ruhig an und wartete.

»Ja, ich will mich entschuldigen, keine Ahnung … aber … ich habe gekifft. Entschuldige bitte.«

»Gut, dass du den Mut findest, dich der Verantwortung zu stellen. Ich kann jedoch die Entschuldigung noch nicht annehmen«, antwortete ich ungerührt.

»Wieso … was noch …?«, fragte er stotternd.

»Zuerst zeig mir den Brief des Gesundheitsamts, dann können wir reden!«

Askan verließ wortlos die Küche. Kurz darauf erschien er wieder, schwenkte in der Hand ein weißes Kuvert und legte es auf den Tisch. Ich öffnete den Umschlag, überflog den Briefkopf, das Datum und las: »Urinprobe – Askan B. – THC (Haschisch) positiv. Für weitere Nachfragen stehe ich gerne zur Verfügung. Dr. Phyll«

»Okay!«, sagte ich bedächtig. »Ich nehme die Entschuldigung an. Du weißt, dass im Haus und in der Umgebung Hoheneichs der Drogenkonsum verboten ist. Das absolute Drogenverbot ist dir bekannt. Stimmt das?«

»Ja.«

»Du hast bereits zwei Abmahnungen erhalten. Das ist jetzt die dritte Abmahnung und damit die Kündigung deines Aufenthalts bei mir. Das ist dir auch bewusst.«

»Ja … nein … das geht nicht. Sag es nicht meinen Eltern!«

»Auf jeden Fall werde ich deine Eltern von dem Vorfall in Kenntnis setzen. Ich rufe sie heute Abend noch an. Warum, Askan, bist du so verlogen? Warum verscherzt du dir alle Sympathien? Edward hat vor dem zweiten Test seinen Missbrauch gestanden und sich danach entschuldigt. Seine Einsicht, wenn auch erst nach der Untat, geben ihm Pluspunkte. Dir kann ich keinen Bonus geben.«

»Verdammter Fuck! Alles scheißegal!«, rief Askan da und stürmte aus der Küche.

Am Abendtisch saßen wir zusammen im Esszimmer. Die Stimmung war entkrampft und endlich wieder frei, beinahe heiter. Der Knoten der Hinterlist und Lüge war geplatzt. Edward fühlte sich befreit und gestärkt durch sein »Outing« und den mutigen Entschluss, sich gleich zu entschuldigen. Askan konnte ebenfalls frei durchatmen, hatte er doch den Schritt zur Wahrheit gewagt. Wenn er auch durch sein spätes »Outing« größere Nachteile einstecken musste als Edward, so fühlte er doch eine innere Erleichterung, einen Frieden.

Später rief ich die Eltern an. Furchtbares Geschrei war die Antwort. Eds Mutter, die Turbo-Mum, reagierte mit Entsetzen auf die erste Abmahnung ihres Sohnes und empfahl mir, strenge Maßnahmen zu ergreifen. Sie telefonierte mit Ed und zeigte ihm deutlich ihre Verachtung, sie schimpfte ihn einen Schwächling. Viel später, als Ed schon längst in die Schleife der Turbo-Phase eingeschwenkt war, gestand mir die Mutter, dass ihr Mann bei der Mitteilung über Eds erneutes Kiffen in den Wald gelaufen sei und bittere Tränen der Enttäuschung geweint hätte. Das hat mich damals doch sehr erstaunt und berührt, weil ich Eds Vater bisher immer als typischen »Iron-Man« kennengelernt hatte, der sich stets mit ein paar beißenden Sprüchen über die Situation gestellt hatte, als ob sie ihn nichts anginge.

Mutter B. zeigte ebenfalls blankes Entsetzen, doch mit kalter Stimme gab sie mir den »Schwarzen Peter«: »Ich bin bestürzt, Frau von Dörnberg, dieser Vorfall ist zu verachten, so eine Enttäuschung!«

»Sehen Sie die Enttäuschung als Beginn der Wahrheitsfindung!«, sagte ich in ruhigem Ton.
»Eines ist doch klar, Sie können meinen Sohn auf gar keinen Fall so einfach an die Luft setzen und ihm den weiteren Lebensweg verbauen. Er soll doch bei Ihnen das Abitur schaffen. No way, jetzt muss er ins Ziel durchstarten.«
»Frau B., ich habe meinen ausgezeichneten Ruf zu verlieren, wenn ich Drogen in meinem Haus dulde. Die Jugendlichen kennen genau meine Regeln und wissen, dass die Abmahnungen abschreckende Wirkung haben sollen. Ich muss konsequent handeln, nur so kann ich den Anforderungen und Hoffnungen der Eltern, die ihre Kinder in meine Obhut geben, gerecht werden. Aber ich werde mit der Direktorin über Ihren Sohn sprechen und über eine Lösung nachdenken.«
Frau B. verabschiedete sich mit den Worten: »Wenn mein Sohn Hoheneich verlassen muss, so ist doch klar, dass auch der andere, dieser Gernegroß, gehen muss.«
Ich bemerkte darauf, dass der andere Junge, ob groß oder klein, im Gegensatz zu ihrem Sohn, der um das Risiko der letzten Abmahnung wusste, erst eine Abmahnung einstecken musste. Und dass die Entscheidung, wer gehen müsse und wer bleiben könne, ganz allein bei mir liegen würde.
Ein Tag später rief Askans Vater aus Ägypten an. Er war von seiner Ex-Frau über den Vorfall unterrichtet worden. »Also, wir sind doch alle erwachsene Personen«, begann er zu reden. »Wir können doch mit der Tatsache, dass ein Joint oder auch mal zwei geraucht werden, diplomatisch umgehen. Ich meine, drücken Sie ein Auge zu, und die Sache ist vergessen!«
Ich ließ mich nicht erweichen und wollte mich nicht zum Komplizen machen lassen! Inzwischen hatte ich einen Beratungstermin mit der Direktorin des Gymnasiums und berichtete von dem Resultat. »Askan darf in Hoheneich bleiben, bis die Noten feststehen, dann muss er uns verlassen. Der Abreisetermin ist somit drei Wochen vor dem Ferienbeginn. Also, die Versetzung ist nicht gefährdet, aber das Abschluss-Som-

merfest wird er nicht mehr mitfeiern können. Askan geht mit dem Abschluss der mittleren Reife.«
Der Vater antwortete mir: »Immerhin, den hat er dann geschafft. Jura oder Medizin wird mein Sohn mit Sicherheit nicht studieren wollen, also wird dieser Abschluss reichen müssen.«
Edward blieb noch zwei weitere Jahre alleine in Hoheneich und startete in der heißen Phase richtig durch.

## Warum überhaupt Drogen?
## Gespräch mit einem Guru

Auch in diesem Jahr sollte wieder das große »Open-Air-Festival« unter der Burg Herzberg stattfinden. Schon Wochen vor dem Beginn sahen wir die abenteuerlichsten Wohnmobile und umgebauten Busse mit Hippies die Landstraße bevölkern, aber noch durfte niemand das Festgelände betreten. Eines Abends stand ich auf der Terrasse in Hoheneich und lauschte in die Nacht, da hörte ich es trommeln. Aus dem Wald schallte es in Intervallen, mal leise, mal lauter: ein Trommelwirbel. Ein Hippie ist schon da, dachte ich. Seine Botschaft sollte wie in Afrika über weite Entfernungen verstanden werden. Aber was war seine Botschaft?
Ich beschloss, mir am nächsten Tag den Trommler einmal anzusehen. Auf einem freien Platz am Waldrand entdeckte ich recht bald ein Wohnmobil. Es war eines der modernsten Art, elfenbeinweißlackiert. Davor saß auf einem Hocker ein Mann mit grauem Vollbart. Er hielt die Trommel zwischen seinen Knien und schlug mit beiden Händen darauf. Als er mich sah, winkte er mich heran. Der Mann hatte ein für seine weißen Haare erstaunlich jugendliches Aussehen. Seine Gesichtszüge waren freundlich, wirkten auf mich beinahe weise. Er holte mir einen Stuhl aus seinem Mobil und lud mich ein, seinen Trommelklängen zu lauschen. Denn die wären nur für mich gedacht.

Nach einem gewaltigen finalen Trommelwirbel stellte er die Trommel zur Seite, sah mich lachend an, und wir kamen ins Gespräch. Ich fragte ihn, wo er herkomme und was sein Beruf sei. Dann erzählte ich ihm von meiner Aufgabe, Jugendliche mit Drogenproblemen in unserem Haus aufzunehmen.
Er gab mir freimütig Auskunft und erzählte mir seine Lebensgeschichte: »Ich heiße Peter, komme aus Berlin und stamme aus einer Lehrerfamilie. Nach dem Abitur habe ich Pädagogik studiert. Das Studium habe ich aber nach kurzer Zeit wieder abgebrochen.«
»Wie schade, warum?«
»Meine Welt waren die Drogen. Ich habe nicht nur Marihuana geraucht, sondern auch ›gedrückt‹. Ich habe auch noch einen jüngeren Bruder. Der hat auch mal Drogen genommen, konnte aber eher als ich von der Sucht loskommen. Jetzt lebt er mit seiner Frau in einem eigenen Haus. Die sind ganz zufrieden. Wir telefonieren manchmal. Zeitweise hatten wir dieselbe Freundin. Zunächst war sie nur meine Freundin. Ich war aber unfähig, eine enge Partnerschaft zu pflegen, weil ich die Nähe eines anderen Menschen auf Dauer nicht ertragen konnte. Da schnappte sie sich meinen Bruder, und ich musste mit anhören, wie die beiden im Nebenzimmer Sex hatten.«
»Hat dir das nicht das Herz gebrochen? Du hast das Mädchen doch geliebt, und die wechselte bedenkenlos die Seiten?«, fragte ich und betrachtete mein Gegenüber mit leisem Mitleid.
»Nein, gar nicht!«, antwortete Peter mit wohlklingender Stimme. »Ex ist ex! Ich hatte sie ja aufgegeben. Eifersucht ist mir fremd! Später suchte die Freundin wieder meine Nähe, wir waren wieder kurz zusammen. Das hat mir mein Bruder als Vertrauensbruch ausgelegt. Es war der Grund für ein langes und tiefes Zerwürfnis. Erst nach längerer Zeit haben wir wieder Kontakt aufgenommen. Unterdessen war ich immer mehr meiner Sucht verfallen. Ich konnte mir nicht einmal mehr ein Butterbrot schmieren, weil meine Hände so stark

gezittert haben. Einkaufen gehen und an der Kasse in der Schlange stehen, das war unmöglich, da bin ich durchgedreht. Mein Nervenkostüm war total kaputt. Mit dreißig Jahren war ich am Ende, und es gab nur noch zwei Auswege: Suizid oder Entzug! Ich verließ Berlin, aus diesem Umfeld musste ich raus, und machte meinen Entzug in Erlangen. Es war eine verdammt harte Zeit, aber ich wollte gewinnen, wollte wieder der sein, der mit seinem Verstand seinen Körper beherrscht, und nicht umgekehrt. Es ist eine reine Kopfarbeit! Heutzutage werden die Langzeittherapien zeitlich immer mehr gekürzt, die sind viel zu knapp. Danach werden die Jugendlichen wieder von den Eltern abgeholt, und alles fängt von vorne an. Nach einer solchen Therapie ist es viel besser, wenn man sich von einem ›betreuten Wohnen‹ auffangen lässt oder in einem anderen geschützten Umfeld aufhält. Da hat man Unterstützung bei Ämtergängen, Wohnungs- und Arbeitssuche etc. Bei mir hat es zwei Jahre gedauert, bis ich wieder allein leben konnte. Ich kann jetzt sagen, ich hab's geschafft. Ich bin clean. No drugs, no sex! Ich versuche jetzt, mit Meditation meine innere Einheit zu erlangen. Mein Weg der Selbstfindung hat mir geholfen, meinen Platz in der Welt zu finden. Seit einigen Jahren arbeite ich jetzt in einer Klinik in Erlangen als Krankenpfleger in der Psychosomatik.«

Dieser fremde Trommler im Wald, der mir zuerst so heiter und unbekümmert erschienen war, war mir gar nicht mehr fremd und interessierte mich sehr. Seine mit Bedacht gewählten Worte, mit denen er mir Einsicht in seine tragische Jugend gewährt hatte, berührten mich.

»Deinen Eltern hast du großen Kummer bereitet. Was haben sie zu deiner Lebensführung gesagt?«, wollte ich jetzt wissen. Denn immer wieder habe ich festgestellt, dass die Jugendlichen aus der Drogenszene weder Verständnis noch Mitleid mit ihren geplagten Eltern spüren.

»Meine Eltern waren mir egal. Die waren nur Mittel zum Zweck. Sie sollten Geld geben, Unterhalt zahlen, Wäsche waschen und bloß nicht meckern, sonst habe ich mich sofort in meinem Zimmer eingeschlossen. Den Eltern hatte ich mich total entfremdet. So ist man dann drauf! Es ist nicht so, wie du es wohl kennst: Da die liebe Mama, die umarmt wird, und da der geachtete Papa, der respektiert wird. Nein, meine Eltern waren mir eine unpersönliche Institution geworden. Wenn ich bekifft war, so fanden sie mich sehr vernünftig und ruhig. Sie dachten dann, ich wäre clean. Wenn ich aber nüchtern war, »auf den Affen kam«, dann war ich unausstehlich aggressiv, und sie meinten, jetzt wäre ich wohl voll mit Drogen zugepumpt. Die haben nichts begriffen. Sie hatten keine Ahnung, wie es mit mir stand. Das habe ich dann auch ausgenutzt.«

»Warum nehmen denn Jugendliche überhaupt Drogen? Was ist daran so faszinierend?«

Peter schenkte mir einen langen Blick aus seinen guten Augen, dann antwortete er: »Das Schönste ist das embryonale Gefühl, das wir suchen!«

»Ihr braucht also Schutz, ihr wollt zurück in den Mutterleib?«

»Ja, wir suchen Behütung, wollen nichts von der Außenwelt wissen, keinen Stress, keine Verantwortung!«

»Ist die Welt für euch böse?«

»Ja, denn sie wurde uns nicht erklärt, oder nur unzureichend. Deshalb meditiere ich auch.«

»Wie meditierst du?«

»Ich konzentriere mich zuerst auf meinen Körper, dann auf das Gefühl, dann auf den Geist und danach auf die Geistgestaltung. Hinderlich in der Meditation sind ein unruhiger Geist, Nachlässigkeit oder Übereifer. Das höchste Ziel, das auf dem Weg über die Herzenseinigung angestrebt wird, ist das Nirwana, d. h. die Überwindung der Wahrnehmung. Das ist das einzig Unbedingte und somit Ewige.

»Aber du nimmst mich doch wahr.«

»Dich lass ich zu, da du zuhören kannst. Außerdem bin ich auf dem Heilsweg erst am Anfang. Den höchsten Frieden mir schon zu Lebzeiten offenbar zu machen wäre phantastisch.

Es ist für mich noch ein langer Weg, dessen Ende und Ziel aber absehbar sind.«

Wir redeten noch einige Zeit miteinander, dann trennten wir uns. Mir wurde bewusst: Die Trommelnachricht war angekommen, ich hatte sie verstanden. Der Kern der Botschaft war doch: »Helft uns! Hört uns zu! Lasst uns nicht allein!«

Ich ging nun jeden Abend zu meinem Guru in den Wald und lauschte seinen Worten. Bald wurde das Open-Air-Gelände eröffnet, und Peter verließ den versteckten Platz, um unter Gleichgesinnten ein Zeltlager zu finden. Auch dort besuchte ich ihn, aber es war nicht mehr das Gleiche. Ich musste ihn mit Tausenden von fröhlichen, bunten Hippies teilen, die über die Wiese der Musikbühne entgegenströmten oder im großen Kreis um das Lagerfeuer hockten und trommelten. Als das Festival zu Ende war und Peter seine Habe im Wohnmobil verstaut hatte, winkte ich ihm traurig nach.

Die Gespräche mit Peter, einem erwachsenen Menschen, der mit dem nötigen Abstand sein früheres Leben reflektierte, seine Ängste und Wünsche sensibel, aber doch kritisch artikulierte, hatten mir geholfen, meine Problemjugendlichen besser zu verstehen. Mir war klar, dieser Guru war durch die Hölle gegangen und hatte es aus freiem Willen und eigener Kraft geschafft, sich ins Paradies zu zaubern. So werden es auch meine Problemjugendlichen schaffen, ihre Dschungelpfade zu verlassen und auf den »Sommerweg« zu kommen!

Ich weiß, dass die Droge eine falsche Schlange ist: Erst ist sie schillernd und verlockend, dann verschlingt sie und vernichtet einen!

## Besuch in der Psychiatrie. Die Schönheit

> »Die Gekränkten und Verletzten sagen: Schönheit ist gütig und sanft. Die Müden und Erschöpften sagen: Schönheit ist sanftes Geflüster. Sie spricht in unserem Geist.«

So redet der weise Prophet in dem gleichnamigen Hauptwerk des libanesischen Schriftstellers Khalil Gibran.

Was ist aber, wenn der Geist verschlossen ist? Wenn dumpfe Schwärze in der Seele den Lebenshauch auffrisst? Wenn der Kranke nicht von dieser Welt ist, sondern auf einem fernen Stern wohnt?
Ich wanderte nächtelang gedankenschwer durch mein Schlafzimmer und suchte nach einer Lösung, nach einem Ausweg aus dem Tunnel, denn in solcher Finsternis gefangen war ein wunderschönes Mädchen mit einem engelsgleichen Gesicht. Sie hieß Patricia Don. Ich habe sie gesehen. Meinen ersten Besuch in einer Psychiatrie habe ich hinter mich gebracht. Es war deprimierend. Nicht nur das Ambiente war lieblos und abweisend, sondern auch die Patienten erschreckten mich. Die Psychologin, Frau Dr. Cynthia Förster, hatte mich eines Tages angerufen. Wir vereinbarten einen Besuchstermin, an dem ich ihren Schützling Patricia kennenlernen sollte.
Schon früh fuhr ich mit meinem Auto die zweihundert Kilometer nach Offenbach. Mein Termin sollte um zehn Uhr sein, gleich nach der Visite der Ärzte. Das klotzige Gebäude der Psychiatrie lag an einer belebten Hauptstraße. Der Verkehr strömte lärmend und hupend daran vorbei. Das Gebäude war unauffällig, nichts wies auf seine Bestimmung hin. Nur wenige, so schien mir, wissen, wer hinter den Mauern eingesperrt ist. Nur wenige hielten mal an und suchten den Eingang, um Verwandten oder Freunden einen Besuch abzustatten. Vor der grauen Fassade des Hauses erstreckte sich eine Wiese, auf der Menschen lagerten. Auf der einen Seite sah ich einen Pa-

villon, einen Blumenladen. Ich kaufte ein paar rosa englische Rosen. Der Verkäufer fragte mich, ob ich jemanden dort drinnen – er wies auf das Gebäude – besuchen wolle. Viele Patienten von dort kämen zu ihm und würden ein Gespräch suchen. Die dort auf der Wiese seien auch Kranke. Ich schaute seinem zeigenden Finger nach und erkannte sich langsam bewegende Gestalten, die dort in Gruppen saßen und ins Gras starrten. Der Pförtner zeigte mir den Weg zur »geschlossene Abteilung« der Psychiatrie, die unter der Leitung von Frau Dr. Förster stand. Ich irrte in den öden, menschenleeren Fluren herum, fand den Aufzug nicht und drehte wieder um. Jetzt begleitete mich der Pförtner zu einer Glastür, dort klingelt er. Von innen wurde die Tür aufgeschlossen. Ein junger Mann fragte, ob ich angemeldet sei. Dann ließ er mich eintreten und schloss, nachdem er den Raum rechts und links hinter sich abgecheckt hatte, die Tür wieder sorgfältig ab. Ich wartete auf dem Flur und sah mich um. An den Wänden hingen altmodische Telefonapparate. Die Zimmer, die vom Gang zu erreichen waren, boten mir Einsicht, da die Türen weit offen standen. Es war still. An der langen Flurfront hingen breite Stahlgriffe, auf dem Fußboden wellte sich abgetretenes Linoleum, und in den Ecken häuften sich Staubreste. Ich suchte nach einem Sitzplatz, einem einladenden Aufenthaltsraum. Psychisch Kranken sollten doch wenigstens, so meine ich, kleine Tische zum Verweilen angeboten werden. Darum sollten sich nette Sessel oder Stühle gruppieren. Rankende Blüten und große Palmen könnten die Harmonie fördern und dem Auge etwas Schönheit bieten. Leise sphärische Klänge oder ein plätschernder Brunnen, dem balsamische Düfte entströmen, könnten eine friedvolle Atmosphäre schaffen.
Schönheit und Würde, wo seid ihr? Was würde der Prophet zu diesem Verständnis von Ästhetik sagen? Ich war sprachlos und entsetzt. Dies hier war dagegen ein unpersönliches, liebloses, karges Etagenverlies. Ich ging langsam den Gang entlang und näherte mich einem der geöffneten Zimmer. Vorsichtig spähte ich in den Raum. Vier Betten konnte ich erkennen, in denen

Gestalten unter zerwühlten Decken lagen. Eigenartige Stille lag über dem Zimmer. Ich wollte die intime Sphäre nicht stören und bewegte mich wieder leise zurück. Da ich nirgends eine Sitzgelegenheit entdecken konnte, stellte ich mich vor einen der blanken Metallgriffe und klammerte mich mit einer Hand fest, um seine Funktion zu ergründen. In der anderen Hand hielt ich die duftenden Blumen. Da kam plötzlich eine junge Frau auf mich zu. Sie war elegant gekleidet. Als sie die Rosen sah, fragte sie sanft: »Sind die für mich?«

Der Mann, der mir die Tür aufgeschlossen hatte, saß nun in einem gläsernen Verschlag und deutete mir mit Fingersprache an: No, no, das ist nicht die richtige Patientin! Es wurde also geduldet, dass die Patienten Besucher ansprechen, ohne dass ihnen die fremde Person vorgestellt wird. Das Verhalten fand ich merkwürdig, insbesondere weil diese Abteilung sonst einen sehr privaten Eindruck vermittelte. Normalerweise würde ich als Betreuer zu der Kranken sagen: »Frau X, hallo, Ihr Besuch kommt erst morgen!« Oder: »Frau X, das hier ist Frau von Dörnberg. Sie kommt Patricia Don besuchen. Wissen Sie, wo Patricia ist?« Aber in der Psychiatrie ist alles anders.

»Ich möchte diese Blumen haben, sofort haben!«, rief die junge Frau jetzt fordernd und kam mir bedrohlich nahe.

»Ich werde auch einen Strauß für Sie kaufen! Diese Blumen sind für Patricia Don. Ich warte auf sie, danach werde ich noch einmal zum Blumenladen gehen, ganz sicher!«, beschwichtigte ich sie. Die Frau ließ sich beruhigen, schaute mich aber mit Geisteraugen an. Ich hielt mich am Griff fest, vielleicht war er eine Stütze für Stimmungsschwankende. Dann hörte ich plötzlich eine jugendliche Stimme reden, es klang völlig normal: »Die machen hier gar nichts mit mir. Ich will sofort nach Hause. Hol mich ab!« Ich drehte mich um und sah einen Jungen von circa sechzehn Jahren in den Telefonhörer sprechen. Jetzt hob er seine Stimm: »Ich habe kein Handy mehr. Die haben mir mein Handy abgenommen!«

Der Junge hängte den Hörer ein. Dann hörte ich ihn wieder am Telefon, jetzt rief er verzweifelt: »Was soll ich hier? So ein

Schwachsinn. Holt mich ab! Holt mich hier raus!« Endlich erschien Frau Dr. Förster. Der Mann im Glaskasten senkte jetzt zufrieden seinen Kopf. Die Psychologin bat mich in das einzige Zimmer, das verschlossen war. Es war ein winziges, fensterloses Kämmerchen. Dann sagte sie: »Nehmen Sie bitte Platz! Patricia wird gleich kommen. Sie ist heute nicht besonders gut drauf. Ich musste ihre Medikamente neu einstellen. Diese Antidepressiva sind zu hart. Ich bitte Sie, sprechen Sie mit ihr in ruhigem Ton, nicht zu impulsiv!«
Und das mir? Wo ich doch im Allgemeinen vor Energie berste. Ob Cynthia Förster meine temperamentvollen Schwingungen gefühlt hat?
Auf leisen Sohlen erschien plötzlich ein Engel. Braune, lange Haare bedeckten seine Schultern, seine Augen blicken unendlich sanft und unergründlich traurig.
»Das ist Patricia«, stellte mir Frau Dr. Förster das Mädchen vor. Zu Patricia gewandt, erklärte die Psychologin: »Das ist Frau von Dörnberg, von der habe ich dir schon erzählt. Sie wird dir jetzt von ihrer Arbeit berichten.« Dann nickte sie mir aufmunternd zu. Ich begann langsam und leise zu reden: »Ich freue mich, dich, Patricia, zu sehen.« – Pause – »Gerne würde ich dir einmal mein Hoheneich zeigen, dort, wo ich wohne und Jugendliche aufnehme.« – Pause – »Die Jugendlichen besuchen die öffentliche Schule, meistens das Gymnasium, und werden von mir umsorgt. Ich kümmere mich um sie wie eine Henne, die auf ihre Entenküken aufpasst« – Pause –, »damit sie nicht davonschwimmen.« Dann redete ich weiter und weiter, konnte mich gar nicht mehr bremsen! »Die dürfen nicht so weit rausschwimmen, weil ich als Huhn ja nicht schwimmen kann! Hahaha!« Ich warf einen schnellen Blick hinüber, ob Patricia den kleinen Scherz verstanden hatte? Während ich erzählte, schaute ich sie nicht an, um ihr nicht zu nahe zu treten. Doch Patricia lächelte nicht, auch nicht milde, sondern schaute nur mit weitgeöffneten Augen in ein Traumland. Ich erzählte noch einiges von mir und den sympathischen Jungs, dann – Pause – fragte Frau Dr. Förster leise:

»Möchtest du Frau von Dörnberg einmal besuchen?« Keine Antwort. »Kannst du dir vorstellen, vielleicht sogar in Hoheneich zu wohnen? Es klingt doch alles recht einladend.« Patricia antwortete, wie von einer langen Reise aus den Wolken zurückgekehrt: »Ja, ich glaube schon.«
Dann erhob sich Frau Dr. Förster, fasste das Mädchen am Arm und sagte zu ihr: »Du musst jetzt gehen, für heute ist es genug!«
Nachdem Patricia das Zimmer verlassen hatte, sah mich die Psychologin erleichtert an: »Das war ein gutes Gespräch. Sie haben den richtigen Ton getroffen. Das hat Patricia sehr gefallen. Passen Sie auf, sie wird kommen. Gratuliere!«
Ich zweifelte, ob ich mit diesem entrückten Engel zurechtkommen würde. »In diesem Zustand kann ich Patricia auf keinen Fall aufnehmen«, sagte ich. »Sie könnte niemals auf eine öffentliche Schule gehen und den Anforderungen dort in sozialer wie mentaler Art gerecht werden. Sie ist ja kaum ansprechbar! Sie könnte sich nicht wehren!«
»Sie haben recht«, antwortete Cynthia, »ich muss noch einige Ziele mit Patricia erreichen. Ich werde ein bestimmtes Medikament völlig streichen und genau prüfen, ob sie danach wieder aggressiv reagiert. Geben Sie mir noch zwei Monate Zeit.«
»Aggressiv?«, frage ich. »Dieses Mädchen ist doch Lichtjahre von einem Gefühlsausbruch entfernt.«
»Als Patricia zu uns kam, sprach sie in Sturzbächen und gebärdete sich unkontrolliert wild. Sie ist lediglich durch die Medikamenteneinnahme ruhiggestellt.«
»Müsste sie noch Mittel einnehmen, wenn sie bei mir wäre?«
»Auf jeden Fall, aber die Spritzen setze ich ab.«
Ich atmete schwer. Das entzückende Mädchen mit dieser schweren Psychose kennengelernt zu haben berührte mich tief. Wir vereinbarten, nach zwei Monaten noch einmal Kontakt aufzunehmen. Vor dem Abschied stellte ich die Frage: »Wie kann ich denn diesem Jungen helfen, der sich vorhin am Telefon über seinen Aufenthalt hier so verzweifelt beklagt hat?«

»Dem können Sie nicht helfen! Er hat sich selbst in unsere Einrichtung eingewiesen.« Die Psychologin lachte leise. »Er kam nach hartem Drogenkonsum auf den Horrortrip. Die Angst vor sich selbst ließ ihn Hilfe bei uns suchen. Vor unserer Tür schrie er: ›Helft mir!‹ Er ist im Entzug und muss erst clean sein. Jetzt tragen wir die Verantwortung und befinden über seine Entlassung.«

»Der Junge tut mir aufrichtig leid. Er scheint überhaupt nicht zu verstehen, was ihn in diese erbärmliche Situation gebracht hat«, sagte ich.

Cynthia Förster zuckte mit den Schultern. Sie kannte die Probleme der Jugendlichen, das unmäßige Verlangen nach Spaß und die Missachtung der Drogengefahren. Sie versuchte ihr Bestes, oft aber war sie machtlos. Mir fielen jetzt ihre Worte nach dem Treffen mit der Ministerin Frau von der Leyen wieder ein: »Es gibt in der Politik keine Lobby für psychisch kranke Jugendliche. Daher fließt kein Geld. Totale Überfüllung der Jugendpsychiatrien ist die Folge.«

Deprimiert verließ ich die geschlossene Psychiatrie in Offenbach und fuhr, ohne anzuhalten, nach Hoheneich zurück.

Zwei Monate später meldete sich Frau Dr. Förster wieder und kündigte Patricias Besuch mit ihrer Mutter bei mir an. Patricia hätte ernorme Fortschritte gemacht und wäre beinahe völlig gesundet. Ich blickte dem Tag der Ankunft mit Freude entgegen. Dann waren sie da. Die Mutter, eine kleine, freundliche Person, eine Ärztin aus Offenbach, schloss mich herzlich in ihre Arme. Patricia, der schöne Engel, ging locker auf mich zu und begrüßte mich verhalten. Es war ein warmer Sommertag, und wir setzten uns auf die Terrasse. Stolz bot ich meinen gelungenen Tränenkuchen an. Wir kamen ins Gespräch. Patricia schaute währenddessen in den Garten, ihre Augen versanken in dem Blumenmeer von lila Phlox und rosa Rosen. Bei den Zypressen plätscherte munter ein Springbrunnen. Plötzlich sprang Patricia auf und lief in den Garten hinein. Die Mutter lächelte und ließ sie gewähren.

*Trixi von Dörnberg mit Retriever Maxim*

*Trixi mit Casimir (re.) und Leon im Sommer 1997*

*Das »Familiencamp«: Haus Hoheneich*

*Charly, der vom Jugendamt kam*

*Edward mit Trixi und Jimmy*

*John mit Trixi und der Direktorin der Schule*

*John: »Ich glaub, dein Schwein pfeift!«, 2009*

*Casimir (li.), der »große Gatsby«, mit Ferdinand auf Sylt im Sommer 1998*
*linke Seite oben: So kam er an: Casimir, der Wolfszahn, Januar 1997*
*linke Seite unten: Casimir und Trixi beim heimlichen Autofahren, Juli 1997*

*oben: Trixi von Dörnberg und Antoinella heute*
*vorhergehende Doppelseite: Landleben macht frei: Antoinella auf Olga*

*Trixi und Casimir heute*

*Trixi mit Edward (li.) und Casimir (re.) heute*

*Burg Herzberg*
*Trixi und Jimmy von Dörnberg heute*

*Trixi von Dörnberg*

Ich fragte in der Abwesenheit der Tochter: »Wie haben Sie den Drogenkonsum Ihrer Tochter bemerkt?«
»Sie lag tagelang im Bett und hielt laute Selbstgespräche. Da in meiner Praxis die Patienten warteten, konnte ich mich nicht um sie kümmern. Mein Mann ist zurück nach Rumänien gegangen. Ich bin geschieden. Ich glaube, Patricia leidet darunter, dass sie ihre alte Heimat verlassen musste, alle ihre Freunde sind in Rumänien geblieben. Sie fühlt sich nicht wohl in Offenbach.«
»Vielleicht sollten Sie in eine andere Stadt umziehen? Wäre das möglich?«, fragte ich.
»Ich kann schlecht meine Praxis hier zumachen und in irgendeiner anderen Stadt eröffnen. Hier habe ich meinen Patientenkreis. Der Konkurrenzkampf innerhalb der Ärzteschaft ist sehr hart, jeder kämpft um seinen Patientenstamm.«
In diesem Moment erschien Patricia wieder. Wie eine Fee ließ sie sich auf den Sitz gleiten. Sie wirkte erfrischt, als ob sie etwas Schönes erlebt hätte. Wir schwiegen und warteten ab, was sie uns berichten würde. Ihre dunklen Augen trafen die meinen, und sie fragte mich erstaunt: »Wer sind Sie?«
Meine Zuversicht sackte auf den Nullpunkt. Frau Don erklärt nervös, dass doch alles besprochen wäre und dass ich die Frau von Dörnberg sei und ... und ... und.
Mir war sofort klar, dass ich dieses Mädchen unmöglich aufnehmen konnte. Ihre Betreuung würde meine Fähigkeiten übersteigen. Deshalb sagte ich zu Frau Don: »Der Tag ist sicher sehr anstrengend für Ihre Tochter. Ich werde noch heute mit Frau Dr. Förster über Patricias Werdegang sprechen.«
Dann verabschiedete ich die ratlos wirkende Mutter mit ihrer heiter zum Auto tänzelnden Tochter.
Abends sprach ich mit Cynthia Förster: »Es tut mir leid, Ihnen sagen zu müssen, dass mein Eindruck von Ihrer Patientin sehr negativ ist. Das kann ich nicht verantworten. Wir sind in Hoheneich kein Sanatorium. Ich habe keinen Arzt, der mir permanent zur Seite steht und die Dosierung der Medikamente überwachen könnte. Außerdem komme ich an das

Mädchen nicht ran. Sie wirkt auf mich entrückt und völlig der Realität enthoben. In dieser Verfassung kann ich Patricia Don nicht aufnehmen. Ich muss meine Grenzen klar abstecken.«
»Geben Sie mir noch einen Monat, dann wird Patricia die Sedativa überwunden haben. Geben Sie ihr noch eine Chance!«, bat mich die Psychologin. Doch ich wusste, dass ich nichts mehr von Patricia Don hören würde.

## Die heiße Phase. Edward und Casimir brauchen all meine Kraft

> »Wir haben unser Leben noch lange nicht gelebt, wir haben kein Ziel, wir sind der Weg ...«
>
> *Tote Hosen*

Dieser Protestsong der Toten Hosen steht als Motto für ein weiteres turbulentes Schuljahr. Dieser Song brüllte aus den Boxen der Anlage jeden Tag in voller Lautstärke. Mitte September, nach den Sommerferien, war Edward G. von seinem Vater wieder nach Hoheneich gebracht worden. Er durfte jetzt, nach dem ersten Halbjahr, aus dem rosa Hortensienzimmer in das grüne Leopardenzimmer umziehen. Er war in die zwölfte Klasse des Gymnasiums versetzt worden und war nun nach Askans Abschied der einzige Pflegesohn in Hoheneich.
»Junger Herr ist gewachsen. Richtig schöner Mann jetzt!«, bemerkte Galina, unsere russische Haushaltshilfe bei Eds Ankunft. Sie hatte auch für die Wäsche zu sorgen und befühlte mit anerkennendem Blick die schönen T-Shirts und guten Hosen. »Teure Sachen trägt junger Herr!«, urteilte sie und legte seine gewaschene Garderobe stets besonders liebevoll in den Schrank. Edward hatte die Russin auch gern, die immer aufrichtig und mit kindlicher Einfalt ihre Meinung kundtat.
Edward war in der Tat gewachsen. Der schlaksige und hagere Junge wirkte mit seinen sechzehn Jahren, weil er stets Über-

größen trug, noch riesiger als andere in seinem Alter und fiel deshalb auf. Stolz zeigte mir Ed eine Jacke, die er unbedingt besitzen wollte und im Internet bestellt hatte. Auf der waren mehrere Applikationen und Schriftzüge zu sehen. Den rechten Ärmel zierte eine rote Schrift auf weißem Untergrund: »Cheat whenever possible«.

»Edward, diese Aufschrift kannst du unmöglich tragen!«, sagte ich zu ihm.

»Bescheiße, wann immer möglich! – Das ist doch nur ein cooler Witz«, antwortete Ed, »und außerdem wird niemand die Texte wirklich lesen.«

»Ich lese alle Aufschriften auf Kleidungsstücken. Es könnten ja beleidigende Texte sein, und dann muss der Träger dafür geradestehen.«

Ed leuchtete das ein. Er warf die Jacke zurück in den Schrank und holte eine andere weiße Jacke hervor, die er ebenfalls aus dem Internet-Shop gekauft hatte. Darauf waren die Worte »Speed Force« und »Speed Fight« aufgesteppt.

»Diese Jacke ist okay, sie sieht gefährlich gut aus!«, lobte ich. Das ist meine Taktik! Wenn ich etwas verbiete, habe ich sofort einen Gegenvorschlag parat. So wird das drohende Vakuum gleich gefüllt!

# Schultage und Ferienzeit

Eds erster Schultag nach den Ferien begann mit einer Doppelstunde Mathematik. Der sehr humorvolle Lehrer, Herr T., hatte Erbarmen mit den Schülern, die gedanklich noch weit entfernt vom Schulstoff waren, und deshalb teilte er Blätter mit der Frage aus: »Was fällt dir zum Thema Mathematik ein?«

Edward schrieb ehrlich und beinahe kindlich (den Zettel habe ich aufgehoben): »Das Erste, was mir zum Thema Mathematik einfällt, sind Zahlen und Buchstaben. Leider löst dies eine große Abneigung bei mir aus, die bis zu Krämpfen führt!«

Der Lehrer hatte großes Verständnis für solche Äußerungen und sammelte solch originelle Beiträge in einer Mappe. Manchmal ließ er, wenn beispielsweise das Handy nicht ausgeschaltet wurde, als Strafarbeit kleine Geschichten schreiben mit Überschriften wie: Der Igel und der Regenschirm, oder: Was macht der Hase im Auto? Ich durfte einmal in seine Mappe schauen und mich mit ihm über die teilweise sehr witzigen Aufsätze amüsieren.

Es ließ sich nicht verbergen, Edward war in Mathematik kein Überflieger. Er schaffte es aber immer, manchmal mit einer Nachprüfung, sein Klassenziel zu erreichen. Die erste Mathematikarbeit im neuen Halbjahr wurde mit null Punkten zensiert, eine glatte Sechs. Edward hatte auf dem Arbeitsblatt als Schlussergebnis einfach x=4 geschrieben. Das Ergebnis war natürlich falsch. Das hielt meinen »Sunnyboy« aber nicht davon ab, einen kleinen Text darunterzuschreiben: »Ergebnis wurde durch eine haarsträubende, wahnsinnig schwere, alles in den Schatten stellende Rechnung herausgefunden. Die ist leider nur etwas für Professoren, deshalb erspar ich Ihnen die Mühe.«

Herr T., keineswegs beleidigt, kommentierte das mit Witz: »Da hab ich ja noch mal Glück gehabt! Leider musste ich 0 Punkte geben.«
Im Deutschunterricht benahm sich Edward ebenfalls unbekümmert. Leider hatte aber nicht jeder Lehrer und nicht jede Lehrerin den Humor von Herrn T. Als die Deutschlehrerin eine Kurzgeschichte von Sarah Kirsch, »Katzenpfoten«, austeilte und in der Stunde lesen ließ, musste sich Ed wegen seiner Vorwitzigkeit eine Note Fünf gefallen lassen.
Am nächsten Tag wurde ich in die Schule zitiert, um mit der Lehrerin das auffällige Verhalten meines Pflegesohns zu besprechen. Die Lehrerin berichtete indigniert: »Edward versucht erst gar nicht, die Geschichte zu verstehen. Er schleudert mir nur seine unqualifizierte Meinung entgegen, indem er einfach ›Schwachsinn!‹ ruft oder ›eine Interpretation dieser idiotischen Geschichte ist unzumutbar! Sie sind als Lehrerin völlig inkompetent!‹ – Das muss ich mir nicht gefallen lassen! Ich habe Ihrem Pflegesohn die Note Fünf gegeben. Ihr Pflegesohn hat ausgerechnet das Fach Deutsch als Leistungsfach gewählt. Ob er überhaupt die Reife besitzt, zum Abitur zugelassen zu werden, ist nach dem jetzigen Stand sehr fraglich. Ich vermisse eine konstruktive Grundeinstellung und Aufnahmebereitschaft.«
Ich hörte zu. Erstaunt war ich nicht, denn ich kannte ja Eds aufbrausende Art, aber auch seinen Charme, mit dem er die Mitschüler begeistern konnte. Sicher hatte die Klasse ihm applaudiert und laut gelacht. Die Lehrerin war machtlos und fühlte sich persönlich angegriffen.
»Ich werde mit Ed reden«, versprach ich. »Es ist natürlich eine Frechheit, Ihre Kompetenz anzuzweifeln. Und einem Schüler steht diese respektlose Haltung nicht zu.«
Ich sah, die Lehrerin holte etwas Luft. Dann ging ich auf Edwards schwierige Schul-Vita ein. Ich musste ihn schließlich auch verteidigen.
»Er hat in den letzten Monaten vor dem Eintritt in dieses Gymnasium keinen geregelten Schulunterricht erhalten. In

der Jugendpsychiatrie gibt es zwar Unterricht, aber nicht in allen Fächern auf gymnasialem Niveau. Ed hat noch keine Klasse wiederholt. Er ist der Jüngste unter seinen Schulkameraden. Wie intelligent muss er eigentlich sein, um all diese verlorenen Jahre zu kompensieren?«

»Frau von Dörnberg, dass ist ohne Frage eine Schwachstelle. Edward soll sich interessiert verhalten und seine Verweigerungshaltung aufgeben, dann werde ich mich tolerant zeigen.«

Wir verabschiedeten uns in bestem Einvernehmen. Zu Hause würde ich eine paar Takte mit Edward zu reden haben, das war mir klar.

Später bat ich Edward in mein Büro. Wenn ich ernste Dinge zu besprechen habe, hole ich die Jugendlichen immer aus ihrem Zimmer heraus. Eine andere Umgebung unterstreicht den Ernst der Situation. In den Jugendzimmern ist es unmöglich, eine Diskussion zu führen. Denn der Jugendliche weigert sich, die permanente Musikkulisse abzuschalten. Gegen die Musik anzubrüllen ist aussichtslos, und außerdem ist der Jugendliche durch den Computer abgelenkt.

»Du benimmst dich den Lehrern gegenüber nicht klug«, sagte ich ihm, »du hast die Deutschlehrerin beleidigt, das ist ungehörig.«

»Diese blöde Kuh kann mich mal …«, antwortete Ed.

»Nein, das ist nicht richtig! Du bist im Unrecht!«, bemerkte ich deutlich und langsam.

»Die Lehrerin sehe ich nie wieder, die kann ich abwählen«, antwortete Ed.

»Trotzdem, die Lehrer sitzen am längeren Hebel. Also beherrsche dich und zeig Interesse! Ich möchte, dass du dich disziplinierst. So, das war's!« Ich entließ den Schüler, der, wie ich spürte, etwas nachdenklich geworden war.

Es war dann ein unglücklicher Umstand, dass die gleiche Lehrerin im nächsten Jahr während des Deutschabiturs im Prüfungsausschuss saß und dort von ihrer Abneigung gegenüber Edward G. keinen Hehl machte.

## Unfähig zur Freizeit

In den Herbstferien erhielt ich von Ed eine Postkarte von der Insel Sylt. Ich wusste, dass Edwards Eltern ein Haus auf der Insel besaßen und Ed dort seine Ferien verbrachte. Freudig wollte ich den Text lesen. Doch es stand nur ein einziges Wort in langgezogenen Buchstaben darauf: L a n g w e i l i g ! ! !

Am Nachmittag traf ich zufällig Dr. Phyll. Er erkundigte sich nach meinem Musterknaben, und ich erzählte ihm von der Ansichtskarte aus Sylt. Da schüttelte er nur den Kopf und meinte: »In unserer heutigen Ego-Gesellschaft wissen die Jugendlichen nichts mit ihrer Freizeit anzufangen!«

»Das ist wirklich schade«, antwortete ich, »Ed könnte die frische Luft, das wilde Meer, das gute Essen in vollen Zügen genießen. Aber er wird allein dastehen, weil jedes Familienmitglied nur seinem eigenen Hobby nachgeht. Wenn Edward nach langer Strandpartynacht erst am Nachmittag aufsteht, dann werden die anderen schon längst auf See sein oder eine Fahrradtour unternehmen. Niemand bleibt zu Hause wegen eines Langschläfers.«

Dr. Phyll hatte ein wenig Zeit. Wir setzten uns zum »Italiener« auf dem Marktplatz und tranken gemütlich einen Cappuccino.

»Meine drei Kinder begleiten uns noch heute sehr gerne in die Ferien. Sie finden die Reisen mit uns Eltern wunderbar. Wir fahren oft nach Sylt und mieten uns dort eines dieser typischen Reetdach-Häuschen«, erzählte ich dem Arzt.

»Wie alt sind Ihre Kinder?«, wollte der Arzt wissen.

»Unsere Kinder sind schon erwachsen. Sie sind fünfundzwanzig, dreißig und fünfunddreißig Jahre alt.«

»Also bereits ausgeprägte Persönlichkeiten«, sagte Dr. Phyll und schaute mich über die Kaffeetasse interessiert an.

»Klar! Jeder hat sein Hobby und pflegt es, aber wir finden immer wieder einen gemeinsamen Treffpunkt, wo wir unsere Erlebnisse austauschen. Meine jüngste Tochter Antoinella ist eine große Reiterin. Sie ist die Einzige der Familie, die mit

Pferden umgehen kann. Auf Sylt buchen wir dann Reitstunden, und meine Berührungsängste mit den großen Tieren sind wie fortgewischt, wenn ich das Lachen und die Freude im Gesicht meiner Tochter sehe, wie sie über den Strand und das Wattenmeer galoppiert. Ich halte dann das Pferd, wenn sie absteigt. Gemeinsam gehen wir anschließend ins ›Café Nielsen‹. Dort warten schon die anderen. Jimmy und mein Sohn Ferdinand hassen Spazierengehen und fahren lieber mit dem Auto zum Treffpunkt. Lucy und ich nehmen unsere Fahrräder, um auf kleinen Wegen durch die Wiesen zum Friesenhaus zurückzuradeln.«

»Meine Frau mag lieber im Hotel wohnen, weil sie nicht jeden Tag das Frühstück bereiten will«, schränkte Dr. Phyll ein.

»Wir halten das so: Jeden Ferientag hat ein anderer in der Familie das große Los gezogen und darf ›Mundschenk‹ für die anderen sein. Das ist ein Vertrauensamt aus dem Mittelalter. Der ›Mundschenk‹ muss natürlich früh aufstehen, die Brötchen holen, den Tisch decken und anschließend wieder abräumen. Die anderen dürfen faulenzen und ihn herumkommandieren. Aber am Abend ist alles vorbei. Und am nächsten Morgen ist ein anderer dran.«

»Super Idee!«, fand der Arzt. »Das werde ich auch einführen, leider haben wir nur ein Kind, und sehr schnell sind wir wieder selbst dran!« Dann fragte er: »Und Sie, Frau von Dörnberg. Haben Sie auch ein Hobby?«

»Ja, ich habe ein stilles Hobby, kein sportliches. Ich sammele skurrile Teekannen und Frösche.«

»Teekannen finde ich interessant, Frösche weniger. Ich werde an Sie denken, aber jetzt muss ich gehen. Kommen Sie mal wieder vorbei. Wir haben jetzt neue Drogentests. Wir verabreichen ein Mittel, das vor dem Urintest eingenommen werden muss. Im Urin ist es dann sichtbar. So erspar ich mir die peinliche Nahaufnahme des Hosenrunterlassens. Bis bald!«

Dr. Phyll verabschiedete sich, und wir verließen in verschiedene Richtungen den idyllischen Marktplatz mit den alten Fachwerkhäusern.

## Das Zugspitz-Drama

Im Januar fand eine Oberstufenfahrt auf die Zugspitze statt. Edward hatte die Anmeldefrist für dieses sportliche Event verbummelt und durfte leider nicht mehr an dem Skikurs teilnehmen. Enttäuscht gab er überall mit seinen vermeintlichen Snowboard-Fähigkeiten an. Er würde den Berg hinunterrasen wie ein junger Gott. Schon in Abu Dhabi hätte er in den phantastischen, auf minus zehn Grad runtergekühlten Skihallen seine Skikunst bewiesen. Ach, es war zum Heulen! Der Bus war bis auf den letzten Platz besetzt!

Ein paar Tage vor der Abreise – ich stand gerade vor der Schule, um Ed abzuholen – kam mir ein ganzer Pulk Schüler entgegen. In der Mitte tanzte ausgelassen Edward und rief schon von weitem: »Ich darf doch mit! Ein Feigling hat abgesagt. Hee, ich kann mit auf die Zugspitze! Das wird eine super Woche!« Die Freunde umarmten ihn und waren sichtlich erfreut, nicht auf die Stimmungskanone Edward, den Pistenhirsch, verzichten zu müssen.

Letzte Infos wurden von der Sportlehrerin, Frau Grün, und zwei Referendaren ausgeteilt. Da hieß es: *Im Autobus herrscht absolutes Rauch- und Alkoholverbot. Auf den Zimmern ab zehn Uhr Nachtruhe! In den Zimmern sind keine Sandwichmaker erlaubt. Verstöße gegen die Regeln werden mit sofortiger Abreise geahndet. Die Eltern sind verpflichtet, ihr Kind vom Bahnhof abzuholen. – Ich wünsche allen eine schöne Woche und keine Verletzungen! Gezeichnet Frau Grün.*

Am Samstag um zehn Uhr früh brachte ich Edward zur Stadthalle, wo der Bus schon abreisebereit stand. Mein Pflegesohn trug eine weiße, daunengefütterte Skijacke mit Applikationen, schwarze Wollmütze, hohe Stiefel, Fingerhandschuhe mit Klettverschluss. Sein breites pinkfarbenes Snowboard trug er über der Schulter. Er sah wirklich sportlich rasant aus. Als der Bus abgefahren war, kehrte ich beschwingt nach Hause zurück. Edward würde eine gelungene Woche haben, da war ich sicher!

Am Sonntag klingelte das Telefon. Es war zwei Stunden nach Mitternacht. In Hoheneich gibt es fünf Haustelefone, eins davon steht direkt an unserem Bett im Schlafzimmer. Ich war sofort hellwach, denn um diese Uhrzeit rufen nur unsere eigenen Kinder an. Und das ist schön!
Aber heute war die Stimme am Hörer fremd. Ich kannte diese Person nicht.
»Sie können gleich zum Bahnhof fahren!«, sagte die Fremde.
»Wer ist denn dort?«
»Ich bin's Frau Grün, die Sportlehrerin.«
»Wer bitte?« Ich verstand gar nichts mehr.
»Frau Grün. Ich rufe aus der Skifreizeit an.«
»Jetzt verstehe ich. Ist etwas mit Ed passiert? Hatte er einen Unfall?« Ich bemühte mich, ruhig zu bleiben.
»Das ist nicht das passende Wort! Er ist beim Kiffen erwischt worden. Und den ganzen Tag hat er permanent gelogen. Unser Referendar hat die beiden Kiffer auf seinem nächtlichen Rundgang ertappt. Es ist eine bodenlose Frechheit, was sich die beiden herausgenommen haben: Edward und sein Freund Bobo lagen in ihren Betten und rauchten einen Joint.«
»Das ist ja unfassbar! Wo sich Edward so unglaublich auf diesen Skiurlaub gefreut hat!«
»Alles vorbei! Holen Sie ihn ab. Er und sein Freund sitzen schon im Zug. Um drei Uhr früh kommt der Zug in Fulda an.«
»Ich kann es gar nicht glauben. Sind Sie sicher, dass es Hasch war?«
»Unser Referendar hat die Tüte mit den Drogenresten auf dem Nachttisch gefunden. Edward wollte ihm die Tüte entreißen und wurde auch noch frech. Er sagte zu ihm: ›Sie können mir nichts befehlen, Sie sind kein richtiger Lehrer!‹«
»Unmöglich! Dieser Idiot!«, rief ich entrüstet in die Nacht.
»Wir hätten vielleicht noch mal mit uns reden lassen, aber Ihr Pflegesohn hat sich besonders unverschämt benommen.«
»Das tut mir aufrichtig leid, was war noch?«
»Zum Schluss, als Edward keine Chance mehr sah, knallte er

dem Referendar noch an den Kopf: ›Vergessen Sie nicht, man sieht sich im Leben immer zweimal!‹«

»Was für eine Drohung! Das ist nicht zu akzeptieren! Ich entschuldige mich für alles und werde Edward am Bahnhof abholen!« Während ich noch redete, begann ich bereits, meine Socken anzuziehen und das Nachthemd abzustreifen.

Der Bahnhof des Barockstädtchens Fulda war um drei Uhr in der Früh menschenleer und kalt. Fröstelnd ging ich die Stufen zu den Gleisen empor. Der ICE hielt quietschend, und zwei Gestalten stiegen aus. Edward kam mir entgegen, schüchtern und blass sah er aus. Wieder diese geknickte Rose!, dachte ich. Die Mutter des Freundes begrüßte mich kurz, dann nahm sie ihren Sohn in Empfang, und beide verschwanden schweigend. Im Auto blickte ich einmal kurz zu Ed hinüber, ich konnte aber nichts reden. Ich war sprachlos.

»Das ist schlimm, nicht Trixi? Das ist wirklich schlimm! Ich hätte nie gedacht, dass ich wieder kiffe!« Ed zeigte eine tiefe Enttäuschung von sich und der Welt, wirkte depressiv.

»Wir fahren jetzt erst einmal nach Hause, dann legst du dich ins Bett und schläfst! Später sprechen wir über dein Zugspitz-Drama«, sagte ich in ruhigem Ton. Ich war enttäuscht und unendlich müde.

Bis zum Mittag schlief Ed einen wahren Erschöpfungsschlaf. Nach einem ausgiebigen Frühstück bat ich ihn in mein Büro. Ich hatte mir inzwischen viele Gedanken gemacht, wie ich mit der Charakterschwäche meines Pflegesohns umgehen sollte. Ich hatte die Schuldirektorin angerufen, die sich über Eds unsoziales Verhalten und den Regelbruch sehr geärgert hatte. Zornig sagte sie: »Er muss mit harten Konsequenzen rechnen. Die Lehrerschaft auf der Zugspitze, die für das Wohl der Gruppe verantwortlich ist, wurde von diesen zwei Jugendlichen, die den Drogenskandal auslösten, auf egoistische Weise in Anspruch genommen. Ein Referendar musste seine Skigruppe allein lassen, um mit den beiden Jungen zum Arzt zu fahren, um die Drogentests durchführen zu lassen. In der

Zeit mussten die anderen Schüler warten. Außerdem muss jetzt noch eine beträchtliche Summe nachgezahlt werden. Denn das günstige Pauschalangebot galt nur für die komplette Zahl der Gäste.«

Dann fügte sie hinzu: »Sie werden hoffentlich deutliche Grenzen ziehen. Edward hat gejammert, wir sollten Ihnen, Frau von Dörnberg, nichts sagen, sonst würden Sie ihn aus Hoheneich rausschmeißen. Was wollen Sie jetzt tun?«

Ich erwiderte, dass ich von Eds Kaltschnäuzigkeit, öffentlich im Zimmer zu kiffen, entsetzt sei und entsprechend reagieren würde.

Jetzt endlich saß Edward abwartend, die Beine in leichtem Zittertakt bewegend, auf dem Besucherstuhl in meinem Büro.

»Edward«, begann ich zu reden, »es ist gut, dass du keinen Skiunfall hattest. Du bist eigentlich total gesund, nicht wahr? Als das Telefon um zwei Uhr nachts klingelte, dachte ich sofort, Edward ist etwas passiert, ein Unfall auf der Piste, o mein Gott, das Bein gebrochen und mehrere Rippen zerquetscht. Er hat sicher fürchterliche Schmerzen, der Arme …«

Jetzt schaute ich ihn an. »Aber das ist Gott sei Dank nicht der Fall. Du bist völlig gesund! Und gar nicht arm!«

Edward zittert stärker mit seinen Beinen, dann sagte er: »Wer konnte ahnen, dass dieser dämliche Referendar noch mal nachts durch die Buden zieht. Er hatte ja schon einen Rundgang hinter sich. Und außerdem steht in dem Infoblatt nichts von Drogenverbot, nur den Sandwichmaker zu benutzen, das war verboten! Wer will schon Käse?!«

»Du weißt genau, dass Drogenkonsum generell verboten ist. Die Lehrer haben das vorausgesetzt und deshalb nicht noch einmal extra erwähnt. Aber ich werde dich ausnahmsweise nicht rausschmeißen, weil das Kiffen nicht in meinem Haus und meiner Umgebung passiert ist. Von einer Abmahnung will ich deshalb auch noch einmal absehen. Aber du wirst verstehen, dass ich reagieren muss. Daher steht mein Entschluss fest: Du wirst nicht mehr bei Freunden übernachten

können. Und Diskobesuche fallen in Zukunft auch flach. Strafe muss sein.«
»Für wie lange?«
»Bis zum Zwischenzeugnis in zwei Monaten. Hast du gute Noten, hebe ich das Verbot auf!«
»Akzeptiert!«, sagte er laut und drehte sich aus dem Stuhl.
»Morgen musst du in die Schule gehen, in eine Klasse unter euch. Das tut mir aber gar nicht leid!« Mit einem kleinen Schmunzeln zum Mutmachen verabschiedete ich ihn. Später beichtete er mir, dass er irrsinnigen Bammel davor gehabt habe, dass ich ihn anschreien würde. Und dann sei er erstaunt gewesen, dass ich sagte, er wäre gesund. Alle anderen sagten zu ihm, er wäre krank im Hirn, irgendwas würde fehlen: »Mensch, Trixi, das war cool!«

## Casimirs erster Schultag

Der erste Schultag in Alsfeld begann für Casimir mit seiner Vorstellung im Direktorat. Die erfahrene Direktorin sah dem neuen Schüler tief in die Augen und stellte fest: »Du bist intelligent und gesund. Wenn du dich bemühst, den verpassten Lernstoff schnell nachzuholen, wirst du bei uns Erfolg haben. Also, viel Glück für den Start.«
Die Klasse 10 C war bekannt für ihre tollkühnen Streiche, respektloses Verhalten gegenüber den Lehrern und grenzenlose Faulheit. Diese Klasse war ein regelrechter Lehrerschreck! Und in diese Klasse, in die auch unsere Antoinella ging, kam ausgerechnet Casimir.
Antoinella genoss die Freundschaft zweier Freundinnen, sie hießen Rita und Helena. Rita war die Frechste der Klasse.
Am ersten Schultag im neuen Jahr hatte ein junger Referendar sein Debüt. Er kam frisch von der Uni und hatte erst vor wenigen Wochen sein Examen in Mathematik und Physik bestanden. Nun sollte er im Gymnasium auf dem Lande sein Können praktisch beweisen. Er war voller Elan und Arg-

losigkeit, strahlte eine unverfälschte Warmherzigkeit und Freundlichkeit aus. Beschwingt und mutig trat er vor die neue Klasse und stellte sich vor: »Mein Name ist Höslein, Vorname Gunther, also Gunther Höslein.«

Der originelle Name gefiel Rita. Sie flüsterte lachend mit Antoinella, sprang dann plötzlich vom Stuhl auf und sagte laut: »Guten Tag, Herr Gunther! Was tragen Sie denn drunter? Lupfen Sie mal Ihr Höslein, ziehen Sie's mal runter!«

»Gunther, Gunther! Höslein runter!«, pflichteten ihr Helena und Antoinella im Duett bei.

Schallendes Gelächter dröhnte durch den Klassenraum. Die drei Freundinnen waren in der Klasse beliebt und wurden ob ihrer Schlagfertigkeit bewundert. Deshalb hatte der neue Referendar keine Lobby.

Der junge, sympathische Lehrer aus der Großstadt war auf einen solchen Empfang nicht vorbereitet. Und mit seiner pädagogischen Ausbildung auf der Universität war es nicht sehr weit her. Er war völlig hilflos und errötete tief vor Scham.

Rita, die noch immer vor ihrem Pult stand, trampelte mit den Füßen, und die ganze Klasse trommelte auf die Tische und rief in Sprechchören: »Los, los! Hosen runter, lieber Gunther! Hosen runter, lieber Gunther!«

Schließlich drehte sich der Referendar verzweifelt zur Tafel um, nahm die Kreide und schrieb mit langsamer Hand seinen Namen, so dass jeder sachlich und genau unterrichtet war. Das Quietschen der schreibenden Kreide half, viele hielten sich die Ohren zu, und es wurde etwas leiser im Zimmer. Der Unterricht konnte beginnen.

Herr Höslein war ein guter Lehrer, seine noch nicht versteckte Menschlichkeit und die offene Darstellung seiner Verwundbarkeit brachten ihm Achtung ein. Er sollte einige Jahre später sogar der beliebte, aber konsequente Konrektor dieses Gymnasiums werden.

Aber das Mädchen-Dreigestirn war energiegeladen und an diesem Tag nicht zu bremsen. In ihrem jugendlichen Lebensdrang kannten sie kein Mitleid.

Casimir war total verwundert. So hatte er sich seine neue Schule und Mitschüler nicht vorgestellt. Hier ging es locker und entspannt zu. Alle sind offen und auch noch lustig, dachte er. Die Lehrer sind vom Thron geholt. So muss es sein! Casimir lachte hell auf und entblößte das erste Mal seine spitzen Eckzähne. Dann sprang er auf sein Pult und feuerte die Klasse durch wildes Gestikulieren mit seinen Armen an. Er schrie zwar nur: »Yeah! Yeah!« Aber er war sofort integriert in den Klassenverband. In der Pause umringten alle den Neuen, der, wie sich schnell rumsprach, von Antoinellas Eltern aufgenommen worden war und schon einiges erlebt hätte. Sie fragten ihn viel und erhielten gutgelaunte Antworten: »Wo hast du bis jetzt gelebt?«

»Im Kuckucksnest!«

»Was machen deine Eltern?«

»Spielen Klavier in einer Piano-Bar!«

»Ehrlich?«, fragte Rita.

»Nein«, antwortete Casimir und lachte sich halb tot. »Ich habe am Mittelmeer gewohnt. Mein Vater ist Doktor jur. und meine Mutter Frau Prof.«

»Das stimmt doch wieder nicht!« Ungläubig boxten Rita und Helena ihrem neuen Paradiesvogel gegen die Schulter.

»Mich nannten alle Wolfszahn, weil ich rohes Fleisch fresse!«

»Wirklich, du Vampir!«, rief Helena.

»Na, die Zähne für das Wolfsgebiss hat er. Schau einmal seine Eckzähne an!«, sagte Rita.

Jetzt erschien Antoinella. Sie wollte ihrem Mitbewohner den Rücken stärken und wich ungern von seiner Seite. Helena und Rita fanden Casimir einfach umwerfend süß. Einen Jungen mit solch feingeschnittenen Gesichtszügen, der geraden Nase über den geschwungenen, vollen Lippen, den eckigen Wangenknochen und dem kantigen Kinn hatten sie noch nie gesehen. Casimir konnte traurig in die Ferne gucken und dann wieder punktgenau seinen Blick schmelzend in die Augen des anderen eintauchen lassen. Das machte die Mädchen verrückt. Von diesem Tag an nannten ihn auch in der kleinen Fachwerkstadt Alsfeld alle Wolfszahn.

Nach dem Einkauf der Lebensmittel und genügend Obst gegen die nächste Grippewelle holte ich meine Tochter und ihren neuen Klassenkameraden von der Schule ab. Ein Mädchenpulk stand um die beiden herum. Als das Auto sichtbar wurde, löste sich die Gruppe winkend und lachend auf. Auf dem Nachhauseweg hörte ich mir die Schilderungen der Schulerlebnisse kopfschüttelnd an. Ich dachte bei mir, wenn es die Lehrer zulassen, dass mit ihnen so umgesprungen wird, dann sind sie selbst dran schuld. Dann sollen sie leiden. Meine Tochter ist eben eine schnelle Rakete! Aber die Sache mit dem Referendar wollte ich nicht aus dem Auge verlieren und wenn nötig eingreifen.

Nach der ersten Woche rief Casimirs Schwester Maritta an. Sie fragte ihren Bruder: »Na, wie ist es dort?«

»Schön!«, gab er zur Antwort

»Wie? Schön? Das glaub ich nicht!«

»Doch, schön!«

»Ist sie nicht blöd, diese, wie heißt sie noch ... Dörn... Dörn...?«

»Nein, sie ist nett!«

Maritta konnte es nicht glauben und fragte immer wieder das Gleiche: »Du fühlst dich doch nicht wohl?«

»Doch!«

»Wie das? Die Tochter, wie heißt sie? ... Antoinella? ... ist sicher eine Ziege?«

»Nein, nett!«

Maritta wurde laut und brüllte durch den Telefonhörer: »Ich glaube, die haben dir eine Gehirnwäsche verpasst! Ich komme dich besuchen, das muss ich sehen, darauf kannst du Gift nehmen!«

»Ich werde Trixi mal fragen, wann du kommen kannst«, antwortete Casimir mit großer Ruhe.

»Was? Bist du total bekloppt?« Maritta traute ihren Ohren

nicht, so höflich hatte sie ihren Bruder noch nie erlebt. Sie versprach, unbedingt dieses Hoheneich ansehen zu wollen, und knallte den Hörer auf.
Casimir war nun schon zwei Monate in seiner neuen Klasse, und die Schule gefiel ihm gut. Er war gleich akzeptiert worden und mittendrin im Geschehen. Er wurde nicht verachtet wie in den anderen Schulen. Vielleicht tat ihm auch die Gegenwart von Antoinella gut. Nur seine Unruhe, dieses wilde Verlangen nach ständiger Veränderung, nach Laufen, Laufen durch die ganze Welt, dieses Gefühl konnte er schlecht bändigen. Im Unterricht stand er plötzlich von seinem Stuhl auf und zog sich den dicken Pullover aus, wobei er ihn ungeduldig über den Kopf zerrte. Ihm war zu heiß. Bald danach nahm er den Pullover von der Stuhllehne und zog ihn wieder an. Ihm war zu kalt. Er konnte auch nicht lang still sitzen. Er musste dann unter irgendeinem Vorwand im Klassenraum herumlaufen oder auf die Toilette gehen.
Mathematik und Physik waren nicht seine Stärke, Deutsch und Englisch waren mäßig interessant, aber Französisch, das war sein absolutes Glanzfach. Er sprach so gut und selbstverständlich diese Sprache, dass sogar die Lehrerin staunte. Als einmal Antoinella eine Grammatikfrage erklären sollte, rief er laut: »Faute! Fehler, Fehler! Antoinella sagt es nicht richtig. Sie weiß es nicht! Es muss heißen: fasse, nicht fais!«
Und dann parlierte er in elegantestem Französisch ohne Punkt und Komma. Die Lehrerin wurde still, lauschte und traute sich nicht mehr, irgendetwas auf Französisch zu erklären, aus Angst, Casimir wüsste es viel besser und würde sie blamieren. Antoinella aber war stinksauer. Er hatte sie, die immer zu ihm hielt, vor der ganzen Klasse bloßgestellt. Sie redete einen Tag lang nicht mehr mit ihm. Er dagegen war unglücklich über die Schweigestrafe und wandte sich an mich, seine Bezugsperson.

## Ein schlimmer »Flashback«

Casimir stellte Fragen und wollte wieder anderes wissen. Er war unruhig und aufgeregt. Ich bereitete gerade in der Küche das Mittagessen und bemerkte seinen Wunsch nach Aufmerksamkeit.

»Trixi, bleib ein bisschen hier«, verlangte er und schwang sich auf den gekachelten Küchentisch. »Was machen wir heute Nachmittag? Was macht Antoinella dann? Fahren wir einkaufen? Ich habe noch nicht viel von der Umgebung gesehen, können wir mal in die andere Richtung, nicht nach Süden, sondern nach Norden fahren?«

»Gerne, wir können nach ...« Weiter kam ich nicht, denn Casimir fiel mir ins Wort.

»Trixi! Hilfe, halte deinen Kopf gerade, wackle nicht so rum!«

»Wie, warum? So alt bin ich noch nicht!«

»Doch, doch! Du redest und drehst den Kopf so hektisch von rechts nach links.«

»Na und?«

»Ich sehe deinen Kopf wie eine Dämonenfratze, lang gezogen, grinsen. Mein Gott! Halt den Kopf still!«

Ich stutzte und überlegte, ob er Spaß machte oder ob die gestörte Wahrnehmung mit seinem Drogenhirn zusammenhing. Er hatte in früheren Zeiten permanent Drogen aller Art ausprobiert, wie mir sein Vater berichtet hatte.

»Das sind die Flashbacks, sie kommen ganz plötzlich und übermannen mich«, erklärte Casimir, »das kenne ich schon.« Dann sprang er laut lachend vom Tisch und verließ tanzend die Küche. Im Flur klammerte er sich an den Handlauf des Treppengeländers, schmiss die Beine waagerecht in die Luft, ließ sich wieder fallen, warf dann die Arme nach vorne und lachte und lachte.

»Können wir überhaupt fahren? Solltest du dich vielleicht ausruhen, aufs Bett legen?«, fragte ich besorgt.

»Nein, auf keinen Fall! Es ist wunderbar, wir fahren, wir

schweben dem unendlichen All entgegen. Wohin fahren wir denn?«
»Ich wollte dir Bad Hersfeld zeigen. Dort gibt es eine sehr alte Stiftsruine, die können wir uns ansehen.« Ich war verunsichert, denn von Flashbacks hatte mir der Drogenberater schon viel berichtet. Dieses Phänomen kann sogar noch Monate nach dem letzten Drogenkonsum auftreten. Es ist ein rauschähnlicher Zustand. Das Gift baut sich nur sehr langsam im Körper ab.
»Die Auswirkungen sind nicht einschätzbar, aber der Zustand sollte nach dreißig Minuten ausgestanden sein, sonst müsste die psychologische Ambulanz angerufen werden. Es könnte sich auch um eine drogeninduzierte Psychose handeln, die unbedingt einer ärztlichen Behandlung bedarf«, hatte mich der Berater gewarnt. Ich wartete ab und beobachtete, wie sich Casimir austobte. Immer wieder blickte ich besorgt auf die Uhr. Dieser Lachflash blieb Gott sei Dank nur ein kurzes Intermezzo.

## Dem Frust Raum geben

Am Nachmittag fuhren wir beide in die Stadt. Zuvor hatte ich mich noch stadtfein gemacht, die Lippen mit einem Pinkstift nachgezogen und besondere Ohrringe ausgewählt. Diesmal hatte ich mich für die mittelgroßen Herzpfefferkuchen entschieden, die an Clipsen hingen. Ich freute mich richtig auf die kleine Fahrt mit Casimir. Während ich mir die hochhackigen Stiefel anzog, rief ich laut: »Casimir! Fertig machen! Anziehen! Es geht los!«
Der Gerufene erschien mit schwarzer Hängehose, die über die Turnschuhe knitterte, schwarzem Leierpulli, dessen Ärmel weit über die Handgelenke schlappten, und hoch mit Gel verstärkter Hahnenkammmähne. Als ich sein originelles Outfit sah, verzog ich keine Miene, sondern dachte, okay, das ist die Vielfalt des Lebens. Er schaute hingegen nicht schlecht,

als er seine Ziehmutter recht fesch gekleidet und noch dazu gut gelaunt im Flur erblickte. Ich lege stets Wert auf ein modisches Outfit und mag's nicht traurig in Steingrau oder Maulwurfschwarz, sondern optimistisch und farbenfroh in Türkis, Rot oder Orange. Ich hatte zu oft von den Schülern gehört, wie sie sich über die Lehrer beklagten, dass diese ihre ekligen, alten, speckigen Lederkragen an den Jacken nicht reinigen ließen, dass sie nur ein und denselben Pullover die ganze Woche lang tragen würden und nie irgendeine modische Krawatte oder Hemd für den Schulunterricht ausgewählt hätten. Ich möchte einen guten Eindruck auf meine Problemkinder machen und nicht abstoßend wirken.
In Bad Hersfeld sahen wir uns die alte Stiftsruine an. Mein Punk ging sehr einträchtig neben mir her, erstaunlich manierlich. Bald hatten wir Durst, und ich schlug einen Cappuccino im »Zanella« vor. Wir mussten nur noch eine größere Verkehrsstraße überqueren und standen abwartend an dem Zebrastreifen. Die Ampel stand auf Rot. Als das Signal auf Grün wechselte, lief ich über den Fußgängerweg, ohne zu beachten, ob Casimir hinter mir wäre. Mein jungendlicher Begleiter hatte jedoch in der Gegend herumgedöst, sah plötzlich seine Ziehmutter auf der anderen Straßenseite, rannte einfach los und merkte dabei nicht, dass die Ampel schon wieder auf Rot gewechselt war. Ein heranfahrendes Auto hupte laut, bremste quietschend, und der erschrockene Fahrer beschwerte sich empört. Casimir brachte das Benehmen des Mercedesfahrers total in Rage. Er fühlte sich im Recht, deshalb drehte er sich blitzschnell herum und schlug mit der geballten Faust auf die Motorhaube des Wagens ein.
»Verdammtes Bonzenschwein! Kapitalistensau, kannst du nicht warten?«, brüllte er dabei.
Ich war völlig überrascht von der schnellen, unverhältnismäßigen Reaktion meines Ziehsohns. Natürlich war es eine peinliche Situation. Ich, die herausgeputzte Dame, hatte es offensichtlich nicht für nötig gehalten, meinen Sohn zu erziehen und ihm etwas Anstand beizubringen. Der Fahrer stieg

erregt aus seinem Wagen. Eine weitere Eskalation wollte ich auf jeden Fall verhindern. Deshalb ließ ich all meinen Charme spielen.
»Bitte entschuldigen Sie das ungezogene Benehmen meines Sohnes, das ist bei ihm eine reine Temperamentssache!«
Schnell zog ich den »Ausgeflippten« auf den Bürgersteig und hinein in die Fußgängerzone, um mit ihm im Menschengedränge unterzutauchen. Im Café ging ich noch einmal auf diesen Vorfall ein und machte ihm einiges klar. Ich wies ihn darauf hin, dass er sich nicht richtig verhalten hatte. Autos zu demolieren sei Sachbeschädigung und würde mit Geldstrafe geahndet. Und außerdem sei ich als Erwachsene neben ihm gegangen und somit in sein schlechtes Benehmen involviert worden.
»Diese Situation möchte ich nicht noch einmal erleben!«, sagte ich, aber im Geheimen musste ich seinen Mut und sein Temperament bewundern. Nicht den Hass – da musste noch einiges aufgearbeitet werden –, aber seine spontane Courage durfte bei aller Erziehung und Maßregelung auf keinen Fall gebrochen werden, schoss es mir durch den Sinn. Er reagierte auf die Zurechtweisung gereizt und wortkarg. Zornig blickte er mich an. Dann nahm er den Milchkaffee mit Untertasse in die Hand und sagte: »In diesem Café kann ich nicht bleiben, in so einem Tantenpuff kann ich nicht atmen. Ich setze mich nach draußen.«
»Wieso? Wo willst du hin?«
Da hatte er auch schon das Café verlassen, und ich sah durch die Fensterscheibe, wie er sich draußen in den Durchgang zu einem Discounter auf den Steinboden setzte. Auch gut, dachte ich. Soll er dort bleiben. Ich sitze hier gemütlich im Warmen und werde mir noch eine Zeitung holen und einen zweiten großen Cappuccino bestellen.
Die Psychologin hatte mir geraten: »Gib dem Frust Raum! Alles braucht seine Zeit, auch der Ärger!« So hielt ich es. Das Gegenteil von Raumgeben ist Schreien, bis die »grünen Männer« kommen. Edward berichtete mir, nachdem er seine

Eltern am Wochenende besucht hatte: »Es war furchtbar, immer nur Geschrei! Ich habe mich in meinem Zimmer eingeschlossen!«
»Hast du deine Eltern geärgert?«, wollte ich wissen.
»Gar nicht, es waren nur Lappalien!«
Ich kann die Eltern meiner Problemjugendlichen meist sehr gut verstehen. Die Nerven liegen blank. Da fehlt machmal nur noch ein Funken, und die Stimmung explodiert.
»Deshalb ist es gut, wenn nicht so elternzentriert gearbeitet wird«, beurteilte Allan Guggenbühel, Jugendpsychologe an der Universität Zürich, meine Arbeit. Er kommentierte mein Interview, das ich dem Bayerischen Rundfunk in BR 2 gegeben hatte. Die Sendung hieß »Arme reiche Kinder« und lief in der Reihe »Notizbuch«. Weiter erläuterte er, dass eine Außenperson, wie Tante, Onkel oder auch der größere Bruder oder die Schwester, sehr hilfreich sein und manchmal auch die Vertrauensrolle übernehmen könnte. Die Eltern sollten diese Person zulassen.
Diese Fremdperson, wie ich es eben auch bin, kann aus der Objektivität heraus völlig frei agieren. Sie kennt nicht das jahrelang aufgebaute, schwerbelastete Verhaltensmuster, in das die Beziehung von Kind zu Eltern immer wieder hineinsackt, wie in eine Falle.
Die Jugendlichen bestätigen mir ausnahmslos, wenn sie ein paar Tage in Hoheneich sind: »Bei dir ist alles anders!«
Warum, denke ich. Für mich ist meine Handlungsweise klar, ganz natürlich und nachvollziehbar. Für die Jugendlichen ist es jedoch neu, dass ich ihrem Frust zuhöre, und zwar genau hinhöre, sie also ebenso in einer negativen, kritischen Phase berate und Ruhe bewahre wie in einer positiven, glücklichen Stunde. Danach äußere ich meine Meinung, lobe oder tadele sie, flippe aber nie aus.
Irgendwann kam auch mein wilder Punk wieder schüchtern lachend auf mich zu. Er hatte sein Mütchen gekühlt und fragte nach der Zeit des Heimfahrens. Dann fuhren wir. Der Ratschlag, dem Frust Raum zu geben, ist Gold wert.

Casimir gab später zu, diese Freiräume, die ich ihm gewährt hatte, seien Balsam für seine Seele gewesen. Er brauchte einfach die Zeit, um sich abzureagieren, sich zu finden und seine innere Leere zu füllen. Er habe sehr wohl gemerkt, dass ich ihn bewusst mit außergewöhnlicher Langmut bedachte, obwohl ich bei meinen eigenen Kindern sicher anders reagiert hätte. Ich sei für ihn präsent gewesen, ohne ihn zu eng zu schnüren, sozusagen ein Hund an der Laufleine! Das habe ihm geholfen, neues Vertrauen aufzubauen.
Auch ein Wutausbruch Edwards konnte mich nicht auf die Palme bringen. Ich habe ihn gelassen ertragen. Es war an einem frühen Nachmittag, als Herr Schwarz, der Polizist, in Hoheneich anrief. Er wollte »den Schläger« sprechen. Zu dieser Zeit hatte ich Edward als Pflegesohn im Haus. Ich fragte empört zurück: »Wer soll das sein? Wen wollen Sie sprechen?« Natürlich dachte ich mir, ganz klar, es muss sich um Edward handeln. So tief ist er schon gesunken, dass der Polizist gar nicht mehr seinen Namen nennt, sondern ihn gleich nach der Straftat nennt.
»Edward G. wird beschuldigt, während einer Schlägerei brutal zugeschlagen zu haben. Es liegt uns eine Anzeige gegen ihn vor. Er muss unbedingt noch heute auf die Wache kommen und eine Aussage machen.«
»Das tut mir leid, Herr Schwarz«, entschuldigte ich den Jungen, »lernt denn dieser Bursche nie dazu? Ich werde versuchen, ihn per Handy zu erreichen, und ihm klarmachen, dass er in der Mittagspause dringend zu Ihnen kommen soll. Er hat heute lange Unterricht. Hoffentlich klärt sich der Sachverhalt, und es kommt heraus, dass Edward vielleicht nicht der Täter war.«
Sofort rief ich Edward in der Schule an. Er hatte gerade Pause und saß in der Cafeteria. Unumwunden gab er zu, eine kleine Schlägerei am Wochenende in der Disco gehabt zu haben. Nichts Aufregendes, Standard eben. Er versprach, die Aussage in der Polizeistation zu machen. »Klar, Trixi, da geh ich hin, das kann ich mir einrichten.«

Die erneute Konfrontation mit der Polizei beschäftigte mich sehr.
Immer wieder hatte ich mit Ed gesprochen, dass er sich bei Auseinandersetzungen beherrschen und ruhig bleiben solle. Ich erklärte ihm, dass er sich an intelligenten Sprüchen wie »Was kümmert's den Eichenbaum, wenn sich die Sau dran schubbert« orientieren und die Fäuste in der Hosentasche lassen sollte! Aber wieder war er rückfällig geworden. Ich dachte dauernd an den Vorfall und betete inständig, dass er seine Aussage vor der Polizei nicht vergessen würde. Er schien mir diese Anzeige zu leichtfertig abzutun. Nach ein paar Stunden telefonierte ich mit Herrn Schwarz.
»Ist Edward G. bei Ihnen gewesen und hat er sich zu der Schlägerei geäußert?«, wollte ich wissen.
»Ja, er war da. Er war einsichtig und hat sich entschuldigt. Er spricht ein vorzügliches Deutsch, kann sich blendend ausdrücken. Ich verstehe überhaupt nicht, dass sich ein Jugendlicher mit seiner Intelligenz auf dieses Niveau herablässt. Na ja, es ist das Temperament der Jugend. Die müssen noch viel lernen im Leben. Auf jeden Fall wird sein manierlicher Auftritt hier helfen, die Strafe zu mildern.«
Die Worte des Polizisten trösteten mich etwas angesichts des ernsten Vorfalls.
Am späten Nachmittag holte ich Edward von der Schule ab. Im Auto thematisierten wir recht bald die Schlägerei in der Disco.
»Wie gut, dass du auf der Wache warst und dich entschuldigt hast«, begann ich das Gespräch. »Herr Schwarz hat deinen Auftritt gelobt.«
Mein Beifahrer blieb stumm. Ich blickte zu ihm rüber. Er schaute mit starrem Blick geradeaus. Dann holte er tief Luft, ballte seine Fäuste, schlug in das Seitenfenster, dass die Scheiben zitterten, und schrie wütend: »Hast du etwa nachgefragt, ob ich auf der Wache gewesen bin? Hast du mir nachspioniert?« Jetzt schlug der Tobende auf das Armaturenbrett und in die Frontscheibe. »Du hast mir wohl nicht geglaubt? Bin

ich denn ein Kleinkind, das ständig gegängelt werden muss?«
Peng, peng!
Cool bleiben, Trixi, sagte ich mir. Gib dem Frust Raum!
»Natürlich kann ich dir nicht glauben, nach all deinen Taten. Wie sollte ich dir vertrauen? Außerdem, warum sollte ich nicht mit der Polizei reden, sie redet ja auch mit mir!«, bemerkte ich mit leisem Sarkasmus.
In der Nähe der Bundesstraße befand sich ein Geschäft mit Partyartikeln. Vor dem Eingang erstreckte sich ein großer Hof, in dessen Mitte eine aufgeblasene blaue Kuh stand. Diese Partyattraktion mit prallem rosa Euter sollte zur Belustigung der Gäste gemolken werden. In den Hof fuhr ich hinein und drehte bedächtig meine Kurven um die Kuh herum. Immer im Kreis. Der Kies knirschte, es wurde schon Abend. Der Junge tobte weiter. Noch immer drehte ich meine Runden. Endlich wurde es ruhig im Auto. Edward sah mich verwundert an: »Was machst du eigentlich? Warum fahren wir nicht heim?«
»Okay«, antwortete ich, »dann können wir ja jetzt fahren.« Langsam fuhr ich auf die Alleebäume zu, suchte die Ausfahrt und erreichte die Landstraße. Neben mir war noch einiges Schnaufen zu hören, es klang ermattet. Und ich flitzte los. Kurz vor der Ankunft in Hoheneich lobte ich mein Auto: »Meine Fensterscheiben haben deine Attacken wirklich gut durchgehalten. Echte Wertarbeit.« Da musste sogar er lachen.
Im Haus erzählte ich meinem Mann von diesem Wutausbruch. Jimmy schüttelte nur den Kopf und sagte: »Deine Geduld möchte ich haben, aber zeig mir bei Gelegenheit mal diese Arena, wo du den wilden Stier bändigen konntest.« Ab diesem Tag hieß dieser Platz in unserer Familie nur noch »Stierkampfarena«. Ed musste später, wenn wir dort vorbeifuhren und ich ihn aufmerksam machte: »Weißt du noch?«, über den Grund des Namens lachen. Er konnte froh sein, denn die Anzeige wurde nach seiner Entschuldigung zurückgezogen.

## Ein Rap für Kunigunde

Auf dem neusprachlichen Gymnasium Albert Schweitzer konnte man das Fach Religion auch mit dem Fach Ethik tauschen. Es waren Wahlfächer. Antoinella wählte Ethik, Casimir belegte Religion. Er dachte, das Gebiet sei einfacher. Da er in keinem Glauben erzogen wurde, war allerdings alles Neuland für ihn. Er hegte jedoch eine große Abneigung gegen jede Art von Mystik und blindem Glauben. Er beteuerte, er könne nur glauben, was wissenschaftlich bewiesen wäre.
Das Fach Religion lehrte eine sehr junge, hübsche Lehrerin, die neu am Gymnasium war. Sie hieß Gundula Kuhn, wurde aber im Klassenjargon »Kunigunde« genannt. Kurz vor den Weihnachtsferien gab sie im Unterricht Bildchen aus und verlangte eine Interpretation. Auf dem Bild war in kindlicher Malweise ein Esel zu sehen, auf dessen Rücken eine schwangere Gestalt saß. Es sollte Maria auf der Flucht nach Bethlehem zeigen. Neben dem Bild war in krakeliger Schrift zu lesen: »Mach's wie Gott, werde Mensch!«
Als Casimir dieses Marienbild auf seinem Pult liegen sah, bekam er einen regelrechten Lachanfall. Er stieß immer wieder seinen neuen Freund Daniel, einen Landwirtssohn aus der Umgebung von Alsfeld, an und mokierte sich laut. Casimir, der Ungläubige, kapierte natürlich, dass die Frauengestalt auf dem Bild Maria sein musste. Doch das war ein Reizthema für ihn, den gesetzlosen Rebell, Maria und die Mär von ihrer unbefleckten Empfängnis. Das Thema war für ihn wie das rote Tuch für den Stier. Aufgestachelt durch die Zuneigung seines Freundes und die Aufmerksamkeit der neugierigen Klassenkameradinnen, bekam er einen Flashback der kühnsten Sorte. Er sprang wie ein Panther auf den Tisch, streckte seine Arme in die Höhe, spreizte die Finger nach Teufelsart, kippte die Hüften nach vorne und begann einen lästernden Rap-Song:

*Glaubst du denn den Quatsch, Kunigunde,*
*Von dieser frommen Christuskunde?*

*Die haben gepoppt und nicht zu knäpp,*
*Ich sing es euch in diesem Rap.*

*Maria war 'ne Jungfrau fein*
*Und gebar das liebe Jesulein?*
*Kinder kriegen nur vom Stricken?*
*Da kannst du deine Oma schicken!*
*Die haben gepoppt und nicht zu knäpp,*
*Ich sing es euch in diesem Rap …*

Kunigunde, die Lehrerin, rief dauernd dazwischen: »Aufhören! Sofort aufhören!«
Doch Casimir rappte einfach weiter. Die Klasse tobte und fiel in den Refrain mit ein. Da lief die Lehrerin zur Tür und wollte die Direktorin zu Hilfe holen, aber Daniel, der starke Landwirtssohn, verstellte ihr den Weg und gab die Tür nicht frei. Die verzweifelte Kunigunde versuchte vergeblich, die Tür zu öffnen. Da sang Casimir begleitet von Daniel und anderen Mädchen:

*Hau nicht ab Kunigunde, he!*
*Sonst beißen dich die feigen Hunde, jaul!*
*Nur das, was die Wissenschaft*
*Mit ihrem klaren Wissen schafft,*
*Wollen wir diskutieren,*
*Fokussieren,*
*Mit dir!*
*Bleib hier!*

Casimir sah die junge Lehrerin in ihrer Not und zeigte seine Überlegenheit. Er sprach sie persönlich an, zeigte mit dem Finger auf sie und fragte: »Sie glauben nicht an Sex? Was? Hallo, wohl in Ihrem Alter noch nie etwas mit Jungs gehabt? Wie?«
Die Klasse brüllte vor Begeisterung. So eine Show hatte sie noch nie erlebt. Dieser ungebremste Mut eines Mitschülers

nahm auch ihnen alle Scheu. Auf einmal begann die junge Lehrerin zu weinen, dicke Tränen rannen ihr über die Wangen. Da gab Casimir ein Zeichen, und Daniel ließ sie durch die Tür.

In der Pause war Casimirs Auftritt im Religionsunterricht unter den Schülern das Gesprächsthema Nummer eins. Natürlich erfuhr auch Antoinella davon. Alle diskutierten durcheinander. Einige fanden das Marienbildchen gar nicht so schlecht und den Spruch vielsagend: Es war doch eine Aufforderung zu mehr Menschlichkeit. Andere hielten zu Casimir und fanden gut, dass diese kirchliche Scheinheiligkeit endlich mal einen Dämpfer bekommen hatte. Antoinella berichtete mir beim Mittagessen von dem wilden Tanz im Klassenzimmer. Casimir war auffallend still und bedrückt.

»Zeig mir nach dem Essen mal das Bild«, forderte ich Casimir auf.

Nachdem wir gegessen hatten und Galina die Küche singend aufgeräumt hatte, setzte ich mich mit der Tageszeitung an den Kamin. Antoinella war in ihr Zimmer in der oberen Etage gegangen und saß an den Hausaufgaben. Casimir konnte mich finden, wenn er es wollte. Lass ihn kommen, sagte ich mir, nicht aufdrängen!

Der Jugendpsychologe Allan Guggenbühl attestierte mir im Bayerischen Rundfunk ein gutes Gespür im Umgang mit Jugendlichen. »Man darf sich nicht aufdrängen! Man muss den Jugendlichen das Gefühl geben, dass sie selbst entschieden haben!«, war sein Kommentar.

Deshalb saß ich nun auf dem Schmetterlingssofa und las, wartete aber eigentlich auf Casimir. Plötzlich spürte ich einen leisen Luftzug neben mir. Ich blickte auf. Mein Pflegesohn war geschmeidig an meine Seite gehuscht und setzte sich neben mich. Er rückte auf, beugte seinen Kopf über meine Zeitung und las laut die Headlines mit. Ich ließ mich nicht stören.

Als der wilde Rapper zu aufdringlich wurde, legte ich die Illustrierte auf meinen Schoß. »Na gut, zeig schon das Bild!«, forderte ich ihn auf. Er zog es aus der Tasche und plapperte sogleich fröhlich los: »Hier, dieses Bild. Dieses primitive Kindergartengemälde sollten wir interpretieren. So ein Quatsch! Die Kunigunde hat einen kindlichen Idiotengeschmack! Das ist ja nicht zum Aushalten!«

»Das Bildchen ist vielleicht wirklich etwas primitiv, aber die Worte darunter sind doch richtig und klug«, befand ich.

»Die Worte sind ganz blöd!«

»Es ist sehr tiefsinnig gemeint. Jeder Mensch sollte ständig an sich arbeiten, um im umfassenden Sinn Mensch zu sein, mit allen Gefühlen, mit Herz, Seele und Verstand. Es ist als Metapher zu verstehen.«

Auf einmal wurde er sehr still, nahm meinen Arm und drückte ihn. Dann sprach er richtig vernünftig: »Ich weiß es doch auch, aber diese plumpe Art gefiel mir eben nicht. Werden die mich jetzt von der Schule verweisen? Flieg ich vom Gymmi?«

»Nein, das glaube ich nicht. Ich werde mal mit der Direktorin reden.«

»Aber warum fing die Lehrerin plötzlich an zu heulen? Warum rannte sie raus und sagte kein Wort mehr?«

»Du hast vielleicht einen wunden Punkt erwischt.«

»Ich will weg!«, rief er plötzlich und rannte zur Terrassentür. »Weg, bloß weit weg, am besten in die Sahara! Sag du mir Trixi, warum will ich immer weglaufen, warum nur?«

»Du bist ruhelos, weil du mit dir nicht im Reinen bist. Denk daran, überall, in jedem Land, in jeder Kultur wird nur mit Wasser gekocht. Auch in der Wüste, und dort besonders, müssen die Menschen hart arbeiten und ihren Tag meistern. Spring mal über deinen Schatten. Entschuldige dich bei der Kunigunde und du wirst dich besser fühlen!«

Casimir ließ sich wieder neben mich auf den Sitz fallen. Sein Gesicht zeigte einen kummervollen, gequälten Ausdruck. Die Haut war blass und durchsichtig. Seine Augen flatterten nervös. In seinem Inneren brodelte es, ein Vulkan schien nahe vor dem Ausbruch zu sein. Ich musste etwas tun. Also nahm ich seine Hand. Die Finger fühlten sich kalt an, weich und kraftlos wie gekochte Spargelsprossen. Der Reihe nach ging ich sie durch. Zum Daumen sagte ich: »Das ist der Daumen«, zum Zeigefinger, »der schüttelt die Pflaumen«, dann weiter ... »der liest sie auf, der bringt sie nach Haus, und der Kleine, der Kleine isst sie alle auf!« Ich spulte alle gesammelten Fingerspiele für Dreijährige ab. Willig überließ er mir seine Hand. Seine kühlen Finger wurden warm. Das Spiel gefiel ihm. Auf einmal lachte er mich befreit an. »Weiter, weiter, hast du noch ein paar Reime auf Lager?«

»Klar!«, antwortete ich und begann mit dem Hasen. »Der ist in den Wald gegangen, der hat den Hasen gefangen, der hat ihn heimgebracht, der hat ihn gebraten und der ... der, der, der ganz Kleine?« Ich legte eine bedeutende Pause ein und lachte in Casimirs erwartungsvolle, weitgeöffnete Hummelaugen, »... der hat alles dem Jäger verraten!«

»Ach nein, wie frech!«, rief er begeistert aus. »Warum hat mir meine Mutter nie solche Kinderreime beigebracht?«

»Das weiß ich nicht. Frag sie doch beim nächsten Heimbesuch zu Weihnachten.«

Wir saßen noch einige Zeit zusammen und plauderten lachend über kleine Geschichten, bis er ganz ruhig wurde. Ich konnte lachen, weil alles so einfach war. Er konnte lachen, weil er endlich Kind sein durfte.

Dann rief Antoinella, wo wir denn seien. Die Hausaufgaben waren zu erledigen. Am Abend setzte ich mich neben Casimirs Bett. Ich trug das in Leder gebundene Märchenbuch unter dem Arm. Casimir hatte die Bettdecke bis zum Kinn hochgezogen und schaute mich abwartend an. Kommt jetzt die abschließende Standpauke? Oder irgendeine Moralpredigt?, schien er zu denken. Er rutschte noch tiefer unter die Decke.

»Möchtest du ein Märchen hören? Kennst du schon alle Märchen?«

Er hatte sich wohl verhört. »Märchen?«, imitierte er meine Stimme.

»Zwerg Nase zum Beispiel ist ein besonderes Märchen von Hauff. Pass auf!«

Und schon begann ich die Geschichte von dem Schusterbuben zu lesen, der sich vorwitzig erdreistete, eine Hexe zu maßregeln, und zur Strafe in ein Eichhörnchen verwandelt wurde. Zwischendurch hob ich meinen Blick zu Casimir hinüber, um zu prüfen, ob er bereits eingeschlafen wäre oder unter der Decke SMS verschicken würde. Aber er tat es nicht. Er hörte interessiert zu.

»Der verwandelte Bube lernte nun bei der Hexe gar köstlich kochen, mit Kräutern, die nur bei Mondenschein gesammelt werden durften. Durch die Hexenküche floss ein Bach, in dem Forellen schwammen, und die Eichhörnchen flitzten geschwind über das Parkett auf angeschnallten Schlittschuhen.«

Casimir lauschte mit wachen, großen Augen meinen Worten. Zum Schluss, als die Gans Mimi in dem Käfig zu sprechen begann, Zwerg Nase Mitleid zeigte, sie nicht in den Suppentopf steckte und zur Belohnung wieder seine schöne, menschliche Gestalt erhielt, schlug ich das Buch zu und fragte ihn: »Und, hat es dir gefallen?«

»Ja, sehr. Bitte lies noch ein Märchen! Meine Mutter hat mir nie, nie Märchen vorgelesen. Ich kenne kein einziges.«

»Morgen wieder. Jetzt schlaf gut! Morgen wird ein guter Tag!«

Ich schloss leise die Tür und drückte sie sanft zu. Einen Moment verharrte ich still, denn ich spürte sehr deutlich, hinter dieser Tür war ein kostbarer Schatz, den ich behüten musste – Thesaurus in vasis fictilibus –

Auch John G. wollte noch einmal Kind sein.

Im Sommer wollten wir den einundzwanzigsten Geburtstag meines italienischen Schülers feiern. Jimmy bot ihm an, eine kleine Feier mit allen Klassenkameraden und Lehrern auf der Familienburg Herzberg zu arrangieren. Dort kann man wunderbar neben dem Rittersaal, im sogenannten Sommerhaus, feiern. Dieser Langbau wird von einem stabilen Dach beschützt und zeigt an den Längsseiten offene Balkenstreben. So ist es eine richtige Location für junge Leute, denn die Nächte können hier auch im Sommer kalt und ungemütlich sein, und die Winde auf einer Höhenburg sind nicht einschätzbar. John fand die Idee wunderbar. Wir fuhren in die Stadt und kauften jede Menge Getränke, Fleisch zum Grillen, Salate und Baguette ein. John brauchte auch noch etwas Dekomaterial. Ich ließ ihn diese Kleinigkeiten allein aussuchen und verstaute die Einkäufe im Auto.
Am Morgen des Geburtstags gratulierten wir John herzlich. Ich präsentierte ihm meinen selbstgebackenen Kuchen. Der Kuchen war ein Auto. Für die Feriencamps bei uns, »Happy-Child«-Zeiten, hatte ich einen Teddybär und dieses Auto als Tortenformen gekauft. Jetzt lachte John über diese Überraschung, genauso wie damals die achtjährigen »Happys«. Dann brauste er auf seinem Motorroller, fröhlich einen Gruß winkend, zur Schule. Am Nachmittag wurde John richtig aufgeregt. Wir schleppten alle Nahrungsgüter in die Burg, bauten den Grill auf und befestigten die bunte Lichterkette zur abendlichen Beleuchtung. Auch Lautsprecher wurden an langen Kabeln für den musikalischen Genuss verlinkt. Plötzlich hielt John inne und sagte:
»Ich muss noch mal weg! Trixi, ich bin gleich zurück!«
»Was fehlt?«, wollte ich wissen, hatten wir doch alles und jedes Einzelne gut bedacht.
»Ich fahr nach Alsfeld und muss meine Deko anbringen.«
»Warum denn das?«, fragte ich leicht grübelnd.
»Ich will an jedem Verkehrsschild, in jedem Dorf, bis zum Wald vor dem Herzberg Luftballons und Papierschlangen befestigen. Meine Freunde sollen doch den Weg finden!«

Mein Gott, dachte ich, ist das nicht etwas übertrieben? Total kindlich! Und vielleicht sogar verboten? »John, weißt du«, begann ich meinen Einwand, »das ist zwar eine prima Idee, aber vielleicht doch nicht so ganz passend. Andere Verkehrsteilnehmer könnten sich irritiert fühlen.«

»Ach Quatsch!«

»Aber es gibt doch diese kleinen braunen Hinweisschilder, auf denen in weißer Schrift ›Burg Herzberg‹ steht und auf die historische Sehenswürdigkeit aufmerksam machen. An die kannst du unbedenklich deine Luftballons hängen, denn diese Schilder gehören uns, die haben wir selbst bezahlt.«

»Auch gut!«, willigte er ein. Es schien, als ob er ein wenig traurig wäre, nicht die große Show mit vollem Programm abziehen zu können. Später freuten sich die achtzehn- und neunzehnjährigen Mädchen und Jungen, die zusammen in den vollbesetzten Autos anreisten, über die witzige Wegbegleitung und machten sich gegenseitig lachend aufmerksam auf jeden neuen Luftballon, den sie entdeckten. Sie kannten natürlich alle den Weg zur Burg, da sie in der ländlichen Region wohnten, doch diesmal war es auch für sie eine heitere, bunte Fahrt in die Kindheit. Am nächsten Morgen in aller Frühe hörte ich den Motorroller aufheulen. John fuhr mit einer Schere bewaffnet in die Dörfer und befreite geschwind die Schilder von ihrer Verkleidung.

## Gesucht und gefunden

Eines Abends war Casimir verschwunden. Ich klopfte an seiner Tür, um ihn zum Essen zu rufen, doch er gab keine Antwort. Als ich öffnete, sah ich das Zimmer verwaist. Komisch, dachte ich, die Stimmung im Raum hatte irgendetwas Endgültiges, Kaltes. Ich setzte mich auf das breite Bett und ließ meine Sinne tasten. Draußen war es bereits dunkel, Schnee war gefallen, und ein leiser Wind pfiff um die Fenster. »Er ist nicht mehr im Haus!«, sagte mir eine innere Stimme. »Dann muss ich ihn suchen!«, antwortete ich entschlossen. Ich zog mir feste Schuhe an, öffnete die Außentür und spähte auf dem Gartenweg nach Fährten, doch der Neuschnee lag dick und wattig auf jedem Tritt und verdeckte jeden möglichen Abdruck. Hat er vielleicht das Fahrrad, das er manchmal bei einem Anfall von Hyperaktivität ausleiht, um durch die Wälder zu heizen, genommen, um schneller vorwärtszukommen?, dachte ich. Und tatsächlich, der Platz im Geräteschuppen war leer. Also das Auto starten und langsam losfahren. Im Lichtkegel der Scheinwerfer beobachtete ich, wie ein Jagdhund auf der Fuchsfährte, ob irgendwo eine Spur eines Fahrradreifens zu sehen war. Plötzlich war ich drauf! Das musste Casimirs Fährte sein! Vor mir wand sich ein Band durch den weißen Schnee wie ein dünngeriffelter Schlangenleib. Ich fuhr langsam hinterher. Es ging bergauf und bergab einem kleinen Dorf entgegen. Stockfinster war die Nacht. Die Lichter der ersten Häuser tauchten auf. Am Dorfanfang stand eine Bank. Dort hielt ich an, es konnte ja sein, dass mein Ausreißer sich hier ausruhen wollte. Doch die Spur führte weiter ins Tal, durch das Dorf hindurch, in eine Kurve hinein. Dort stand zu jener Zeit der kleine Glaspavillon, das Telefonhäuschen, das kannte ich genau vom Vorbeifahren. Jetzt leuchtete es mir hell entgegen. Es war an einer vielfrequentierten Stelle von der Post aufgestellt worden, und oft hatte ich hier Lkw-Fahrer mit ihren Trucks gesehen, die mit den Chefs redeten oder wichtige Dinge durchgaben.

Plötzlich sah ich im Lichtkegel der Telefonzelle eine Figur hin und her toben. Ich fuhr langsam näher heran. Es war eine Gestalt, die mit äußerster Wut immer wieder gegen die Glaswand trat und laut schrie. Klar, das war Casimir! Das Fahrrad hatte er achtlos in den Schnee geworfen.

Ich hielt an und stieg aus. »Mensch, Casimir, was tust du denn hier?«, fragte ich mit sanfter, aber fester Stimme. In Wirklichkeit klopfte mein Herz vor Aufregung.

»Diese Blödmänner, haben die hier noch nie etwas von einer Telefonkarte gehört?«, rief er atemlos.

»Nein, hier musst du noch mit Bargeld zahlen, das ist dumm, nicht?«
»Saublöd! Ich habe kein Kleingeld!«
»Komm erst einmal ins Auto, dann sehen wir weiter. Es ist doch lausig kalt!«
Ich öffnete den Kofferraum des Autos. »Hilf mir bitte, deinen Drahtesel zu verstauen, der ist aber bockig!«, sagte ich und zog das Rad auf die Höhe des Autos. Casimir schimpfte noch immer vor sich hin, aber er half mir ganz selbstverständlich. Ich glaubte, er war froh, dass ich ihn gefunden hatte. Endlich fuhren wir durch die Nacht nach Hause.
»Wen wolltest du denn anrufen?«, fragte ich in das Dunkel hinein.
»Meine Freunde, die sollen mich hier rausholen. Ganz klar, in diesem Nest kann kein normaler Mensch leben!«, klagte er.
»Die Glasfenster haben ganz gut deine Tritte ausgehalten, nicht wahr? Du kannst selbstverständlich von unserem Telefon zu Hause anrufen. Nimm doch das Portable in dein Zimmer.«
»Was? Das geht? Darf ich das?« Er schaute mich wild und ungläubig an.
»Natürlich, gleich wenn wir daheim sind«, antwortete ich sanft. Der Ausreißer tat mir leid. Durch die finstere Nacht hatte er seinen einsamen Weg mutig gesucht und konnte wegen seiner Fehleinschätzung nicht erfolgreich sein. Ich musste ihm den Frust nehmen. Aber das tat schon Antoinella, die uns im Schlafanzug auf der Treppe erwartete. Neben ihr stand unser Retriever Maxim und wedelte mit dem Schwanz. Der Hund hatte Casimir als Familienmitglied akzeptiert. Maxim beschnupperte den Ausreißer und ging an seiner Seite, als wollte er sagen: »Mach mal langsam, Kleiner, reg dich ab!«
»Na, 'ne kleine Nachtrunde gedreht?«, fragte Antoinella pfiffig und schwenkte ihre warme Kakaotasse.
Casimir ging schnell an ihr vorbei, doch Antoinella und Maxim folgten ihm in sein Zimmer. Dann trank er auch einen warmen Kakao, der ihn beruhigte. Sie redeten noch eine Weile

miteinander, während er dem treuen Hund das Fell streichelte. Immer wieder vergrub er seine kalten Hände in dem warmen Hundepelz, bis seine Finger durchblutet wurden. Zum Abschluss las ich wieder aus dem Märchenbuch eine »wahre Geschichte«, diesmal war es »Der kleine Muck«.

»Wenn er abhaut, nicht suchen!« Ich wollte mir nicht ausmalen, was passiert wäre, wenn ich Casimir nicht gesucht hätte. Sicher wäre er im Graben gelandet und aus Erschöpfung erfroren. Den Weg nach Hause hätte er aus Scham und Stolz niemals eingeschlagen, so gut glaubte ich, ihn zu kennen.

## Auf dem »Sommerweg«

Es war ganz am Anfang, als ich mit Boris eine Autotour zu einer Freundin in der Nachbarschaft unternahm. Ich benutze gerne ein rollendes Transportmittel, um mit den Jugendlichen in ein erstes Gespräch zu kommen. Während des Chauffierens kann ich gut zuhören. Und der andere wird durch das gleichmäßige Motorengeräusch und die bildhaft vorbeiziehende Landschaft ruhig. Er kann seine Gedanken in Worte fassen, ohne dass sie im Hals steckenbleiben. Kritischen Blickkontakt gibt es nicht. Ich schaue auf die Straße. Nur auf die Straße!

»Diese bohrenden Blicke meiner strafenden Eltern sind nicht auszuhalten. Sie gehen mir durch Mark und Bein. Ich baue dann dermaßen starke Hassgefühle auf, dass ich schreien könnte!«, gestand mir Boris, während wir durch die bunte Herbstlandschaft fuhren. Ich lauschte. Boris erzählte. Die Worte überstürzten sich hastig und aufgebracht, aber auch fragend und monoton. »Ich floh mit meiner Freundin aus der Psychiatrie«, berichtete er sachlich.

»War das Mädchen auch drogensüchtig?«, fragte ich.

»Nein, es war die Ärztin, die mich behandelte. Ich liebte sie so sehr und wollte sie nicht missen. Es war eine richtige Nacht-und-Nebel-Aktion. Wir zogen dann zusammen in meine Wohnung. Sie brachte ihre kleine Tochter mit, die störte mich sehr. Mein Mitbewohner war auch noch da. Jetzt waren wir zu viert.«

»Es erstaunt mich sehr, dass die Ärztin deinem Werben erlag. Das ist doch Ausnutzung von Schutzbefohlenen. Wurde sie nicht bestraft? Flog sie nicht aus dem Krankenhaus?«

»Doch, und genau das wollte ich auch! Sie sollte nur mir gehören. Zuerst ging alles gut, dann aber begann der Stress. Wir zankten uns ständig. Der Freund war mir ein Dorn im Auge.

Ich hatte immer das Gefühl, dass er meine Freundin anmachte, auch Sex von ihr wollte.«
»Na klar!«, sagte ich leichthin. »Wenn sie hübsch war.«
»Du glaubst es auch? Oh, mein Gott, dann haben sie es getan! Sie haben es getan!« Boris heulte fast vor Zorn.
»Meine Freundin und ich, wir haben uns geschlagen und gebissen.«
»Was?« Ich bremste den Wagen ab. Gebissen? Das war hart.
»Den anderen hab ich auf den Tisch geknallt!«
»Warum, er war doch dein Freund?«
»Er hatte mich belogen. Die Spritze, verstehst du? Heroin war immer ein Verbot für uns, das hatten wir uns geschworen. Und wie fand ich ihn vor? Mit der Spritze im Arm. Er hatte unsere Prinzipien verraten. Da bin ich durchgedreht.«
»War es ein Holztisch?«
»Nein, der Tisch war aus Glas. Die Scherben zerschnitten ihm den Rücken. Er musste mit der Ambulanz ins Krankenhaus gebracht werden. Nach dem Krankenhausaufenthalt kam er nicht wieder in unsere Wohnung. Die Freundin ist noch zwei Jahre bei mir geblieben, dann verließ sie mich. Danach fiel ich in ein dunkles Loch!« Jetzt bekam seine Stimme einen hohlen Klang, als ob er aus weiter Ferne sprechen würde. »Ich nahm die Flaschen, die überall rumlagen, zerschlug sie und fügte mir Wunden zu.«
»Sind das die Narben an deinen Armen? Stammen die noch aus der Zeit?«, fragte ich. Gleich am ersten Tag hatte ich die Narben an seinen Armen entdeckt. Ritzen, wie es in Kifferkreisen heißt. Er warf den Kopf in jäher Bewegung herum: »Hast du dir meine Arme angesehen? Du kennst die Narben? Schau sie nie mehr an! Versprich mir das!« Er wurde richtig zornig.
Ich hielt das Gaspedal halb durchgedrückt und cruiste durch eine gelbgefärbte Ahornallee. »Versprochen!«, sagte ich und schaute geradeaus. Meine Haltung signalisierte gelassene Ruhe, doch im Inneren war ich erschüttert von diesem haltlosen Leben eines Fünfundzwanzigjährigen aus der Drogen-

szene. Ich musste irgendetwas tun, um einen ruhenden Gegenpol zu den aufgewühlten Emotionen zu setzen.
»Bei mir kommst du auf den Sommerweg!«, sagte ich.
»Was ist denn das nun wieder für ein Quatsch? Sicher so eine typische, dumme Bauernregel«, antwortete er resigniert.
»Nein, das ist ein Begriff aus den ostdeutschen Ländern, Ostpreußen oder Schlesien. Ich bin in Schlesien, dem heutigen Polen, geboren, und meine Mutter hat mir viel von den Sitten und Gebräuchen dieser Gegend erzählt. In der Zeit, als es noch keine Autos gab, waren Pferde ein kostbares Gut. Um nun die Hufe der Tiere zu schonen, wurde neben der hartgepflasterten Straße ein Sandweg angelegt. Jetzt konnten die Pferde auf dem weichen Boden schnell dahingaloppieren und mühelos ihr Ziel erreichen. Dieser Weg war jedoch nur im Sommer benutzbar, da in den kalten Wintern der Sand gefror. Daher der Name Sommerweg. Wenn sich einer dumm anstellte und alles verkehrt machte, sagten die Leute: »Der findet nie den Sommerweg!«
Boris blickte mich an. Dann sagte er mit sanfter Stimme: »Den Sommerweg würde ich gerne finden, doch dazu müsste ich erst einmal reiten lernen.«
»Kein Problem. Unser Pferd steht im Stall eines Reiterhofs. Es ist nicht weit von Hoheneich entfernt. Dort könnte ich dich anmelden, und du wirst Reitstunden erhalten. Die Reitlehrerin ist eine junge, sehr attraktive Frau.«
»Es ist immer mein größter Kindheitstraum gewesen, zu reiten. Und noch einen Wunsch hatte ich von klein auf: Klavier spielen zu können. Meine Mutter ging nicht auf diese Wünsche ein, sondern vermieste sie mir. Ich hätte keinen Bezug zu Tieren und wäre total unmusikalisch. Wir hatten damals ein Keyboard im Haus, das meine Mutter wunderbar spielte, doch ich wusste nicht, wie ich ohne Notenkenntnis mit den Tasten umgehen sollte. Ich probierte es immer, wenn meine Mutter nicht zu Hause war. Aber zwecklos!«
»Das holen wir nach!«, versprach ich. »Gleich wenn wir wieder zu Hause sind, werde ich die Reitlehrerin anrufen und

mich um einen Klavierlehrer bemühen.« Ja, die Stimmung war gerettet! Ich öffnete mein Seitenfenster und ließ mit dem Knopf für den zentralen Fensterheber auch seine Scheibe herunter. Der frische Wind fegte durchs Wageninnere und zerzauste unsere Haare. Jetzt fuhr ich schnell. Unser Ziel war nicht mehr weit.

## Auf dem Reiterhof

Nach ein paar Tagen waren die ersten Reitstunden und der erste Klavierunterricht für Boris gebucht. Der Reiterhof zeigte ein reges Treiben, die meisten Mädchen waren natürlich viel jünger als Boris, doch das störte ihn nur anfangs ein wenig. »Das ist ja der reinste Kindergarten hier, ich bin schlicht und einfach zu alt!«, beklagte er sich. Aber dann verliebte er sich nicht nur in ein freches, kaffeebraunes Reitermädchen, sondern auch in Sandra die Unnahbare.

Regelmäßig einmal in der Woche fuhr Boris jetzt mit dem Rennrad zum zwanzig Kilometer entfernten Reiterhof Erlenbach. Für sein neues Hobby kleidete er sich äußerst rasant. Die riesige Sonnenbrille mit den breiten silbernen Bügeln verlieh ihm eine windschnittige Fassade. Über die Hände hatte er feine hellbraune Lederhandschuhe gezogen. Er war ganz in Schwarz gekleidet und trug auf dem Kopf eine Strickmütze, die er tief in die Stirn zog. Auf seinem Rücken trug er stets einen immensen Rucksack. Ich stand an der Haustür und wartete jedes Mal, bis er vorbeifuhr, um einen Gruß zu winken. Dann trat er in die Pedale, und weit über die Lenkstange gebeugt, hob er kurz die Hand zum Gegengruß. Man konnte fast meinen, einem Marsbewohner begegnet zu sein.

Ich zweifelte, ob er nach der über zwanzig Kilometer langen Fahrt hin zum Erlenbach, anschließender Reitstunde und abschließendem Stallgassenfegen wieder pünktlich zu Hause sein konnte. Ich sollte Recht behalten. An diesem Tag erschien Boris nicht rechtzeitig zur Abfahrt des Busses. Der

Bus war weg, als er ermattet und schlecht gelaunt mit seinem Rad eintrudelte. Ich hatte Mitleid mit dem müden Reiter und fuhr ihn anschließend mit dem Auto zur Schule, denn er hatte abends noch Unterricht.

Im Auto hielt ich ihm eine kleine Rede, nicht zu hart, doch definitiv: »Du hast den Bus verpasst. Eigentlich könnte ich sauer sein, doch ich bin es nicht. Du hast die Zeit nicht vertrödelt oder verschlafen, sondern etwas Sportliches dafür geleistet. Das ist super! Ich bin stolz auf dich! Das nächste Mal aber fährst du bitte früher vom Erlenbach fort und kalkulierst genug Zeit für deine Rückkehr ein. Ich werde dich nicht immer mit dem Auto zur Schule fahren, wenn du mit dem Fahrrad zu spät kommst.«

»Ist schon klar, ich könnte ebenso gut zu Hause bleiben. Einen Tag in der Schule fehlen fällt doch nicht auf«, murrte er.

»Nein, das wäre ja noch schöner. Ich möchte, dass du in die Schule gehst, und zwar jeden Schultag!«

Danach war für mich das Thema erledigt, meine »Ich-Botschaft« hatte ich rübergebracht! Nun drehte ich die Musik laut auf, gab in den Kurven Gas und klopfte mit der flachen rechten Hand auf Boris' Knie.

»Vorwärts!«, rief ich und, da sich sein Knie knallhart anfühlte, fügte ich hinzu: »Eisenbein!« Es ist sehr wichtig, nach Kritik oder Tadel ein Lob, einen Mutmacher auszusprechen, denn die sensiblen Problem-Kids sind enormen Gefühlsschwankungen ausgesetzt. Im Nu fallen sie in eine lähmende Depression. Und dann läuft nichts mehr!

Boris antwortete schon wacher, allein der Klaps wirkte aufmunternd: »Früher war ich fabelhaft in Sport, der Beste in der Fußballmannschaft. Und alle sagten, meine Beine wären wirklich hart wie Eisen.«

»Sag ich doch!«, antwortete ich gedankenverloren, denn ich hatte bereits den nächsten Tag im Sinn. Meine Kinder würden am Wochenende nach Hoheneich kommen, die allerbesten Kinder der Welt. Mit meinen eigenen Kindern ging alles so easy. Ich habe mir immer – und tu es heute noch – viel Zeit für intensive Gespräche genommen. Beleidigungen oder Beschimpfungen kenne ich nicht. Meine Kinder hätten nie »verpiss dich« oder »Idiot« zu mir oder zu ihrem Vater gesagt. Dann wäre ich untröstlich gewesen, hätte mein Kind sofort in den Arm genommen und mit Gesprächen den Grund der Entrüstung erfahren wollen. Einmal sagte ein P-Kid wütend zu mir: »Du kannst mich mal kreuzweise!« Das traf mich hart, ich tat gelassen, aber im anschließenden Fitness-Training sausten mir diese Worte bei jeder Übung wie Ohrwürmer durch mein Gehirn und begleiteten hämisch mein Gewichteschwingen: »Kreuzweise, ja kreuzweise!« Es macht mir Freude, die unterschiedlichen Temperamente, Willensstärke und Erfolge unserer eigenen Kinder zu erleben. Auch wenn ihre Lebenswege manchmal kurvig und holprig sein sollten, so werden sie einen Ausweg finden. Und sie können sicher sein, dass wir Eltern sie immer unterstützen.

Es war wieder einmal Reitunterricht in Erlenbach angesagt. Am Nachmittag kamen die Mädchen in Scharen zum Reitunterricht. Sie wurden von ihren Eltern gebracht oder fuhren selbst mit dem Rad zum Hof. Auch Mädchen, die nach dem Abitur in weitentfernten Städten studierten, trafen sich immer wieder gerne an Wochenenden in Erlenbach. Es gab nur einen Jungen, der sich unter die lachende, quirlige Mädchenmeute wagte. Kai war fünfzehn Jahre alt und beteuerte selbstbewusst, dass ihm sein Pferdehobby sehr wichtig sei und nichts ihn davon abhalten könne, auch nicht die erschreckende Überzahl an weiblichen Wesen an diesem Ort.

Die Reitlehrerin Melissa lief stets im flotten Trab über den Hof, jetzt rief sie im Vorbeirennen Kai zu: »He, Kai, die Karre mit Mist hinten am anderen Eck entleeren!« Kai wendete sofort die Karre um hundertachtzig Grad und steuerte die gegenüberliegende Seite an.

Die Reitlehrerin hatte zum Erstaunen der Dorfbewohner heftiges Verlangen nach Styling. Sie war stets auffällig geschminkt. Große blaue Augen strahlten unter tiefschwarzen Wimpern hervor, die Haare leuchteten in grellem Gelb und

wurden von vielen kleinen Schmucknadeln gehalten. Melissas Ohren zierten bis hin zur oberen Ohrmuschel blaue Stecker, Perlen und Ringe. Auf den Lippen trug sie schrilles Pink.
Im Dorf genoss die Reitlehrerin den Ruf einer »Stadtzicke«. Denn die Landbevölkerung konnte nicht verstehen, dass jemand, der Pferde liebte und einen alten, heruntergekommenen Hof käuflich erworben hatte, nicht einfach und schlicht gekleidet erschien, sondern sich aufputzte wie eine Varietétänzerin.
Doch Melissa war kompetent. Sie ritt wie eine Amazone, die an ihrem Sattel festklebte. Sie hatte eine knabenhaft schlanke Figur und schmale, knochige Hände, die kräftig zupacken konnten. Die Reitermädchen, aber auch Kai fühlten sich hier wohl und liebten Melissa. Gemeinsam schwärmten sie von den verschiedenen Pferderassen, die in den Ställen standen. Alle Besucher empfanden die Hofatmosphäre wie eine glückliche, abgeschlossene Welt, in der alle Träume wahr wurden.
Aloe, ein besonders attraktives Mädchen, die ihre krausen dunklen Haare nur mit einem festen Tuch bändigen konnte, war mit Sandra und Marie befreundet, zwei schlanken Blondinen mit langen Beinen. Die drei Mädchen besuchten die gleiche Klasse des Gymnasiums wie Antoinella. Sie waren begeisterte Hobbyreiterinnen.
Die lustige Dreiergruppe saß gerade schwatzend auf dem breiten Holzzaun, der den Paddock umgab, und ließ ihre Beine baumeln. Kai hatte seine Arbeit, den Zaun zu reparieren, beendet und gesellte sich zu den Freundinnen. Plötzlich sahen sie einen Fahrradfahrer wie einen geölten Blitz über den Hof rasen.
»Uiiih!«, rief Sandra
»Wer war das denn?«, staunte Marie.
»Der sucht das Höllentor!«, stellte Kai fest.
»Er dreht um und kommt zurück«, wunderte sich Aloe und schüttelte ihre Locken nach hinten.
Der Fahrradraser bemerkte wohl, dass er über das Ziel hin-

ausgeschossen war, denn der Reiterhof lag schon hinter ihm. Er zog die Handbremsen mit lautem Quietschen der Felgen und zeigte eine Totaldrehung. Der lose Sand spritzte unter den Rädern. Energisch trat der Radler wieder in die Pedale und fuhr vom Wiesenweg zurück auf das Kopfsteinpflaster des Hofs. Er musste wieder die jugendliche Gruppe passieren, würdigte sie jedoch keines Blickes. Der Hund des Reitvereins, ein zottiger Wolfshund, rannte heran und trottete neben dem Fahrradfahrer her.

»Höllenhund neben Höllensohn!«, bemerkte Kai, der nun mit dem leeren Mistkarren über den Hof klapperte. Ihm kam der Radler mit der schwarzen Bekleidung, der silberglänzenden Sonnenbrille, der tiefsitzenden Wollmütze und dem immensen Rucksack auf dem Rücken wie ein Teufelskerl vor.

Dieser Teufelskerl stellte sein Leichtmetallrad an die Stallwand, nahe der Sattelkammer. Die Tür war geöffnet, er verschwand im Stall. Dort war es ruhig, nur leises Schnauben von Pferdenüstern und gedämpfte Huftritte im Stroh waren zu vernehmen. Hier fand Boris wieder zu sich selbst. Er hatte es einfach nicht fertiggebracht, bei den Mädchen anzuhalten, ein paar nette Worte zu finden, wie: »Hallo, ich bin der Neue, wo sind die Gäule, könnt ihr mir helfen, reiten zu lernen?« Nein, er war am Ziel vorbeigeschossen aus total blöder Schüchternheit, wie er mir später erzählt hat.

Melissa trat mit eiligen Schritten in die Stallgasse und rief: »Gut, dass du da bist, Boris, trag dich gleich hier auf der Anwesenheitsliste ein.« Sie zeigte auf eine Tafel, die über den abgestellten Reitstiefeln an der Wand hing. Ein stumpfer Bleistift baumelte am Bindfaden daneben.

Boris fühlte sich erleichtert, den neugierigen Blicken der lachenden Mädchenclique entgangen zu sein. Im matterleuchteten Stall empfand er Entspannung und Wohlbehagen. Er sog tief den Geruch von beißendem Salmiak und süßem Holz durch die weitgeöffneten Nasenflügel. Gerade hatte er sanft die rosa Nüstern des Apfelschimmels gestreichelt, als die Reitlehrerin ihm zuwinkte, er solle sich beeilen.

»Ja, ich komme sofort«, antwortete er gedehnt.
»Wir fangen gleich an, dein Sattel ist schon auf der Futterkiste, dann bitte in die Torfhalle reiten.«
Fort war Melissa. Draußen hörte man ihre Stimme dem zottigen Hofhund Befehle zurufen.
Boris hatte erst ein paar Reitstunden erhalten. Auf dem Pferderücken zu sitzen, ein lebendiges Wesen unter sich zu fühlen, das warme Fell mit den Beinen zu berühren, das erfüllte ihn mit tiefer Befriedigung. Es war ein langersehnter Traum. Endlich ging er in Erfüllung.
In der Reithalle erklang laut Melissas Stimme: »Boris, du bist zu steif! Sitz gerade im Sattel, Po fest in den Sattel pressen, Schenkel anlegen!« Ununterbrochen hagelten die Instruktionen auf den Reiter herab. Boris ritt noch unsicher im großen Zirkel und hielt sich am Angstriemen des Sattels fest.
»Nein, nein, so nicht!«, rief Melissa. »Die Schultern zurück! Fußspitzen nach oben! Das Becken nach vorne schieben!«
Nun sprang sie mit hochgestülpter Joppe neben dem Reiter her. Sie demonstrierte den richtigen Sitz mit durchgedrücktem Rücken, in der Hocke hüpfend, als ob sie ein Pferd unter sich führen würde. Sie ritt gewissermaßen ohne Pferd.
Als die Reitstunde beendet war, stieg Boris mit Leidensmiene aus den Steigbügeln. Obwohl er Pferde liebte, fand er sich nicht begabt genug, sie bändigen zu können oder ihnen gar seinen Willen aufzuzwingen. Er war ein ewiger Zweifler.
»Ich bin zu alt, das Reiten lerne ich nie!«, rief er Melissa traurig zu.
»Boris, das ist Unsinn, du bist ein talentierter Reiter. Es wird von Stunde zu Stunde besser. Glaube mir, jeder Schüler hat einmal seinen Tiefpunkt. Die Mädchen finden, dass du gut zu Pferde aussiehst.«
Melissa zeigte echtes Mitleid mit dem deprimierten Schüler. Sie schaute ihm zum Abschied tief in seine schokoladenbraunen Augen.
Die Frau hat Rasse, dachte Boris. Sehr gerne würde er noch länger auf dem Hof bleiben, doch er musste den weiten Weg

wieder mit dem Rad nach Hause fahren, duschen, den Bus erreichen und schließlich noch mal abends auf der Schulbank sitzen. Das Radfahren bereitete ihm keine Mühe, aber die Erwartungshaltung anderer, besonders die von Trixi, oh, mein Gott, dieser Stress machte ihn fertig.

Aloe war eine alte Schulfreundin von Antoinella. Sie telefonierten oft miteinander, besonders vor den Wochenenden, um Termine abzusprechen, denn nach dem Abitur hatten sich die Freundinnen trennen müssen. Aloe studierte in Gießen und Antoinella in München.

Aloe rief lachend in den Telefonhörer: »Kennst du Boris? Wohnt er bei euch in Hoheneich? Hat deine Mutter wieder ein neues P-Kind?«

»Na klar!«, antwortete Antoinella. »Ich habe ihn aber noch gar nicht gesehen. Ich komme am nächsten Wochenende heim, dann werde ich ihn kennenlernen. Hast du ihn schon gesehen?«

»Ja, auf dem Reiterhof, bei Melissa«, gab Aloe zur Antwort, »er nimmt dort Reitunterricht. Aber mit uns Mädchen spricht er kein Wort. Er rast mit dem Fahrrad an uns vorbei, ohne Gruß.«

»Er fährt mit dem Fahrrad bis zum Erlenbach? Das ist doch enorm weit!«, fand Antoinella.

»Weiß der Kuckuck, warum!« Aloe wusste noch zu berichten: »Sandra ist in ihn verknallt allein vom Sehen.«

»Was, Sandra die Unnahbare?« Antoinella konnte es kaum glauben.

»Ja, er hätte besondere Augen, einen betörenden Blick, meint sie«, flüsterte Aloe geheimnisvoll, dann verabschiedete sie sich: »Bis zum Wochenende, ciao Antoinella.«

Nach drei Monaten war der erste Ausritt geplant. Zuerst zeigte Boris keine große Begeisterung, er hatte nämlich Angst, dass er sein Pferd nicht halten könnte, aber Melissa und die zwei Freundinnen Sandra und Marie machten ihm Mut.

Die drei Reiter nahmen den Weg, der schnurgerade durch die

weißgetünchten Holzzäune der eingefriedeten Pferdekoppeln führte. Sie erreichten bald die offenen Wiesen vor dem Fluss, der sich gemächlich durch die Landschaft schlängelte. Melissa sah den Reitern nach, bis sie sich in der Ferne verloren.

Tosca, Boris' Lieblingsstute, ging ruhig und gehorchte brav auf alle Hilfen, die sie von ihrem Reiter bekam. Einmal durfte sie über einen Hang, der bergauf führte, galoppieren. Sie konnte ungezügelt ihr Temperament austoben, zumal der Reiter fest im Sattel saß. Bald hatten die drei Reiter an dem Fluss eine kleine Hütte erreicht. Sie waren schon Stunden unterwegs und wollten jetzt absteigen und eine Pause einlegen. Vor der Hütte lag ein Birkenstamm. Auf den ließ sich Boris fallen. Er war vom langen Ritt müde, jedoch froh im Herzen, da er bis jetzt noch nicht gestürzt war.

Die Mädchen banden ihre Pferde an einem tiefliegenden Ast fest und rieten Boris, seine Tosca ebenfalls zu befestigen. Dann setzten sie sich auf den gefällten Baumstamm und lehnten ihre müden Körper gegen die warme Bretterwand der Hütte. Boris bedankte sich bei den Mädchen, dass sie ihn, den Neuling, schützend in der Mitte reiten ließen und auf ihn gewartet hatten.

»Das war wirklich kameradschaftlich von euch«, meinte er ehrlich. »Sandra, wenn du manchmal zu nah hinter mir geritten bist und ich dein Pferd laut schnaufen hörte, wurde mir in der Tat ziemlich unheimlich.«

Sandra und Marie lachten: »Du hast dich gut gehalten! Boris, der Bezwinger von Tosca!«, riefen sie.

Boris schloss die Augen und genoss die warme Sonne auf seiner Haut. Er fühlte sich wohl und streckte seine langen Beine aus. Nach ein paar Sekunden war er fest eingeschlafen.

Es musste wohl eine Weile vergangen sein, denn als er die Augenlider vorsichtig hob, sah er nur Sandra auf dem Holzstamm an seiner Seite sitzen. Sie hatte noch nicht gemerkt, dass er wieder wach war. So konnte er sie ungestört beobachten. Sie hat eine zierliche Figur, dachte er, mit wenig, aber wohlproportioniertem Busen. Die Haare fallen ihr honigblond, durchzogen von zitronengelben Strähnen, über die Schulter. Sie ist völlig ungeschminkt. Ein Naturkind eben! Vielleicht ist sie die Richtige, um die Mutter meiner Kinder zu werden? Die Gedanken entwickelten sich jedoch als zu kühn, und er nahm sie schnell zurück.

Er schloss wieder die Augen, aber er spürte das Verlangen, Sandra zu berühren. Langsam tastete er nach ihrer Hand.

»Wo ist Marie?«, fragte er, ohne die Augen zu öffnen.

»Uiih, du bist aufgewacht?«, fragte Sandra leicht erschrocken.

»Ja!«, sagte er gedehnt.

»Marie ist in die Wiese gelaufen, sie will Sauerampfer pflücken.«

»Sauerampfer? Was ist das für ein Kraut?« Boris richtete sich auf und öffnete die Augen.

»Man kann es essen, schmeckt sauer und frisch!«

»Vielleicht möchte das Kraut lieber ›Süßlab‹ heißen, weil irgendjemand den Geschmack als süß empfindet.« Er spielte mit ihren Fingern, die kühl in seiner Hand lagen.

»Wie? Was?« Sandra sah den Redner erstaunt an.

»Man soll nicht jedem Lebewesen, jedem Strauch und jeder Blume einen Namen geben, die Kreatur ist dann gezwungen, ihrem Namen gerecht zu werden. Sie ist also vorbelastet.« Boris schubste eine Ameise, die sich gerade mit ihren Artgenossen zu einer Straße formieren wollten, von seinem Bein.

»Das kann gar nicht sein!«, sagte mit ungläubigem Lachen das Naturkind. »Neben uns im Dorf wohnt ein Bauer, der sät jedes Jahr lila Blumen in einem Feld. Diese Blumen heißen Phacelia. Sie ziehen die Bienenvölker an und sorgen für guten Nektar. Diese Blume hieß schon immer Phacelia, und so wird es auch bleiben, ob sie für Bienen bitter oder süß schmeckt, ist egal!«

»Sag mir nie, wenn ich mit dir eine solche Blume oder eine andere sehen sollte, wie ihr Name ist. Ich möchte es nicht wissen.« Boris' Stimme bekam einen belehrenden Ton. Er fuhr fort, Sandra aufzuklären: »Du kannst ebenso wenig sagen, wenn dort aus der Schule ein guter Schüler kommt: Der Fleißige! Dann muss er immer fleißig sein, obwohl er vielleicht durch Zufall einmal fleißig war. Er wird in eine Kategorie gepresst.«

Sandra blickte sprachlos, doch mit großen, interessierten Augen zu Boris auf. »Du darfst ja auch nicht Nigger zu jemandem sagen!«, erklärte er weiter.

»Ich kann Negerlein sagen«, warf Sandra schnell ein. Sie nahm ihn nicht ernst.

»Ach, du verstehst es nicht! Du kannst mir nicht folgen.« Er warf enttäuscht den neben ihm liegenden Handschuh in die Luft.

»Doch, doch, im Ansatz ein bisschen«, antwortete sie.

»Du bist zu natürlich, zu irdisch!«, empfand Boris.

Sie blickte ihm von Nahem ins Gesicht. Sie roch gut nach frischem Gras und Sonne.

»Und du bist ein Spinner, der keine Blume kennt und sie deshalb nicht beim Namen nennt. So einfach ist das!« Sie lachte unbekümmert frei heraus.

»Du hast einen Kussmund!«, stellte er fest.

»Das darfst du nicht sagen.«

»Aha, warum nicht?«

»Weil ich sonst vorbelastet wäre und immer küssen müsste.«

»Aber ich muss dich küssen, zur Strafe, weil du nichts kapierst«, antwortete er am Baumstamm lehnend.

»Tu es doch!«

»Schließ die Augen!« Er nahm ihren Kopf in seine Hände und küsste sie sehr behutsam, sehr genießend auf die Augenlider und dann auf die leicht geöffneten Lippen. Sie schloss ihre Arme um seinen Nacken und erwiderte seine Küsse.

Schau, schau, die Kühle, die Unnahbare – wie hatte doch Antoinella gesagt –, die sei nicht zu erobern? Sie ist in Wahrheit völlig anders, dachte Boris.

Marie sprang durch die Wiese und rief schon von weitem den Freunden am Häuschen zu: »Sauerampfer! Hier, die Taschen voll mit den grünen Blättern. Ich habe Unmengen gefunden!«

Boris und Sandra schreckten auseinander. Boris flüsterte Sandra zwischen den Haarsträhnen ins Ohr: »Kommst du heute Abend und holst mich von der Schule ab? Bitte!«
Sandra nickte. Schon war Marie an ihrer Seite und plauderte vom herrlichen Wetter und vom bevorstehenden Heimritt. Die Stimmung hatte sich schnell gedreht. Sachlich und sportlich hieß es nun: »Sattel nachgurten! Aufsitzen! Heimreiten!«
Boris und Sandra wirkten keinesfalls hektisch, sie schienen eher verträumt zu sein. Sie ritten in leichtem Trab jenseits des Flusses dem Hof entgegen. Nur noch eine kleine, gewölbte Brücke musste überquert werden, dann waren die drei am weißen Tor zum Koppeleingang angelangt.
Kai kam ihnen in wildem Galopp entgegengeritten. Er schwang seine Mütze und rief: »Wir suchen euch, ihr Trantüten! Melissa befürchtet, dass Boris vom Pferd gefallen ist und irgendwo mit gebrochenem Bein liegt.«
»Nur kein Stress, Kleiner! Bleib locker!« Die Worte kränkten Boris etwas, der sich jetzt stark fühlte.
»Wir sind alle drei okay«, bemerkte Sandra beruhigend. »Kai, vielen Dank, dass du uns gesucht hast!«
Als Boris am späten Nachmittag in Hoheneich eintraf, stellte er sein Fahrrad eilig in die Garage und sprang die drei Eingangsstufen mit einem Schritt hinauf. Nachdem er geduscht hatte, packte er leise pfeifend seinen Schulrucksack und meldete sich fertig für die Busfahrt. Jimmy verließ gerade mit dem Förster das Büro in geschäftliche Gespräche vertieft. Trotzdem bemerkte der Hausherr, dass der Abendschüler diesmal recht fröhlich, geradezu schulbegeistert wirkte. Im Auto fragte Boris seine Ersatzmutter: »Trixi, ich darf doch in meinem Zimmer Damenbesuch empfangen, oder? Du hattest es mir im Prinzip schon erlaubt. Sandra möchte mich besuchen.«
»Natürlich!«, antwortete ich. »Meine Kinder brachten ständig Freunde und Freundinnen aus der Schule mit nach Hause. Das Haus ist groß und hat genug Platz für viele junge Leute. Nur, du weißt, Sandra muss das Haus wieder verlassen.«
»Wann?«

»Sagen wir vierundzwanzig Uhr.«
Boris wurde ein passionierter Reiter, der auch später mit den Pferden seiner Freundin gut umgehen konnte. Das Klavierspielen hingegen war mühsamer. Boris kam über die Anfangsübungen, wie »Ein Bauer ging ins Holz«, nicht hinaus. Er beichtete mir enttäuscht, dass er nicht mit der linken Hand einen anderen Takt vorgeben könne wie mit der rechten. Den Lehrer entließen wir recht bald, aber einen Versuch war es wert gewesen.

## Askans Phantasien

Askan erfand seine Märchen im Minutentakt. Schon am ersten Schultag in Alsfeld sprachen mich seine Schulkameraden verwundert an: »Was der alles erlebt hat, das ist ja 'ne Wucht! Unbegreiflich!«
Ich fragte sie, was er denn erzählt habe, da die Eltern nichts Besonderes erwähnt hatten. Und dann erzählten sie, auf die Frage: »Wo bist du geboren?«, habe Askan geantwortet: »In Senegal auf einem Kutter! Meine Mutter wollte immer an Land, um ihr Baby zu gebären. Doch mein Vater drehte einen Törn nach dem anderen auf dem Meer und sagte: ›Warte noch, Darling, gleich! Ich kenn mich aus!‹ Und dann war's zu spät. Auf einmal lag ich auf den Planken.«
»Oh, mein Gott! Das ist ja schlimm!« Anna Lena, eine Klassenkameradin, hielt sich vor Schreck den Mund zu.
»Das war noch gar nichts. Erst die Killerratten, mit denen ich aufwuchs. Die waren monstermäßig.«
»Hat denn niemand auf dich aufgepasst und dich beschützt?«, wollte Anna Lena wissen.
»Klar, ein Massai mit Hund, aber der Köter wurde eines Tages vom Löwen gefressen. Ich bin nächtelang im trockenen Flussbett gelaufen, um zu entkommen. Den Massai hatte es auch erwischt. Tot! Ich hatte wirklich Riesenangst, das könnt ihr mir glauben.«

Als ich daraufhin Askans Mutter anrief und ihr diese Erlebnisse schilderte, bekam ich die Antwort: »Alles Phantastereien. Mein Sohn ist ganz normal in Bremen im Krankenhaus geboren. Wir haben zwar wirklich eine Zeitlang in Afrika gelebt, aber ohne Ratten, und die Löwenverfolgung gab es auch nie!«

Eines Sonntags holte ich Askan vom Zug ab. Er hatte das Wochenende zu Hause in Bremen verbracht. Mit Leidensmiene erzählte er mir: »Ich bin am Samstag in Bremen mitten auf der Straße umgefallen. Es war wirklich schlimm! Erst wurde mir schwindlig, richtig schwarz vor den Augen. Ich habe nur noch schwarze Kreise gesehen. Dann hatte ich einen totalen ›Black-out‹. Eine alte Frau hat mich gefunden und die Notambulanz gerufen. Die fuhr mich mit Blaulicht ins Krankenhaus. Ich musste dort über Nacht bleiben.«

Ich hatte Mitleid mit dem armen Jungen und machte mir Sorgen, wieso denn niemand, weder die Eltern noch die Freunde, etwas gemerkt hatte. Keine Nachricht aus Bremen, dass Askan im Krankenhaus liegen würde. Abends rief ich Askans Mutter an und erkundigte mich nach dem Zusammenbruch ihres Sohns. Kreislaufkollaps, vermutete ich, vielleicht durch die starke Leibesfülle des Diplomatensohns verursacht.

»Ach wo, keine Spur davon!«, war die Antwort der erstaunten Mutter.

»Ist er denn gesund?«

»Askan war nie krank. Ganz im Gegenteil, er hat sich das ganze Wochenende sehr wohl gefühlt. Wir haben ein Familienfest gefeiert.«

Dr. Phyll, dem ich mit Befremden diese Phantasiegeschichten berichtete, gab mir folgende Auskunft: »Das sind typische Anzeichen für das ›Münchhausen-Syndrom‹. Motiv und Ziel der Betroffenen ist es, Aufmerksamkeit zu erlangen. Es besteht ein Mangel an Zuwendung. Der Patient versucht, Mitleid bei Ärzten, Eltern und Freunden zu bekommen. Die Ursache der Störung wird in ungünstigen psychosozialen Aufwuchsbedingung gesehen.«

## Freud und Leid

> »Eure Freude ist euer Leid ohne Maske.
> Je tiefer sich das Leid in euer Sein eingräbt,
> desto mehr Freude könnt ihr fassen.
> Freude und Leid gehören untrennbar zusammen.«
> *Khalil Gibran*

»Ich fühle mich so, als ob ich an die Wand gefahren wäre und in ein tiefes Loch gefallen!«, klagte mir Casimir. »Du weißt gar nicht, wie mies ich mich fühle, innen ist alles kaputt!«, murmelte Askan, während er sich hinter den Kissen seines Betts verschanzte: Die Jugendlichen, die zu mir nach Hoheneich gekommen waren, fühlten sich in den ersten Monaten alle elend, ausnahmslos schlecht. Ich konnte aber keine sichtbare Krankheit erkennen.

Casimir, Askan, John und die anderen waren zu Beginn ihres Aufenthalts nicht in der Lage, Freude zu empfinden oder auch nur einmal zu lachen. Ein gesundes, erfrischendes Lachen kann doch Berge versetzen und wie ein Sonnenstrahl durch die finstersten Wolken dringen. Aber meine Jungs waren alle in einer Art Tunnelblick gefangen. Ich war bestürzt, als ich dieses enge Korsett der Trauer spürte. Die permanenten negativen Erfahrungen, die Enttäuschungen, das Versagen hatten die Jugendlichen geradezu paralysiert. Sie waren unfähig, irgendwelche Impulse und Einflüsse von außen aufzunehmen. Schon gar nicht gelang es ihnen, den Schulstoff zu verinnerlichen, wofür man natürlich Konzentration aufbringen muss.

Wie konnte ich ihnen da helfen? Wie konnte ich diese Leidenshülle, die die Jugendlichen wie zähe Lava einschloss, durchbrechen? Ich musste ihnen die Leidensmaske herunterreißen! Freud und Leid gehören zusammen. Aber nur das Leid war zu sehen. Langsam tastete ich mich vor. Ich suchte die Freude!

Morgens fuhr ich die Schüler oft um sieben Uhr dreißig zur Schule, manchmal weil sie den Bus verpasst hatten, manchmal weil ich meine Einkäufe in der Stadt mit dem Schultransport verbinden konnte. Eines Morgens saß ein recht müder Zeitgenosse auf dem Beifahrersitz. Es war Edward, der lustlos den Kopf hängen ließ und völlig demotiviert seinem Schultag entgegenträumte. Er war schweigsam. Eine solche Stimmung ist für mich, die ich schon morgens topfit plappere wie ein Papagei, bedrückend. Der Schulgang ist doch kein Leidensweg, dachte ich und warf ihm einen kurzen Blick hinüber. »Edward«, sagte ich dann, »Kopf hoch! Der Tag beginnt. Ein wunderbarer neuer Tag in Morgenröte getaucht.«

»Ach, lass mich!«

»Du musst den neuen Tag annehmen. Schau, wie der Bussard dort am Himmel schwebt. Der Raubvogel breitet seine Flügel aus und dreht seine Kreise, hinein in den Morgen.«

»Ich hasse Vögel!«

»Nein, ich liebe Vögel!«

»Warum?«

»Weil sie etwas können, was du nicht kannst.«

»Was denn?« Er drehte den Kopf, blickte erwartungsvoll zu mir und richtete sich auf. Wieder 'ne typische Trixi-Geschichte, schien er zu denken.

»Sie können fliegen, das kannst du nicht! Ich bewundere sie ob dieser Fähigkeit. Ich würde gern ein Vogel sein.«

Edward dachte nach. Sein Gesicht bekam Farbe. Seine Augen blickten mich hellwach, ja, regelrecht munter an. »Ach, Trixi, was du mir alles so erzählst.« Er lachte still in sich hinein und beobachtete den Himmel. Auf einmal war er ein anderer geworden.

Seit drei Tagen wohnte John G. bei uns in Hoheneich. Er wurde pünktlich von einem Klassenkameraden mit dem Auto abgeholt und auf diese Weise recht stressfrei zum Gymnasium befördert. Der Neue aus Südtirol musste sich erst an das deutsche Schulsystem gewöhnen. Eines Tages, so um die Mittagszeit, erhielt ich einen Anruf von John. Mit zaghafter Stimme fragte er: »Kannst du mich abholen?«

»Es ist doch noch Schule, oder?«, erwiderte ich.
»Ja, aber mir ist schlecht. Bitte hol mich ab!«
Ich war erstaunt, dass der zwanzig Jahre alte Junge, der mich am ersten Abend selbstbewusst mit den Worten »Hörst du nicht, dein Schwein pfeift!« aus seinem Zimmer treiben wollte, nun eine Schwäche zugab. »Klar!«, gab ich zur Antwort. »Ich fahre schon los. Bis gleich!« Meine Devise heißt ja, immer das Positive annehmen. Also glaubte ich ihm und stellte keine kritischen Fragen.
Am Schulhof sah ich schon bald eine blasse Gestalt stehen und auf mich warten. John stieg in mein Auto ein. Während der Fahrt berichtete er: »Mir wurde plötzlich schlecht. Vor den Augen nur schwarze Kreise. Ich musste mich übergeben und habe nur mit Müh und Not die Toilette erreicht. Der Lehrer hatte Mitleid mit mir und mich vom Unterricht befreit. Es war ganz schön peinlich, die Mädchen aus meiner Klasse haben mich blöd angegafft. Eine hat sogar gelacht!« John ließ einen Seufzer hören.
»Passiert dir das öfter?«, fragte ich. »Hast du niedrigen Blutdruck oder ein schwaches Herz?«
»Keine Ahnung.«
»Wir gehen zum Arzt. Der soll dich untersuchen und feststellen, ob du fit bist oder woher deine Beschwerden kommen. Es kann ja auch nur ein Zipperlein sein.«
John stöhnte: »Das kann sicher lange dauern. Die Ärzte haben alle volle Warteräume.«
Gleich nach Johns Anruf hatte ich unseren Hausarzt in Alsfeld angerufen und um einen Nottermin gebeten. Deshalb konnte ich den Patienten beruhigen: »Keine Angst, wir kommen sofort dran!«
Das Auto parkte ich auf dem Marktplatz und ging die wenigen Meter zur Praxis zu Fuß. John taumelte erschreckend umher.
Die Sprechstundenhilfe empfing uns hilfsbereit und fürsorglich. Sie empfahl dem Jungen, sich sofort auf die Liege zu legen, denn es käme öfter vor, dass Schüler, die unter Schwindel

litten, plötzlich umfielen. Sie könnten sich im Sturz eine Wunde schlagen.
Ist das nicht etwas übertrieben?, dachte ich im Stillen. Der Südtiroler Bub aus den Dolomiten war sicher kerngesund. Trotzdem begleitete ich John in das Nebenzimmer. Dort legt er sich flach auf das Lager. Jetzt schlug ich ihm vor: »Ich gehe mal und kaufe ein. Du bist hier gut aufgehoben. Komme gleich zurück.«
»Magst du nicht warten?«, fragte eine matte Stimme.
»Na gut«, antwortete ich und blieb. Ich merkte, dass ich dabei war, war ihm wichtig.
Bald erschien der Doktor und ordnete ein EKG an. John musste Pullover und Hemd ausziehen, um die Elektroden angesetzt zu bekommen. Ich vermutete, dass John sich vor mir mit nacktem Oberkörper genierte. Deshalb behauptete ich: »Jetzt muss ich aber wirklich einkaufen gehen, wir wollen doch zu Mittag etwas Gutes essen.«
»Nein, bleib noch!« John schaute ängstlich und schüchtern den Arzt an.
»Okay!« Also setzte ich mich neben den Patienten und sah zu, wie die Apparate surrten und das EKG aufgezeichnet wurde.
»Tadellos!«, rief der Arzt aus, als er das EKG ansah. »Du bist gesund. Kein auffälliger Befund.« Dann sah er aufmerksam den jungen Patienten an und sagte: »Ich erzähle dir jetzt eine wahre Geschichte aus meinem Leben. Willst du sie hören?«
»Ja«, nickte John.
»Ich war ein junger Soldat von achtzehn Jahren. Wir standen im Manöver. Ich war eigentlich nicht gerne Soldat, die schwere Waffe störte mich und verhakte sich in meinen Schulterpatten, der Helm rutschte mir dauernd über die Augen. Plötzlich erschien der Spieß und brüllte mich an: ›Haltung, Soldat!‹ Ich konnte ihn aber nicht sehen, da ja der Helm über den Augen hing. Ich jammerte rum und suchte nach Ausreden. Das war zu viel. Der Spieß nahm mich zur Seite und sprach eindringlich mit mir: ›Nimm ein Fünfmarkstück, leg

es zwischen deine Arschbacken und kneif die Backen so fest zusammen, dass niemand das Geldstück mehr sehen kann. Hast du begriffen? Wenn ja, dann sag: Jawohl, Herr Oberfeldwebel!‹ Ich hatte sehr gut kapiert, was der Spieß bewirken wollte, und schrie: ›Jawohl! Herr Oberfeldwebel!‹ Und du, hast du auch meine Geschichte verstanden?«

John hörte blass und aufmerksam zu, dann nickte er und sagte mit schwachem Lachen: »Ja, Herr Doktor!« Ich war erleichtert, dass sich der Arzt die Zeit genommen hatte, mit dem sensiblen Schüler zu reden. Die Geschichte gefiel mir. Ich musste zusammen mit dem Arzt lachen. Dann fragten wir uns, welche Münze John benutzen sollte, denn Fünfmarkstücke sind nicht mehr im Handel. Schließlich schrieb der Arzt ein Attest für die Schule und wünschte uns eine gute Heimfahrt. Im Auto ging es dem Kranken schon viel besser, die Wangen waren durchblutet, und mit fester Stimme meinte er: »Meine Übelkeit ist vorbei. Euer Hausarzt ist wirklich nett!«

»Und du bist gesund«, sagte ich, »das ist das Wichtigste. Zu Hause werde ich gut kochen, damit du wieder zu Kräften kommst. Dann werde ich nach einer Münze für dich suchen.« John konnte sich ein Lächeln nicht verkneifen.

Noch zwei Mal kam es vor, dass John mich während des Unterrichts anrief und abgeholt werden wollte.

Beim zweiten Mal fuhr ich los, holte ihn von der Schule ab, vermied jedoch einen Arztbesuch. »Wie dumm«, sagte ich, »dass dich wieder dieser Schwindel und die Übelkeit heimgesucht haben. Wir wissen ja, dass du gesund bist. Was war eigentlich los?«

»Wir sollten gerade eine Arbeit schreiben, und genau dann musste es passieren. Mein Kopf war richtig leer, ich hatte einen totalen Black-out. Mir wurde sauübel, dann musste ich kotzen.«

»Armer Busche!«, sagte ich zwar, war aber nicht mehr wirklich ergriffen.

Als John mich ein paar Wochen später erneut während des

Unterrichts anrief und jammerte: »Mir ist so schlecht!«, zog ich die harte Linie durch: »Diesmal hole ich dich nicht!«, sagte ich. »Wenn du dich übergeben musst, dann gehst du in die Toilette und tust es. Danach setzt du dich wieder in die Klasse und nimmst am Unterricht teil. Du bist ein gestandenes Mannsbild und keine Memme. Das verlange ich von dir: Halte durch! Du schaffst es!«

Meine Standfestigkeit hatte Erfolg. John konnte dem Unterricht folgen und brauchte nie wieder abgeholt zu werden. Natürlich ist es wichtig, zu wissen, ob ein Jugendlicher ernsthaft krank ist oder ob er unter einer psychischen Labilität leidet. Nur dann kann ich resolut, doch auch immer gepaart mit Zuneigung und Fürsorge, agieren. Von diesem Tag an wurde John nie mehr von Übelkeit geplagt.

Auch Casimir war gefangen in seiner Lustlosigkeit. Es war ein sonnig-gelber Herbstnachmittag. Die Hunde tollten im Garten, die Astern blühten lila und dunkelrot, kleine Frösche sprangen im Gras. Ich saß auf der Terrasse, las die Zeitung und wartete auf Casimir, der versprochen hatte, mit den Hausaufgaben zu erscheinen. Nach einer Weile schaute ich, wo er blieb. Ich klopfte an seine Tür, öffnete und sah in dem abgedunkelten Zimmer eine Gestalt quer über dem Bett liegen. Er schlief. Ich weckte ihn, gab ihm aber noch eine halbe Stunde, um richtig wach zu werden. In der Küche machte ich einen Teller mit buntgesprenkelten Donuts bereit. Die stellte ich ihm auf seinen Nachtisch als Appetitanreger. Dann ging ich wieder in den Garten und spielte mit den Hunden. Endlich war Casimir da. Sichtlich schlecht gelaunt zog er die Schultern hoch und kniff die Augen vom hellen Sonnenlicht geblendet zusammen. »Ich hasse Sonne!«, murrte er.

»Herrliches Wetter!«, sagte ich und setzte mich zu ihm an den Tisch. Lustlos blätterte er in seinen Heften herum und schmierte irgendetwas auf Karopapier. Die lasche Arbeitshaltung war nicht länger mit anzusehen, deshalb schlug ich ihm eine Ablenkung vor. »Wollen wir eine kleine Spritztour mit

dem Auto unternehmen?«, fragte ich. »In die Natur eintauchen, die Herbstfärbung bestaunen, die Seele baumeln lassen?«
Doch Casimir war nicht sonderlich begeistert. »Oder möchtest du einmal selbst fahren? Im Wald zum Beispiel? Auf den Privatwegen?« Jetzt glaubte ich, ein kleines Lächeln zu erkennen. »Wenn das geht? Gerne!«, antwortete er zaghaft.
»Ja, klar! In unserem Wald darfst du fahren. Sonst ist es natürlich für dich mit deinen fünfzehn Jahren verboten.« Schon lief ich ins Haus und zog die Cowboystiefel an. Es könnte ja passieren, dass wir stecken blieben und ich vielleicht das Auto anschieben musste, deshalb die Stiefel.
Ich setzte mich ans Steuer und öffnete das Verdeck. Casimir rutschte neben mich auf den Sitz. Wir fuhren los, und voller Abenteuerlust sah ich zu ihm hinüber. Casimir hatte seine dunklen Hummelaugen weit geöffnet und blickte voller stiller Erwartung. Am Waldeingang wechselten wir die Plätze. Natürlich würgte er am Anfang ein paarmal den Motor ab, dann auf einmal fuhr das Auto, ohne zu stottern, auf dem Schotterweg in den Wald hinein. Ich behielt zur Vorsicht meine Hand an der Handbremse und dirigierte ihn, jetzt rechts, nächste links. Über uns lachte der blaue Himmel, der Wind zerzauste unsere Haare. Er war begeistert von dem Gefühl der Freiheit. Aber auch die Anspannung, seine Gedanken auf das Lenken eines Verkehrsmittels zu konzentrieren, tat ihm gut. Wir fuhren jetzt schon recht flott im dritten Gang, vorbei an Fichtenschonungen und Forellenteichen. »Jetzt fehlt nur noch Musik!«, rief er in den Wind.
Ich schaltete das Radio ein und drehte auf mittlere Lautstärke. »Lauter, viel lauter!«, forderte Casimir. Ich gehorchte. Jetzt preschten wir in zügigem Tempo mit dröhnenden Basstönen durch die Tannenwälder. Was würde der Förster von uns denken, wenn wir ihn trafen, durchzuckte mich der Gedanke. Er würde sich sagen, dass wir einen Knall in der Birne hätten. Kein Respekt vor dem ehrwürdigen, schweigenden Wald! Das scheue Wild verjagen mit planlosem Umherfahren! Aber

das glückliche Gesicht von Casimir war mir wichtiger. Die fröhlichen, lauten Juchzer, wenn er aufs Tempo drücken durfte, gaben auch mir ein gutes Gefühl, und ich vergaß den Förster.

Am Waldrand stand eine sehr alte Eiche. In ihren ausladenden Ästen versteckte sich ein Hochsitz, nur die Leiter zeigte den verborgenen Weg zu dem Ansitz. Um den mächtigen Stamm der Eiche führten weiche Sandwege. Dort übten wir das Kurvenfahren. Zuerst ruderte Casimir verzweifelt mit den Armen und drehte das Lenkrad in hektischen Bewegungen. Bald jedoch wurde er ruhiger und konnte die Spur auf dem Weg halten, ohne die Holzstapel im Graben zu rammen.

»Jetzt brauch ich eine Zigarette!«, stöhnte mein Fahrschüler ermattet.

»Gut, wir machen eine Pause. Für heute ist es genug«, antwortete ich. Das Auto ließen wir unter der Eiche im Schatten stehen und setzten uns auf die Kühlerhaube. Wir rauchten genüsslich unsere Zigaretten und blickten über das weite Land, über das kleine Dorf, das sich ins Tal drückte, und über die hügligen Felder, die sich im blauen Dunst der Ferne verloren. Dort, wo der Horizont die Erde berührte, war ein kahler Berg zu sehen, auf dem stand im Mittelalter der Galgen. Aber das wusste nur ich. In der tiefen Ruhe, die diese Landschaft ausdrückte, lösten sich Worte aus der engen Brust, drängten sich quälende Fragen über die Lippen und erhielten Antwort. Casimir fragte viel. Er wollte sein unstetes Leben verstehen: »Warum ist das so? Warum bin ich anders als meine Eltern? Warum verstehe ich sie nicht?«

Und ich antwortete ihm. Das war nicht leicht, aber ich wollte seine aufgewühlte Seele beruhigen: »Weißt du, es liegt daran, dass du viel intelligenter bist als alle!«

Diese Antwort hatte er nicht erwartet. Casimir reckte seinen Oberkörper in die Höhe. Die Worte taten ihm gut. Er lauschte. »Du solltest deinen Eltern Einblick in deine Seele geben, dich ihnen erklären, deine Beweggründe nachvollziehbar machen. Denn du bist ein kostbarer Schatz, der verborgen ist!«

»Du glaubst also, nicht ich sollte die Eltern verstehen, sondern sie mich?«
»Klar, aber du musst ihnen dabei helfen. Deine Eltern haben dich in die Welt gesetzt und haben die Aufgabe, dir das Leben zu erklären.«
»Das erzähl mal meinem Vater!«
»Dein Vater ist sehr unglücklich, dass das Verhältnis zu dir eingefroren ist. Das hat er mir gleich am ersten Tag unserer Begegnung gestanden. Und außerdem musst du noch etwas gutmachen.«
»Was denn?«
»Du musst dich entschuldigen.«
»Was? Ich?«
»Ja, du solltest dich bei deinem Vater entschuldigen, dass du damals, wie du mir erzähltest, die wertvolle Münzsammlung geklaut hast. Du weißt genau, dass er sehr stolz darauf war.«
»Niemals entschuldige ich mich, das kannst du abhaken.«
»Vielleicht ist die Zeit noch nicht reif dafür!«, antwortete ich. »Aber irgendwann wirst du dich entschuldigen, das weiß ich.«
Es wurde kühler. Die Sonne verschwand hinter dem Galgenberg, und wir brachen auf.

Am Abend erzählte ich Jimmy im Turmzimmer von unserem kleinen Abenteuer. Er war nicht begeistert davon, dass wir im Wald Unruhe gestiftet hatten, und meinte: »Lass den Jungen nicht dein Auto fahren. Der hat doch keine Ahnung und lässt die Kupplung schleifen. Du wirst sehen, bald ist das Getriebe im Eimer!« Ich hörte ihm zwar zu, schenkte aber seinem Rat keine weitere Beachtung.
Von nun an unternahmen Casimir und ich fast jeden Tag eine kleine Autofahrt durch den Wald, um abzuschalten und frei zu werden.
Eines Tages fuhren wir wieder um unsere Kulteiche. Mein Schüler hatte sich inzwischen einen flotten Fahrstil angewöhnt. Er steuerte das Lenkrad lässig mit einer Hand, während er mit der anderen weit ausholend in der freien Luft den

Takt zu der lautstarken Radiomusik schlug. Plötzlich tauchte unerwartet wie ein Ufo ein riesiges Automobil vor uns auf und hielt direkt auf uns zu. Casimir riss erschrocken und hektisch das Lenkrad herum. Der sich nähernde Jeep blieb auf der Mitte des Wegs und ließ uns keinen Platz. Ich erkannte den bärtigen Förster und Jimmy im Fond. »Rechts ran!«, rief ich Casimir aufgeregt zu. Und schon saßen wir fest. Unser Auto war in Brombeerranken und wildem Gesträuch versunken. Der Jeep war längst vorbeigefahren. Wir öffneten mühsam die Türen und versuchten, unseren Oldtimer wieder flottzumachen. Wir schoben den Wagen unter lautem Schimpfen auf festen Grund. Endlich geschafft. Nachdem ich außer ein paar Kratzern keine größeren Schäden feststellen konnte, rief ich Casimir zu: »Steig wieder ein, wir fahren heim, los!«
Casimir setzte sich hinter das Steuer und wollte den Anlasser bedienen, doch es gelang ihm nicht. Er war zu nervös und würgte ständig mit zitternden Händen den Motor ab. Armes Seelchen, dachte ich, sein Nervenkostüm war wohl noch zu labil! Ich ließ ihn auf dem Beifahrersitz Platz nehmen und fuhr sehr langsam, betont ruhig, mit leisegestelltem Radio nach Hause.

Casimir schüttelte verzweifelt den Kopf und ein ums andere Mal wiederholte er: »Ich schaffe es nicht, ich kann nicht fahren, einfach nicht möglich!«

»Nimm es nicht so tragisch!«, tröstete ich ihn. »Es ist doch gar nichts passiert! Und, weißt du, Freude und Leid gehören immer zusammen!«

Abends musste ich mir wieder eine Ermahnung von Jimmy gefallen lassen. Leider hatte er recht. Mein Auto brach zum Schluss wirklich mit einem Kupplungsschaden zusammen und musste repariert werden.

## Mutig beim Zahnarzt

An einem Nachmittag musste Antoinella zum Zahnarzt, weil ihre Zahnspange kontrolliert werden sollte. Casimir hatte ihr versprochen, sie zu begleiten, weil sich Antoinella vor diesem Termin fürchtete. Sie war nur sehr unregelmäßig zum Zahnarzt gegangen und hatte an ihrer Spange herumgedreht, so dass der Regulierungseffekt nahe null war. Sicher würde der Arzt darüber recht ungehalten sein, sie rügen und wieder so brutal die Drähte und Schrauben anziehen, bis ihr die Tränen kamen. Das hatte sie schon mehrmals durchlitten.

Einmal war ihr nachts die Spange aus ihrem Mund gefallen, und ich war unglücklicherweise morgens beim Wecken auf das rosa Ungestüm getreten, dass es knackte. Der Zahnarzt, ein Riese in weißem Kittel, war empört gewesen und hatte mir sogar Unordnung im Haushalt unterstellt.

Wir drei fuhren also nach Bad Hersfeld. Antoinella war erleichtert, dass ihr Casimir die Zeit im Wartezimmer mit Witzen und Erzählungen verkürzte und ihr die Angst vor dem gnadenlosen Mann in Weiß nahm. Wolfszahn war unglaublich mutig und ehrlich, das gefiel meiner jüngsten Tochter sehr. Denn auch sie war ein »Wildpferd« mit unbändigem Freiheitsdrang.

Der Zahnarzt besaß am Rande der Stadt eine Villa. Seine Praxis war in der unteren Etage. Casimir und ich saßen im vollbesetzten Wartezimmer und blätterten in Journalen. Antoinella war schon länger im Behandlungszimmer. Ab und zu schaute Casimir von den Heften auf und auf seine Armbanduhr. Das Glas seiner Uhr war fürchterlich zerkratzt, das fiel mir auf. Ich erinnerte mich wieder an die Geschichte mit der Razzia in seiner Heimatstadt, bei der ihn die Polizisten gegen eine Steinmauer gepresst hatten.

»Wie lange sie wohl schon drin ist?«, dachte ich laut.

»Eine Stunde!«, war die Antwort.

Ich wollte schon im Behandlungsraum nachsehen, als die Tür aufgerissen wurde und ein heulendes Mädchen herausrannte.

Antoinella hielt sich die Hand vor den Mund, ihr Gesicht war tränenüberströmt und von roten Flecken übersät.
Erschrocken sprang ich vom Korbstuhl auf. Casimir aber legte fast eine Stunt-Nummer hin. Kaum hatte er den Ernst der Lage erfasst – Antoinella weinte, was hatte man ihr angetan? –, da schwor er auch schon Rache! Er setzte mit einem Riesensprung über den Zeitungstisch, warf das Heft, das er gerade gelesen hatte, über die Köpfe der Patienten und griff nach Antoinella. Dann brüllte er laut auf: »Was hat er dir angetan? Sag es, ich bring den Kerl um!«
Die Patienten im Raum zogen erschrocken die Köpfe ein, während Antoinella schluchzend die Hand ihres Retters festhielt. Casimir wollte sich nicht beruhigen. Erneut rief er: »Hat er dir weh getan? Du weinst! Dieser Sadist! Dieser Folterknecht! O das gibt Ärger!«
Da ich genau wusste, wozu Casimir, der Rebell, in seiner Wut fähig war, beeilte ich mich, die beiden aus der Praxis zu schieben. Gerade noch war mir die kurz zurückliegende Geschichte mit dem Friseur eingefallen: Casimir hatte sich entschlossen, seine Haare schneiden zu lassen. Während der Prozedur las er leichtsinnigerweise die Zeitung. Als der Friseur schließlich die Schere niederlegte und Casimir sein Spiegelbild betrachtete, rastete er völlig aus. Was er da sah, gefiel ihm überhaupt nicht. Er sprang vom Stuhl auf, verpasste dem ahnungslosen Barbier einen Kinnhaken und rief: »Wollte ich eine Pisspott-Frisur?«
Draußen sah ich mir meine Tochter etwas genauer an. Ihr Mund war blutig, und die Drähte der Zahnspange drangen ihr ins Zahnfleisch. Der höllische Schmerz hatte den Arzt wenig gekümmert. Stattdessen hatte er ihr vorgeworfen, dass die Spange nicht ordnungsgemäß behandelt worden wäre.
»Kühlen – Eisbecher – Eisdiele – ganz ruhig!«, schlug ich im Auto vor.
Dieser aufregende Tag endete dann noch gemütlich in der Eisdiele. Antoinella beruhigte sich wieder, das kalte Eis tat ihr gut. Auch Casimir genoss sichtlich seinen Eisbecher, obwohl

er sich vor noch nicht allzu langer Zeit geweigert hatte, in diesem »Tantenpuff« einen Milchkaffee zu trinken.
Ein paar Tage später fragte ich Casimir, ob er sich nicht auch seine Zähne regulieren lassen wolle, natürlich bei einem humaneren Arzt, als dem, den wir gerade erlebt hatten. Überraschenderweise willigte Casimir ein: »Warum denn nicht? Dann kann ich die Mädchen noch besser anmachen!«
»Deine Wolfszähne sehen zwar wild und gefährlich aus, doch vielleicht ist die Pflege danach etwas einfacher«, war meine Meinung.
Gleich am nächsten Tag ließ ich mir einen Termin bei einer netten Zahnärztin in Alsfeld geben. In der folgenden Woche fuhr ich Casimir in die Sprechstunde. Er war locker drauf und sprang auf den Behandlungsstuhl, Sabberlätzchen umhängen, Beine gerade ausrichten und warten. Ich setzte mich unterdessen in den Warteraum. Nach einer Weile erschien die Ärztin und bat mich mit ernster Miene ins Behandlungszimmer. Casimir saß wie versteinert auf dem Stuhl und starrte die Decke an. Die Ärztin wirkte äußerst nervös, irgendetwas musste sie aufgeregt haben. »Ich kann diesen jungen Mann nicht behandeln, tut mir leid!«, sagte sie indigniert.
»Warum nicht? Wo liegt das Problem?«, wollte ich wissen.
»Ich bin Zahnärztin und behandele demzufolge Zähne. Um die begutachten zu können, muss der Patient den Mund öffnen. Das ist die simple Grundbedingung!«
»Ist klar!«
»Aber Ihr Ziehsohn weigert sich, den Mund aufzumachen.«
»Was? Casimir stimmt das?«
Casimir brummte mit zusammengepressten Lippen und nickte. Die Ärztin fragte das letzte Mal: »Öffnest du jetzt bitte deinen Mund?«
Kopfschütteln war die Antwort.
»So etwas ist mir in meiner ganzen Praxiszeit noch nie passiert! Das ist heftig! Er ist doch kein Kleinkind mehr!«, beschwerte sich die Ärztin. »Bitte verlassen Sie jetzt meine Praxis! Auf Wiedersehen.«

Draußen sah ich meinen Wolfszahn mit Verwunderung an. Er lachte und sang ein Liedchen. »Casimir, du wolltest doch den Zahnarzttermin oder hast du es dir anders überlegt?«, fragte ich.
»Korrekt! Anders überlegt! Null Bock!«, antwortete er völlig unbeeindruckt. Er wollte sich offensichtlich nicht anpassen an die von ihm verachtete Masse der grauen Durchschnittsmenschheit.
»Wie du willst!«, sagte ich. »Du bist der Wolfszahn und willst deinem Image treu bleiben. Bleib also ein wilder, bitte aber sehr treuer Wolf!« Damit war das Thema für mich beendet.

## Gute Freunde sind wichtig

Im Lauf des ersten Schuljahrs festigte Casimir die Freundschaft zu seinem Klassenkameraden Daniel Grün. Die beiden waren bald unzertrennlich. Ich befürwortete diese Bindung, denn wahre Freunde sind sehr selten und deshalb kostbar. Oft hatte ich Casimir auf den Hof der Grüns gefahren, dort blieb mein Pflegekind am Nachmittag und genoss das ländliche Leben, das ihm, dem Großstädter, bislang völlig fremd war.
Im Winter sollte auf dem Hof ein Schwein geschlachtet werden. Casimir war stolz, als Helfer eingeteilt zu sein, und war schon Tage vorher in hektischer Aufregung. »Ganz klar, ich trage das Schwein auf meinen Schultern aus dem Stall. Dann werfe ich es in den Trog. Ich bin ein super Helfer, Trixi, du wirst es sehen!«, so tönte Casimir vorher.
Das Schwein brauchte er natürlich nicht zu tragen. Ganz im Gegenteil, als Casimir auf den Hof trat, war das Tier bereits tot und schwamm in einer Blutlache. Als Casimir, das Stadtkind, das viele Blut in der Holzwanne sah, fiel er beinahe in Ohnmacht. Er sollte mit einem Kochlöffel die rote, schäumende Masse für die Blutwurst rühren, damit sie nicht klumpig wurde. Das tat er angewidert, indem er den Blick gen

Himmel richtete. Der Metzger, in blutbeschmierter Plastikschürze, gesellte sich auf einmal zu ihm und gab ihm etwas in die Hand:

»Hier, Junge, das ist nur für dich!« Zuerst erkannte Casimir die glibberigen Murmeln in seinen Fingern nicht. Alle lachten. Doch dann sah er genau hin und plötzlich wusste er, diese Dinger waren die noch warmen Schweineaugen! Die Augen vom toten Schwein! Das war zu viel: Kaum noch bei Sinnen, taumelte er rückwärts genau in die Arme seines Freundes. Der hielt ihn fest und zog ihn schnell ins Haus. Dort legte er ihn auf die Couch.

Am Abend holte ich dann einen ziemlich blass aussehenden Ziehsohn ab und redete noch etwas mit der gutgebauten, kräftigen Bäuerin.

»Endlich haben Sie 'nen richtigen Menschen aus dem gemacht!«, sagte Frau Grün. »Der war ja nicht Fisch und nicht Fleisch!«

»Tatsächlich? Ist das Ihr Eindruck? Vielen Dank!« Ich freute mich wirklich über das Lob, denn eine Landfrau ihres Kalibers hatte ein gutes Gespür für alles im Leben.

»Auch die kurzen Haare sind jetzt prima. Er sah doch zuerst mit den Zottelfransen wie ein Mädchen aus! Na ja, ein bisschen stabiler kann er noch werden, aber es wird schon!«, fügte die Bäuerin lachend hinzu.

»Oh, das darf ich ihm nicht sagen. Da wäre er sauer. Wo er sich wie Tarzan fühlt. Ich bin gespannt, wie er seinen Schwächeanfall wegsteckt!«

Die Bäuerin lachte herzhaft und half mir, den Taumelnden ins Auto zu verfrachten.

Auf der Fahrt nach Hoheneich jammerte Casimir: »So hart hab ich mir das Landleben nicht vorgestellt! Es ist ja richtig brutal!«

Ich blickte kurz zu ihm hinüber. Das musst du gerade sagen, dachte ich.

»Die Gesetze der Natur sind hart, manchmal sogar grausam, aber nie hinterhältig. Nur der Mensch ist brutal, gnadenlos

und gierig. Die Natur würde nie aus Habgier handeln, wie zum Beispiel deine fiesen Drogenhändler!«
»Mist! Musst du immer wieder von diesem Thema anfangen?« Ihm war einfach nicht zum Kämpfen zumute, deshalb krächzte er zur Ablenkung mit einem lauten Gähnen: »Das Landleben macht müde. Jetzt freu ich mich auf mein weiches Bett! Schweinewürste esse ich in der nächsten Zeit auf jeden Fall nicht mehr! Nichts mehr von der Sau, das ist Gesetz!«

## Frühlingsgefühle

Der März war ein wunderbarer Monat, weil der Motorroller wieder angemeldet werden konnte und Antoinella mit Casimir nicht mehr auf den Bus warten musste. »Busfahren ist so fies!«, beschwerte sich Antoinella oft. »Besonders nervig sind die Jungs aus den unteren Klassen, die kleinen frechen Kerle! Die schieben den alten Frauen, die manchmal mitfahren, die Hüte vom Kopf, so dass sie denen über die Augen rutschen, schneiden mit Scheren den vor ihnen sitzenden Mädchen einfach die langen Haarsträhnen ab oder spucken den größeren Schülern ins Gesicht.«
»Das tun die Bengels nur so lange, bis ich mir einen schnappe und mal richtig vertrimme. Dann geben sie Ruhe, diese Kerle. Mit denen kenne ich kein Erbarmen!«, meinte Casimir.
»Die schwere Zeit ist vorbei, der rote Flitzer kann betankt werden!«, lenkte ich ab. »Morgen startet ihr eure erste gemeinsame Fahrt!«
Casimir war richtig aufgeregt. Der rote Roller sah in der Tat rasant aus. Einen zweiten Sturzhelm hatten wir besorgt, und schon startete Antoinella den Motor. Casimir stieg auf den hinteren Sitz und legte seine Arme um Antoinellas Taille. Lachend schlossen die beiden das Visier ihrer Helme und brausten los.
An diesem Tag hatten die Schüler der Klasse 10 C acht Stunden Unterricht. In der letzten Stunde Mathematik. Der Schul-

trott war lang und ermüdend, nach der sechsten Stunde war die Luft raus, und allgemeine Erschöpfung machte sich breit. Antoinella stand in der großen Pause mit ihren Freundinnen Helena und Rita zusammen, als Casimir und Daniel herbeischlenderten.
»Ich habe Lust auf Pizza!«, sagte Rita.
»Ja, klasse!«, fand auch Antoinella. »Wir bestellen uns eine große Pizza für alle vom ›Pomodore‹!«
»Ich habe mein Handy dabei, wisst ihr die Nummer?«, fragte Helena.
Daniel kannte die Nummer des italienischen Pizzabäckers und rief die Klassenkameraden zusammen. Jeder konnte seinen speziellen Pizzabelag, Schinken oder Salami, Spinat oder Käse, wählen, und schon ging die Bestellung per Telefon raus.
Herr Höslein gab Mathe in der Klasse 10 C. Er war erleichtert, dass der Lernstoff vor der nahenden Klassenarbeit ziemlich gut verstanden war. Deshalb wollte er an diesem Nachmittag nur noch ein paar Aufgaben zur Wiederholung durchrechnen. Nach zehn Minuten klopfte es an der Tür.
»Herein!«, forderte der Lehrer. »Nanu, wer wird das sein?« Er ging zur Tür, doch schon wurde diese energisch geöffnet.
»Pizza, prego, für alle!«, rief eine muntere Stimme. Ein kleiner Italiener betrat singend den Klassenraum und balancierte auf seinen Händen zwei köstlich duftende Bleche.
»Halt, was ist das denn?«, rief Herr Höslein entrüstet.
»Die ist bestellt, bellissimo, bitte sofort zahlen!«, sagte der Italiener und stellte die Bleche auf den ersten Tisch. Die Schüler sprangen von ihren Sitzen und begrüßten den Pizzabäcker begeistert. Sie zahlten und nahmen die in Portionen geschnittenen Teile entgegen.
»Das ist ja unglaublich!«, empörte sich der Lehrer. »Ihr könnt doch nicht in meiner Stunde einfach Pizza essen! Das ist eine Unverschämtheit!«
»Doch, doch!«, antwortete Daniel. »Wir haben eben bezahlt und jetzt haben wir auch das Recht, die Ware zu essen!«

»Schmeckt köstlich!«, rief Antoinella. »Hmm, die Schinkenpizza ist die beste!«
»Ich will die mit Spinat!«, war Casimir laut zu vernehmen. »Mit Fleisch, womöglich vom Schwein – hey, Daniel, ist das eure Sau? –, könnt ihr mich jagen!«
Herr Höslein war sauer. Die Klasse war nicht mehr zum Arbeiten zu bringen. Die Schüler kauten und schmatzten, saßen zusammen und füllten sich die Bäuche mit größtem Behagen. Nach einigem Kopfschütteln sprang Herr Höslein über seinen Schatten und fragte jetzt recht locker: »Habt ihr mir wenigstens auch eine bestellt?«
»Nein!«, musste ihn Daniel enttäuschen. »Das sind doch Schülerpizzen! Und Sie sind halt nur ein Lehrer. Pech! Tut uns wirklich leid!«
Der Lehrer musste achselzuckend mit ansehen, wie seine Schüler Pizza aßen und so taten, als ob sie in der nächstbesten Pizzeria saßen. Resignierend packte er seine Zeitung aus und las, bis die Schulglocke die Stunde beendete.
Zu Hause angekommen, stiegen Casimir und Antoinella flink vom Motorroller herunter und liefen in die Küche, wo Galina sie schon erwartete.
»Na, wie war Schule?«, fragte die Haushaltshilfe.
»Gut, gut! Heute war es wirklich lustig und gar nicht so stressig.«
»Besonders mau war Mathe!«, antwortete Casimir.
»Mau, heißt Quatsch, nicht lernen!«, wusste Galina.
Als die Pizzageschichte später beim gemeinsamen Essen herauskam, war ich alles andere als begeistert: »Der arme Herr Höslein tut mir wirklich leid!«, sagte ich. »Ihr verscherzt euch noch alle Sympathien bei diesem geistreichen und gutmütigen Mann!«
»Ach, Kawatsch!«, sagte Antoinella. Sie gebrauchte immer diesen Ausdruck für Quatsch, wenn sie gut drauf war.
»Wir brauchten halt ein bisschen Abwechslung, Trixi, die Schule ist meist grau und öde wie ein altes Stück Ziegenleder beim Monsieur Santé in Nancy«, sagte Casimir.

Galina brummte aus der Küche: »In Kasachstan haben wir Lehrer mit Stock, der schlägt auf nackte Füße. Manchmal machte er einen Schlüssel auf einem Ofen heiß, und dann, zack, in den Ausschnitt von Pullover schmeißen. Das zischt dann!«
»Das sind ja Barbaren! Was für ein Schwachsinn! Wir sind modern hier und haben Rechte«, wandte Casimir ein.
»Ich hätte die Pizza samt Blech aus dem Fenster geworfen, das kannst du glauben! In meiner Unterrichtsstunde hätte mit Sicherheit keiner der Schüler gegessen,« sagte ich, sprang vom Stuhl auf und zeigte zum Fenster.
»Dann hättest du aber Ärger mit den Eltern bekommen, Mami, denn das ganze Geld – ihr Geld – aus dem Fenster zu schmeißen, das hätte sie empört, und du hättest am Ende noch den Verlust begleichen müssen. Eltern halten meistens zu ihren Kindern. Die sind nicht so wie du!«
»Ich halte auch zu euch, das wisst ihr! Aber alles was Recht ist, in dem Fall habt ihr euch nicht richtig verhalten. Ihr könnt in der Pause essen, aber nicht die Gutmütigkeit eines Lehrers ausnutzen, den Unterricht platzen lassen und den Lehrer demütigen.«
»Der Gunther wird's schon überstehen! Eigentlich mögen wir ihn ja«, entgegnete Antoinella. Die Tafel wurde aufgehoben, und die müden Schüler schlichen auf ihre Zimmer.

## Wo ist Heimat?

An einem warmen Frühlingstag arbeiteten Galina und ich im Garten. Im hohen Himmel war auf einmal ein leises Dröhnen zu hören. Ich schaute in die blaue Sphäre und sah ein Flugzeug, das von West nach Ost flog und einen weißen Wattestreifen hinter sich herzog.
»Galina!«, rief ich. »Schau mal, dieser Flieger besucht deine Heimat Kasachstan. Willst du nicht mit?«
»Nein, ich bleibe in Deutschland, hier ist jetzt meine Heimat. Alle meine Verwandten und Freunde haben Russland verlas-

sen. Dort kenne ich jetzt niemand mehr.« Die Deutschrussin reckte ihr kleine, runde Nase in den Himmel und verfolgte gelassen den Flieger.
Galina hat recht, dachte ich, dort, wo Freunde und Verwandte sind, dort ist Heimat. Casimir fühlte sich unwohl in seiner Heimat, weil er in Tübingen keine Freunde hat, die engsten Verwandten lieblos sind – von seinem Großvater und seiner Großmutter hatte er nie etwas erzählt, auch nicht von seinen Onkeln und Tanten. Ich nahm mir vor, ihn bei nächster Gelegenheit nach seinen Verwandten zu fragen, denn die Familienbande geben doch Geborgenheit, wie es Professor Guggenbühel einmal gesagt hatte.
»Da kommen Reiter!«, unterbrach Galina meine Gedanken und zeigte auf zwei nahende Gestalten. Es waren Antoinella und Casimir.
»Oh, kleiner Mann wird groß!«, bemerkte Galina.
»Siehst du es auch? Ja, Casimir ist gewachsen.«
»Zuerst schießt der Hals in die Höhe wie bei einer Giraffe!«, lachte Galina und stützte die Hände in die runden Hüften. »Aber er wird guter Mann!« Sie winkte den beiden zu.
Die Russin hatte mit klarem Blick erkannt, dass Casimir wirklich zu wachsen anfing. Seine Gestalt sah auf einmal recht unproportioniert aus, sein Kopf war klein und schmal, seine Beine waren nicht besonders lang, aber sein Hals drängte vorwitzig aus dem Kragen.
Antoinella führte die Stute Olga am Halfter, und Casimir lief nebenher. Dabei ärgerte er gekonnt mit einem Stock den schwarzen Ziegenbock, der im gleichen Stall wie die Stute wohnte und ihr nicht von der Seite wich. Die Wiesen waren um diese Jahreszeit noch nass und aufgeweicht. Deshalb durften die Tiere nicht auf das frische Gras, aber auf dem lockeren Sand im Paddock, einem eingezäunten Platz hinter den Kastanien am Ende des Gartens, durften sie laufen. Casimir öffnete das Holztor der Umfriedung und ließ mit einer höflichen Verneigung dem edlen Tier Olga den Vortritt. Der kleine schwarze Teufel Bobby, der Ziegenbock, preschte hinter der

Stute her und rammte seine Hörner voller Übermut in die Pfosten, dass die Rinde von den Stämmen flog. Schnell schloss Casimir wieder das Tor hinter den beiden Tieren. Antoinella sprang auf den Holzzaun und lachte Casimir zu: »Komm auch hoch! Das musst du sehen, Olga und Bobby sind richtig sonnenhungrig.«

Beide sahen jetzt zu, wie die Stute von einer Zaunecke in die andere lief, den schmalen Kopf nach oben warf, die Nüstern blähte und laut schnaubte. Der Ziegenbock, der jederzeit unter den Holzlatten hindurchschlüpfen konnte, blieb jedoch bei seiner Freundin und tobte mit ihr gemeinsam im Karree. Maxim, unser Retriever, sprang außen um den Paddock herum und bellte vor lauter Aufregung.

Galina und ich sahen dem Treiben des bunten »Zoos« von ferne zu. »Das ist es, was er braucht«, meinte Galina, »ein schönes Land, gute Tiere, liebes Mädchen, dann hat Seele Heimat, und Mensch kann wachsen.«

»Ja«, erwiderte ich, »der wilde Wolfszahn hat nie eine Bindung zu etwas aufgebaut, nicht zu Menschen und nicht zur Natur. Er war immer von Unruhe getrieben und wusste nicht, warum. Wir müssen ihm helfen, seinen Weg zu finden. Zuerst muss er seine Umgebung mit Interesse wahrnehmen, dann wachsen die Zuneigung und das Gefühl der Zugehörigkeit von ganz alleine.«

»Na, noch bisschen warten, dann wird der junge Mann kapieren.«

Galina legte die Rosenschere auf den Boden und ging zurück in die Küche.

## Der schnelle Motorroller

Antoinella trank morgens gern einen heißen Kakao mit viel Schokoladenpulver und war danach hellwach und konzentriert. Casimir dagegen hasste Kakao: »So ein Kinderkram«, sagte er. Er liebte Coca-Cola, doch die gab es bei uns nicht.

Nur zu besonderen Gelegenheiten habe ich sie mal gekauft. Also musste er mit Saft oder Kaffee vorliebnehmen.
»Trixi!«, rief er dann schon im Flur. »Viel Kaffee, stark und schwarz, schnell, schnell!«
»Jawohl, Herr Kommandeur! Alles fertig!«, beruhigte ich ihn.
»Meine Tasche … die Zettel … heute schreiben wir eine Fuck-Arbeit! Wo ist mein Spicker?« Casimir kritzelte sich hastig mit fahrigen Bewegungen Formeln und Kürzel in die Handfläche. Antoinella hatte schon das Haus verlassen, um den Roller zu starten. Als Casimir das Motorengeräusch vernahm, wurde er noch kopfloser. »Cola! Ich muss Cola trinken. Ich bin nicht wach genug für die Höllenfahrt!«
»Ausnahmsweise«, antwortete ich, zauberte die Flasche aus dem Versteck und schenkte ihm ein Glas ein, »aber was meinst du mit der Höllenfahrt? Das Vehikel schafft kaum sechzig Kilometer pro Stunde, das ist doch nicht schnell.«
»Hast du eine Ahnung«, rief Casimir. »Deine Tochter fährt wie ein Henker! Wenn wir Lastwagen überholen oder über die Brücke preschen, dann ist der Seitenwind so stark, dass wir auf die Felder schleudern.«
»Ganz ruhig! Ganz ruhig! Meine Tochter ist eine gute Fahrerin, das weiß ich.«
»Los, Casimir, aufsitzen!« Antoinella trug bereits ihren Motorradhelm und rief durch die Öffnung ihres hochgeklappten Visiers. Sie ließ zur Betonung den Motor aufheulen.
»Mein Helm? Wo ist mein Helm?« Casimir rannte zurück ins Haus.
»Der Helm ist hier, hängt am Rücksitz, du Tränentier!«, antwortete die Fahrerin.
»Was? Wo? Natürlich dort!« Casimir rannte wieder die Treppe hinunter, stülpte sich den übergroßen Helm über den Kopf und sprang auf den Sitz hinter Antoinella.
Er klammerte sich an dem Mädchen fest, das nun den Ständer des Motorbikes nach hinten kickte, Gas gab und mich noch schnell mit dem Victory-Zeichen grüßte. Casimir saß ganz

steif auf seinem Platz, unfähig, auch nur die kleinste Drehung oder Bewegung auf seinem Sitz zu wagen, sonst wäre er – da war er sich absolut sicher – heruntergefallen.
Ich schaute noch eine Weile den beiden Gestalten in ihren runden Sturzhelmen nach, die wie große Käfer rot und schwarz in der Morgensonne glänzten.
Wovor dieser Wolfszahn solche Angst hat, fragte ich mich. Der wilde Draufgänger hatte doch schon ganz andere Abenteuer überstanden, sogar, ohne mit der Wimper zu zucken, brutale Gewalt angewendet.
Während der Fahrt krallte sich Casimir an Antoinella fest. Ihm war schwindlig vor den Augen. Sein Herz raste. Plötzlich spürte er es warm am Bein herunterlaufen. Das war ihm schon mal passiert, er hatte einfach keine Gewalt darüber. Seine Eingeweide wollten ihm ebenfalls nicht gehorchen. Das war ihm fürchterlich peinlich, doch weil er um seine Schwächen wusste, war er nicht überrascht. In der nächsten Kurve schrie ihm die Fahrerin etwas nach hinten zu. Er konnte es nicht verstehen, vernahm nur ein helles Auflachen.
»Yippiee!«, hörte er Antoinella jubeln. Sie legte sich in die Kurve, rechts hinein, links heraus, rechts hinein … Das Fußpedal berührte fast den Boden, ja, jetzt streifte sein Fuß sogar den Teer der Straße.
»Halt!«, versuchte er sich bemerkbar zu machen. »Halt endlich an!« Doch Antoinella hörte ihn nicht. Sie liebte den Tanz auf dem Asphalt. Casimir wähnte sich vor dem Abgrund zur Hölle. Und Antoinella war der Racheengel, der seine Sünden bestrafen sollte. Ihr Gesicht, das breit lachte, und ihr »Yippiee« mutierten in seiner Vorstellung zur Fratze. Casimir fühlte sich bedroht, irgendetwas griff nach ihm und schnürte ihm den Hals zu. Erst als sie sich dem Stadtrand näherten, die Lindenallee durchfahren wurde, die ersten Häuser der kleinen Stadt am Horizont erschienen, atmete er durch und lockerte seine verkrampften Beine.
Vor der Schule stieg Casimir steif vom Beifahrersitz. Verstohlen blickte er an sich herunter und sah den dunklen Fleck auf

seiner Hose, mitten zwischen den Beinen. Schnell presste er sich die Schultasche davor und lachte seine Pilotin schüchtern an. Schon kamen die Schulkameraden vorbei, Helena und Rita umringten die beiden, alle liefen laut palavernd der Schule entgegen.

Abends am Bett im Leopardenzimmer führten wir noch lange Gespräche.

»Was ist eigentlich los mit dir, Casimir? Warum hast du so furchtbare Angst beim Motorrollerfahren?«, wollte ich wissen.

»Ich und Angst, keine Spur!«, wiegelte er zuerst ab.

Ich blieb sitzen. Er kuschelte sich in seine Decke ein. Auf einmal begann er zu erzählen: »Wenn es zu schnell wird, drehen meine Sinne einfach durch. Ich kann dann nichts mehr sortieren, verliere völlig die Orientierung. Gedankenfetzen sausen mir durchs Hirn, und alle möglichen Bilder verfolgen mich.«

»An was denkst du dann, was plagt dich?«

»Ich sehe ›Bengas‹, den Dealer, in seinem roten Sportflitzer hinter mir herrasen. Der verfolgt mich, um sein Geld einzutreiben. Dann bin ich in Frankreich. Die Flics sind hinter mir her, packen mich, bearbeiten mich mit dem ›Kobutan‹ und wollen mich ins ›Viereck‹ sperren. Dieser Kobutan, das ist ein kleiner Stahlstift. Man kann ihn gar nicht sehen, er tut aber höllisch weh, wenn sie damit die richtigen Nerven erwischen! Ich war immer einer der Mutigsten, wollte nicht kneifen. Als mich die Flics verhörten, hielt ich drei Tage durch, ohne meinen Namen zu verraten. Es gab nichts zu essen. Das machte mir nichts aus. Aber jetzt ist es anders. Weil eigentlich alles um mich herum so schön und friedlich ist, scheinen mir die Götter das zu neiden und verderben mir die Freude. Wenn die Landschaft vorbeisaust und sich Antoinella in die Kurven legt, dann höre ich wieder die Stimmen von früher. Und die machen mir Angst.«

Was hat dieser junge Mensch schon alles erlebt, dachte ich mit Staunen und auch Respekt. Was Casimir und auch die anderen

Problemjugendlichen so alles mit sich allein ausmachen müssen und in ihrem Inneren vor uns verschließen. Manchmal bekam ich eine leise Ahnung davon, manchmal konnte ich in ihren Augen lesen, manchmal gewährten sie mir Einblick in die Tiefe ihrer Seele. Und ich erschrak jedes Mal vor diesen Erfahrungen und der Weisheit, die sich darin spiegelten. Ich stand auf und strich Casimirs Daunendecke glatt: »Jetzt wird alles gut, bei uns bist du geborgen. Du hast alle Zeit der Welt, deine Erlebnisse zu verarbeiten! Ich beschütze dich!«, beruhigte ich den Ängstlichen. »Morgen wird ein schöner Tag!«

## Der unerwünschte Sohn

Kurz vor den Sommerferien rief Herr Dr. D. in Hoheneich an. »Gnädige Frau«, begann er, »meine Frau und ich haben uns Gedanken über die bevorstehenden Sommerferien gemacht. Wir sind zu dem Resultat gekommen, dass Casimir auf keinen Fall zu uns nach Tübingen kommen sollte.«

»Ihr Sohn kann gerne bei uns bleiben.«

»Das wäre uns sehr lieb, denn wir halten Seminare und sind nicht zu Hause. Die Lage bezüglich des Kerls, der hier ständig vor der Tür herumlungert und Geld erpressen möchte, hat sich einigermaßen beruhigt. Laut Aussage meines Sohns haben die Eintreiber der noch ausstehenden Drogengelder keinen Anspruch darauf. Deshalb wäre es ungünstig, wenn sich durch Casimirs Erscheinen die Situation wieder verschärfen würde.«

»Das kann ich verstehen, wunderbar. Dann fährt Casimir halt mit uns nach Sylt. Dort haben wir für die Ferien gebucht!«, entschied ich mit Freude.

So kam es, dass Casimir mit uns auf die Insel fuhr. Zuerst widerwillig, denn er wäre viel lieber nach Nancy gereist. Dann aber begeisterten ihn die schmale Insel in der Nordsee, die strohgedeckten Häuser, der ständige Wind, die urigen Fischerrestaurants, eine gewachsene Natürlichkeit, die ihm ge-

fiel. Tief sog er die salzige Jodluft in seine verteerten Lungenflügel ein.
In dieser guten Luft wird Casimir sicher wachsen, dachte ich und beobachtete jeden Tag aufs Neue mit Argusaugen die dünne Gestalt in der Badehose. Bald war Casimir, wie auch die übrige Familie, sonnengebräunt und sah wirklich blendend aus. Ich hätte wetten können, dass er vielleicht schon acht bis zehn Zentimeter gewachsen war.
»Diese albernen Steppjacken, wie sie hier jeder Depp trägt, machen mich richtig wütend. Richtige Kapitalisten-Einheitstarnung!«, schimpfte er eines Tages, als er mit Ferdinand über die »Fun-Meile« des Badeorts bummelte.
»Na und«, erwiderte Ferdinand, »so eine Jacke besitze ich auch, die schützt prima gegen diesen ewigen Wind.«
»Nie würde ich so eine Jacke anziehen, nie im Leben! Wie ich diese Lackaffen verachte!«, verzog Casimir angewidert die Mundwinkel.
Am Abend fand eine Jubiläumsfete in einer beliebten Diskothek auf der Meile statt. Daran teilzunehmen war ein »Muss«, Prominenz wurde erwartet und extra mit dem Jet eingeflogen. Ferdinand freute sich darauf, denn er erwartete viele hübsche, sonnengebräunte Mädchen in freizügigem Outfit.
Vor der Diskothek waren Partytische aufgestellt, die mit langen weißen Tüchern und bunten Schleifen dekoriert waren. Eine Band spielte, von lachenden Mädchen wurden grüne und rote Getränke gereicht, die Stimmung war fabelhaft. Ferdinand hatte sich seine Haare gegelt und mit einem breiten Kamm sichtbare Spuren in die Frisur gezogen. Er trug eine Krawatte zum weißen Hemd und einen dunkelblauen Blazer. Auch Casimir konnte überredet werden, ausnahmsweise seine schwarzen XXL-T-Shirts im Schrank zu lassen und ein Hemd anzuziehen. Ein Halstuch würde gut dazu passen, fand Antoinella. Beide Jungs sahen prima aus, waren in bester Stimmung. Dann wurde zum Buffet ins weiße Zelt gebeten. Jimmy und ich waren bald von alten Freunden umringt, die wir immer wieder auf der Insel trafen. Casimir und Ferdi-

nand, Antoinella und Lucy standen mit anderen Jugendlichen an einem Nachbartisch und aßen mit großem Appetit Krebse und Krabben. Als treusorgende Pflegemama ließ ich hin und wieder einen Blick auf meinen Ziehsohn fallen. Ich beobachtete, dass Casimir ab und zu den Platz verließ, einige Minuten verschwand und besonders heiter wieder erschien. Als Zeichen meiner Sympathie winkte ich Casimir immer wieder mal aufmunternd zu. Er gab ein Zeichen zurück und hielt den Daumen lachend nach oben. Bald gesellte sich eine Dame zu uns. Sie wollte, dass ihre sechzehnjährige Tochter, die sich auch unter dem Jungvolk befand, ein paar neue Freunde gewänne.

»Welche sind denn Ihre Kinder?«, fragte sie mich und schwenkte ihr Glas in die Runde.

»Die Blonde dort ist unsere Antoinella, die im weißen Kleid ist Lucy, und mein Sohn Ferdinand steht dort neben Casimir.«

»Ist der junge Herr, Casimir, auch Ihr Sohn?«

»Nein, hat er Sie noch nicht begrüßt?« Ich winkte Casimir zu mir. Casimir stand lachend auf und schob den Stuhl nach hinten. Er sieht wirklich gut aus, dachte ich voller Stolz, die gepflegten Haare, das männliche Profil, der gerade Blick: Aus dem schmuddligen Punk von gestern war ein richtiger »Gatsby« geworden! Mit stillem Triumph blickte ich meine Nachbarin an, als ich aus dem Augenwinkel das Unglaubliche sah. Mein Gatsby rutschte plötzlich an der Zeltwand entlang ganz langsam zu Boden. Seine Knie gaben einfach nach wie Gummi. Er sackte unter den Tisch.

»Um Gottes willen, ist das Ihr Sohn?«

»Was ist mit ihm? Hat er einen Schwächeanfall?«

»Vielleicht ein Epileptiker?«, fragten mehrere Stimmen durcheinander.

Ich sprang rasch zu meinem ohnmächtigen Schützling, der zwischen den Beinen der Erwachsenen lag.

»Casimir, was ist los?«, fragte ich atemlos. Schon war Ferdinand an meiner Seite.

»Der ist blau, total besoffen, Mum, mach keinen Aufstand! Schnell ins Auto mit ihm, und dann nichts wie nach Hause ins Bett«, flüsterte er mir ins Ohr.
»Nein, nein! Wir brauchen keinen Arzt!«, rief Ferdinand den hilfsbereiten Partygästen zu. »Der Bursche ist nur überfordert! Dem ist das Reizklima hier auf der Insel nicht bekommen!«
Lucy und Antoinella eilten herbei, und gemeinsam mit Ferdinand zogen und schleppten wir den Besinnungslosen fort von der Party, raus an die Luft. Jimmy holte das Auto, und irgendwie schafften wir es, Casimir auf den Hintersitz zu ziehen. Während der Fahrt zum Hotel erklärte Ferdinand: »Er konnte nicht genug von den roten Drinks bekommen.«
»Wer hat ihm bloß den Alkohol gegeben, das ist ja unverantwortlich!«, empörte ich mich.
»Von dir, Mum, konnte er keinen erwarten. Deshalb hat er sich immer wieder unter die Gästeschlange geschlichen, die am Eingang auf Einlass gewartet hat, und sich den kostenlosen Empfangsdrink geholt.«
»Und der war ganz schön stark«, lachte Antoinella, »ich habe mir auch einige genehmigt!«
»Das war viel Wodka mit ein bisschen Brause, einfach genial! Aber der Tübinger hält ja nichts aus!«, schüttelte Ferdinand den Kopf.
»Wie listig er ist! Richtig tricky!«, antwortete ich. »Wenn man den Wolfszahn nicht dauernd unter Kontrolle hat!«
Casimir lag wie tot im Bett. Wir mussten einen Arzt rufen. Der versorgte ihn und wies ihn sofort ins Inselkrankenhaus ein. Dort musste ihm der Magen ausgepumpt werden. Nach ein paar Tagen hatte sich Casimir erholt und durfte das Krankenlager wieder verlassen.
Ein paar Tage später klagte Casimir über starke Seitenschmerzen, genau in der linken Lendengegend.
»Das ist der Blinddarm!«, vermutete ich.
»Nein, bestimmt nicht!«, wehrte er ab.
Doch die Schmerzen wurden im Laufe des Tages immer boh-

render. »Wir müssen dich ins Krankenhaus schaffen. Damit darf man nicht spaßen. Es könnte zu einem Durchbruch kommen«, gab ich zu bedenken.

Im überfüllten Wartezimmer des Krankenhauses jammerte mein Patient fürchterlich: »Wenn ich operiert werden muss, was dann? Ich will nicht auf den OP-Tisch.«

»Warte erst mal ab, was der Arzt sagt«, beruhigte ich.

»Ich habe wahnsinnige Schmerzen!«, rief er. »Bleibst du bei mir, wenn ich im Operationssaal liege?«

»Ja, natürlich! Ich fahre ohne dich nicht von der Insel weg. Das ist doch klar.«

»Du bleibst wirklich bei mir?«

Mir fiel ein, dass Casimir mir mal von einem Skiunfall erzählt hatte, der ihm auf einer Klassenfreizeit in den österreichischen Bergen zugestoßen war. Er hatte sich das Bein gebrochen und wurde ins Krankenhaus geflogen. Dort schienten die Ärzte sein Bein. Die Klasse konnte aber nicht abwarten, bis Casimir wieder reisefähig war, sondern musste mit ihrem Lehrer nach Hause fahren und Casimir allein in Österreich zurücklassen. Als man Casimirs Eltern benachrichtigte und aufforderte, ihren Sohn abzuholen, sollen die geantwortet haben: »Nein! Wir haben leider keine Zeit! Warum hat er auch nicht aufgepasst!« Casimir musste ganz allein die Heimreise antreten und fühlte sich elend und ungeliebt.

Daran musste ich denken, als ich ihm antwortete: »Mach dir keine Sorgen, Casimir, ich bleibe Tag und Nacht in deiner Nähe. Jimmy kann jederzeit allein mit unseren Kids heimfahren. Das macht ihm gar nichts aus!« Sanft streichelte ich Casimir über den Kopf.

»Du bleibst bei mir? Oh, das ist gut! Mir geht es schon viel besser. Ich glaube, ich habe keine Schmerzen mehr!«

»Wie das?«, fragte ich und sah ihn aufmerksam an.

Ein Lächeln huschte über seine kummervolle, in Falten gelegte Stirn. Plötzlich stand er auf: »Meine Schmerzen sind verflogen, total weg. Lass uns zurück ins Häuschen fahren!«

Ich nahm ihn beim Wort, wir verließen die Ambulanz. Na-

türlich beobachtete ich das Wohlbefinden meines »eingebildeten Kranken« genau, aber die Blinddarmschmerzen zeigten sich nicht wieder.
Als ich von der sonderbaren Spontanheilung am Abendtisch erzählte, lachten alle, und Ferdinand sagte: »Gib es zu, du wolltest doch nur, dass die Trixi-Mami an deinem Bett sitzt und Händchen hält.«
»Ja«, antwortete er versonnen, »das hat noch nie jemand getan.«
Die Ferien neigten sich dem Ende zu. Es war ein nasser grauer Nachmittag, die Möwen flogen schräg gegen den Wind tief über das Haff, und die aufgewühlte Nordsee jagte ihre Gischt über das Kliff. Casimir und Ferdinand spazierten zum letzten Mal über die Meile und nahmen Abschied von den vertrauten Cafés, Bistros und Restaurants, die ihnen unvergessliche Erinnerungen beschert hatten. Casimir trug wie Ferdinand eine blaue Steppjacke. Er wirkte froh und aufgeschlossen, seine Haut war braun gebrannt und seine Haare windzerzaust. Beide flanierten in Begleitung von hübschen blonden Insulanerinnen herum.

## Das neue Schuljahr

Antoinella und Casimir waren in die zwölfte Klasse versetzt worden. Während Antoinella mit sehr guten Noten glänzte, schaffte Casimir die Versetzung nur mit letzter Anstrengung und nach intensiven Gesprächen, die ich mit der Lehrerschaft geführt hatte.
Im neuen Schuljahr wurde von den Schülern ein noch größerer Einsatz gefordert. Der Schulstoff war anspruchsvoll und dem nahenden Abitur angemessen. Das wusste Casimir zwar, doch glaubte er wohl, seine Wissenslücken mit treuem Augenaufschlag und erprobtem Charme etwas verdecken zu können. Das war leider eine Fehleinschätzung.
Die Klasse hatte neue Lehrer bekommen, nur die resolute

Deutschlehrerin, Frau Zapp, blieb ihnen erhalten. Sie führte ein hartes Regiment, sensible Seiten oder Ausflüchte der Jugendlichen, wie: »Haben Sie doch etwas Mitleid mit mir, ich hab die Hausaufgaben vergessen, aber morgen bringe ich sie Ihnen bestimmt!«, akzeptierte sie nicht. Sie brummte ungerührt Strafarbeiten auf, und manchmal fluchte sie sogar über die Schlusslichter der Klasse. »Du bist wohl völlig unterbelichtet, du Idiot«, fuhr sie einen Schüler an, der kläglich mit den Achseln zuckte. Interesse an den Schülern, Achtsamkeit und Mitgefühl, wie sie ihr Kollege Herr Höslein zeigte, lagen ihr fern. Diese Lehrerin sollte Wolfszahn zum Verhängnis werden, doch er ahnte es nicht.

Montagmorgen, in der zweiten Stunde, betrat Frau Zapp energisch den Klassenraum. Sie trug einen Stapel Zettel unter dem Arm und schleuderte ihre Aktentasche auf das Pult. Die Blätter teilte sie aus, wobei sie durch die Reihen ging und mit ihrem ausladenden Hinterteil die Tische nach hinten schob, um sich Platz zu schaffen.
»Wir werden in der nächsten Zeit Kurzgeschichten durchnehmen. Heute fangen wir mit Robert Walser, ›Eine Stadt‹, an. Lest sie euch durch, aber bitte leise. Die Lippen braucht man dabei nicht zu bewegen, ihr seid ja schließlich über das Grundschulalter hinaus!«
Die Klasse las schweigend und unwillig. Plötzlich durchschnitt ein lauter Ausruf die Stille. Es war Casimir, der aufsprang, auf seinen Stuhl stieg und wild mit den Armen herumwedelnd rief: »Schwachsinn! So ein Schwachsinn! Wie kann man als Lehrer seinen Schülern einen solchen Quatsch zumuten? Die Geschichte ist das reinste Gefasel, die hat überhaupt keinen Hintergrund. Oder können Sie mir diesen Blödsinn erklären?« Casimir schnippte aggressiv mit den Zeigefingern.
Frau Zapp fühlte sich davon unglaublich provoziert und wies den Schüler streng zurecht. »Was bildest du dir ein? Du setzt dich auf der Stelle wieder hin. Glaubst du etwa, du könntest

dir ein Urteil über meine Kompetenz anmaßen? Das ist ja eine bodenlose Unverschämtheit! So etwas hat noch nie einer gewagt!«

Casimir, der Freidenker und wilde Rebell früherer Tage, ließ sich nicht bremsen. Er ereiferte sich weiter über den Inhalt der Kurzgeschichte. Die handelte von einem Mann, der nach langer Zeit wieder durch seine Heimatstadt geht und seinen Kindheitserinnerungen nachspürt. Doch die Stadt ist ihm fremd geworden und öde.

»Die Stadt ist also öde! Na und – what shalls? Ja dann ist sie eben öde. Warum schreibt das der bescheuerte Schriftsteller über zwei Seiten lang, was er in einem Satz sagen könnte? Und wir sollen dann dieses ganze Gelaber lesen?«

»Dein Literaturverständnis ist äußerst unterbelichtet, mein Lieber. Da hast du noch einigen Nachholbedarf, Casimir!«

Frau Zapp war sehr aufgebracht. Da meldete sich ein Schüler aus den hinteren Reihen. Ein blasser Junge mit Nickelbrille und Pickeln auf der Nase wurde aufgerufen. »Man muss die Stadt als eine Metapher verstehen. Die Stadt spiegelt die Seele des Mannes wider. Nicht die Stadt ist leer, sondern das Herz des Mannes ist traurig, und er fühlt sich infolge seiner Erlebnisse ausgebrannt. Der letzte Satz zeigt es deutlich: ›Mir war nichts wert, und ihnen allen, den fremden Leuten, war ich nichts wert‹ bedeutet, dass, wer keine Zuneigung erfährt, auch keine geben kann«, sagte er mit ruhigem Ton und setzte sich wieder.

Frau Zapp klatschte zustimmend in die Hände und wandte sich wieder Casimir zu: »Da kannst du mal sehen, was etwas Nachdenken bewirkt.«

Jetzt hatte sie die Lacher auf ihrer Seite. Die Gleichen, die zuerst über Casimirs Mut und Aufbegehren begeistert waren und sich auf die Schenkel geklopft hatten, murmelten nun respektvoll und lachten anerkennend. Casimir war zutiefst beschämt und schlug aus Scham und Groll mit der Faust auf den Tisch. Widerstrebend setzte er sich breitbeinig auf den Stuhl und kippelte weit nach hinten, so dass sich seine Hose im

Schritt spannte und der Büffel auf der Gürtelschnalle wie zum Trotz vibrierte. Daniel Grün nahm Casimir in der Pause zur Seite und bekundete seine Solidarität: »Dumm gelaufen, aber ich finde die Geschichte genauso stumpfsinnig wie du, mach dir nichts aus dem pickelnasigen Klugscheißer.«
Antoinella und ihre Freundin Rita hatten sich nicht weiter mit der Deutschstunde aufgehalten, sondern waren schon angeregt plaudernd in die Schul-Cafeteria geschlendert. Nach der sechsten Stunde stand ich mit dem Wagen vor der Schule. Ich wollte die Kinder überraschen. So brauchten sie nicht den Bus zu nehmen, denn der Roller war in der Werkstatt. Antoinella winkte mir zu, Rita und Helena fragten, ob sie auch mitfahren dürften. Nur Casimir blieb stumm und verschlossen, er wollte nicht angesprochen werden. Die Jugendlichen schwatzten im Auto und lachten, Themen waren Frau Zapp und der schlaue Beitrag der Pickelnase.
»Was sagt denn unser Casimir Wolfszahn dazu?«, wollte ich wissen.
»Nichts!«, lachte Rita. »Der ist etwas gereizt, Casimir ist sauer!«
Erst zu Hause fand Casimir wieder sein seelisches Gleichgewicht. Er streichelte den Retriever und war froh, dass wenigstens der ihn verstand, denn er wedelte mit dem Schwanz und legte sich vor sein Bett.

## Ein Bett im Kornfeld

Casimir lag auf seinem Bett und sinnierte düster: »Wenn ich schon der Klassenclown sein soll, dann muss es auch richtig krachen, richtig fetzen. Wo habe ich denn leicht Erfolg?« Mit den Mädchen lief es ja im Allgemeinen ganz gut. Aber den anderen, den Lehrern, den Lachern, den dämlichen Besserwissern, denen wollte er es zeigen.
Und so beschloss er, sich gleich für den nächsten Tag zu verabreden. Besonders ein Mädchen ging ihm nicht aus dem

Kopf: die Blonde mit dem rot-gelb gefärbten Pferdeschwanz und den lustigen Ringelstrümpfen, die ihm im Unterricht dauernd Zettel zukommen ließ mit Herzchen und der Anfrage: ›Wann können wir uns mal treffen, ich find dich süß?!‹ Ja, die würde er morgen treffen und nicht mit nach Hoheneich rausfahren.

Am folgenden Tag meldete sich Casimir nach dem Unterricht bei Antoinella ab. Er könne noch nicht mit ihr nach Hause fahren, denn er müsse noch mit seinem Freund Daniel Mathematik lernen. Antoinella brauste ohne ihn auf dem Motorroller davon.

Casimir fühlte sich gut. Nichts ist furchtbarer als Routine. Daniel ging an seiner Seite und schaute seinen gutaussehenden, braungebrannten Freund immer wieder bewundernd an: »Du hast schon so viel erlebt – so viel gesehen –, ich möchte einmal deine Heimatstadt Tübingen kennenlernen, mal eine größere Stadt als Alsfeld sehen, immer nur Alsfeld, das ist ätzend.«

»Klar, komm mit«, antwortete Casimir, »aber jetzt wollen wir erst einmal die Mädchen aufmischen. Wo ist denn die Ringelsocke?«

»He, hast du ein Auge auf sie geworfen, auf die Julie? Die ging eben an mir vorbei. Da vorne läuft sie!«

Die Freunde beschleunigten ihren Schritt und holten das Mädchen mit dem lustigen Zopf ein. Casimir beteuerte ihr überschwenglich, dass es ihm leidtue, dass er sich bis jetzt noch nie mit ihr getroffen habe. Aber heute Nachmittag habe er Zeit nur für sie. Er flüsterte ihr etwas ins Ohr. Eigentlich hatte er seinem Freund versprochen, ihm bei der Ernte zu helfen, doch das würde er schon irgendwie beides schaffen. Die Freunde verabschiedeten sich von Julie. »Bis später!«, rief Casimir.

Mitte August standen noch einige Felder in vollem Korn. Die Landwirte holten sich Erntehelfer aus Polen, um die Ernte noch vor dem nahenden Herbst trocken in die Silos zu bringen. Auch Bauer Grün musste sich beeilen, denn jetzt schien die Sonne heiß vom wolkenlosen Himmel. Der Mähdrescher brummte über das Feld und fraß mit breiten Zähnen Reihe um Reihe des sich beugenden Korns. Daniel saß auf dem Traktor, der die vollen Wagen mit den goldenen Körnern zum Hof bringen sollte. Wolfszahn saß neben ihm im Führerhaus, er wollte alles hautnah miterleben und durfte, wenn Daniel herunterkletterte, um den Kornfluss zu kontrollieren, den Traktor fahren. Heiß war es und staubig, die losen Kornhülsen flogen wie Mückenschwärme durch die Luft. Zuerst hatte es großen Spaß gemacht, den gigantischen Schlepper über das Stoppelfeld zu dirigieren, doch bald fühlte sich Casimir erschöpft. Er wischte sich die Schweißtropfen von der Stirn, seine Nase war von schwarzen Partikeln zugeschwollen, die Augen brannten. Seine Konzentration ließ nach, und er guckte genervt immer wieder auf seine Uhr, die schweißnass am Handgelenk klebte.

»Du, Daniel, ich muss jetzt weg!«, rief er dem neben dem Traktor laufenden Freund zu.

»Du kannst mich doch jetzt nicht allein lassen, jetzt nicht!«

»Tut mir leid, du weißt, ich hab eine Verabredung, tut mir echt leid!«

»Das geht nicht, ich kann dich jetzt nicht zum Hof zurückfahren, ich muss erst noch den zweiten Anhänger holen.«

»Dann lauf ich halt, also bis später!« Casimir öffnete geschwind die Kabinentür und sprang herab aufs Feld. Dann sprang er wie ein Hase vor des Jägers Flinte im Zickzack über die Ackerfurchen. Daniel sah ihm kopfschüttelnd nach, bis er verschwunden war. Verdammt! Auf diesen Freund kann man sich nicht verlassen, dachte er. Jetzt muss ich auch noch meinen Vater zu Hilfe holen!

Auf dem Hof wartete schon Ringelsocke. Als sie Casimir entdeckte, rief sie: »Na endlich kommst du, ich warte schon eine Ewigkeit!« Sie schlang ihre Arme um seinen Nacken. Casimir hustete vor Anstrengung, schüttelte den Kopf, dass die Spreu aus seinen Haaren flog, und grinste breit.

»Bin schon da!«, lachte er.

»Los, ab ins Korn, auf dem Feld dort steht es noch hoch, dort kann uns niemand sehen.« Julie zog ihn hinein in das ungeerntete, wogende Roggenmeer. Mit kleinen, kurzen Schritten trat sie die Halme herunter und bildete ein Plätzchen. Dort setzte sich Julie hin, zog ihre Schuhe aus, zerrte an ihren Ringelsöckchen und knüllte sie zusammen. Casimir atmete befreit durch, riss sich das Hemd vom Leib und warf es wie ein Segel über das Feld. Er lachte vor Glück. Sie fasste seine Hände, und beide tauchten im gelben Kornfeld unter. Die Liebe zu Julie tat Casimir gut. Sie war unbekümmert und zärtlich und ließ ihn seine Alpträume vergessen.

Am Abend dieses Tages besuchte ich Casimir in seinem Zimmer, um ihm eine gute Nacht zu wünschen. Er saß an seinem Schreibtisch und schrieb. Überall auf dem Fußboden lagen zerknüllte Zettel, weiße, unbeschriebene Papiere bedeckten den Platz neben den Schulutensilien. Ich trat näher heran und schaute ihm über die Schulter. »Machst du so spät noch Hausaufgaben?«, fragte ich.

»Wenn es das mal wäre!«, stöhnte er.

»Ist es so schwierig, dass du die Zettel immer wieder wegschmeißen musst? Dein Zimmer sieht ja schon wie ein Iglu aus, alles weiß von Papierschnee! Kann ich dir helfen?«

»Oh, ja, bitte!« Casimir ließ sich in seinen Stuhl fallen und legte den Kugelschreiber nieder. Er wirkte lammfromm.

Auf einem Papier las ich: »Lieber Vater!« Auf einem anderen: »Vater!« Auf dem nächsten: »Mein Erzeuger!« Alle Briefe waren angefangen, aber nicht weitergeschrieben worden.

»Du möchtest einen Entschuldigungsbrief schreiben?«, ahnte ich.

»Ja, jetzt muss es raus!«

»Die Anrede ist schon mal gelungen. ›Lieber Vater‹, das klingt gut!«, machte ich ihm Mut. Dann sprachen wir über den Text und waren uns in allen Details einig. Nur eine Sache störte mich. »Einiges habt auch ihr verbockt …« Diese Bemerkung wollte ich streichen, doch er blieb stur, gerade das, meinte er, müsse endlich einmal gesagt werden.

Dieser Brief, lange überlegt, immer wieder zerrissen, endlich geschrieben und abgeschickt, bewirkte Wunder. Nicht nur Casimir fühlte sich von einer Zentnerlast befreit, sondern auch bei seinem Vater, Dr. D., löste sich durch die ehrlichen Worte seines Sohns ein Knoten, der ihm wie eine zu eng gebundene Krawatte die Luft abschnürte. Später berichtete mir der Vater, er hätte beim Lesen der Zeilen heulen müssen und den Brief immer wieder aufs Neue zusammengefaltet und aufgeschlagen, um sich zu vergewissern, dass es kein Traum, sondern Realität war.

Casimir hatte geschrieben: »Lieber Vater! Jetzt bin ich schon über ein Jahr lang im Haus Hoheneich bei Trixi und ihrer Familie. In der einsamen Landregion hatte ich viel Zeit, über mein Leben nachzudenken. – Land beruhigt! – Ich bin mir bewusst, ich habe vieles falsch gemacht. Einiges habt auch ihr verbockt, darin besteht kein Zweifel. Doch eine Sache reut mich besonders, dass ich Dir die Münzsammlung, auf die Du so stolz warst, gestohlen habe. Dafür möchte ich mich entschuldigen!

Du kannst Dir nicht vorstellen, in welcher schwierigen, auswegslosen Lage ich mich damals befand. Mit Euch war nicht zu reden. Ihr Eltern habt uns Kinder nicht verstanden. Ich fühlte diese starke Abneigung, die gegenseitig war. Diese Mauer war unüberwindbar!

Jetzt sehe ich alles etwas anders, bin wohl erwachsener geworden! Wenn ich später Geld verdiene, werde ich Dir auf jeden Fall den Wert der Münzen ersetzen. Dein Sohn Casimir.«

## Die zweieinhalbte Abmahnung

Ein freundlicher Polizist hatte mich aufgeklärt: »Es gibt untrügliche Zeichen, an denen erkennen Sie immer, ob Drogen im Spiel sind. Sehen Sie sich das Taschenmesser des Jugendlichen an, oder jede andere Art eines Schneidewerkzeugs. Ist die Spitze der Klinge schwarz, dann hat man die Gewissheit, dass Marihuana geschnitten wurde. Finden Sie in seinen Taschen oder in der Schublade des Schreibtischs abgetrennte Teile von starken Pappen oder gerollte Pappen, so wurde damit das Mundstück für einen Joint gedreht. Liegen irgendwo im Zimmer Flaschen herum. Eine von ihnen hat einen abgeschnittenen Boden, die andere womöglich einen Aufsatz aus Stanniolpapier mit siebartigen Einstichen, so wurde eine Bong, die sogenannte Kawumm, gebaut und Hasch geraucht.«

Ich habe zwar immer wie ein Luchs aufgepasst, doch offenbar konnte ich den Drogenmissbrauch trotzdem nicht verhindern. An einem Wochenende kündigte mir Edward seinen Freund Fritz an. Ich bin stets gastfreundlich und großzügig mit Einladungen zum Essen und zum Übernachten. Die Freunde meiner Kinder sowie unsere Freunde und Verwandten sind immer gern im Haus gesehen. Genauso halte ich es mit den Freunden meiner Pflegejungs. Als nun Fritz anreiste und strahlend berichtete, er wäre gerade vom Besuch seines Vater aus Berlin gekommen und hätte Edward etwas Feines mitgebracht, machte ich mir nicht allzu viele Gedanken. Die Jungs nahmen gerne unseren geräumigen Hobbyraum in Beschlag. Dort konnten sie laut Musik hören, Raps dichten, abtanzen, Computer und Billard spielen. Dort waren sie unter sich und ungestört. Oft blieben bis zu fünf Personen über Nacht. Ich baute dann Lager aus Isomatten und Matratzen mit Decken und Kissen. Abends erschien ich zum Gutenachtwünschen und erinnerte daran, dass hier nicht geraucht werden durfte und bis 24 Uhr das Licht aus sein musste. »Okay, okay Trixi! Alles paletti!«, erscholl es dann, und alle waren bester Laune.

Nach einem solchen Wochenende räumten Galina und ich den Hobbyraum auf.

»Was ist das denn?«, fragte Galina. Sie schwenkte eine große Plastikflasche in der Hand. »Flasche kaputt?«

Ich sah mir das Objekt etwas genauer an: eine Apfelsaftfla-

sche, deren Boden mit einem stumpfen Gegenstand herausgeschnitten worden war. Sie hatte unter dem breiten Tisch gelegen, hinter einem bis zum Boden fallenden Tischtuch. Aha, dachte ich, das wird so eine typische Bong sein. Gleich einmal nach dem Gegenstück, dem Passer, suchen! Und richtig, hinter den Tischbeinen entdeckte ich achtlos in die hinterste, dunkle Ecke geschmissen die zweite Flasche, eine größere aus Plastik, mit gelöcherter Stanniolkappe. Na prima, die Polizei, mein Freund und Helfer! Ich war wirklich froh, im Bilde zu sein. Über den Fund in meinem Haus war ich natürlich nicht begeistert. Nein, ich war sogar stinksauer! Hatten die Burschen doch meine Regeln missachtet, mich getäuscht und angelogen!
Traurig fragte ich mich: Warum kommen die Jungs immer wieder vom geraden Weg ab und stolpern in das dornige Gestrüpp daneben? Es bedurfte nun wieder viel Kraft, zäher Ausdauer und Liebe, um meine Enttäuschung zu verarbeiten. Manchmal war ich mutlos und sehnte mich nach der Schutzmantel-Madonna aus dem Fuldaer Dom.
Jetzt wollte ich Edward mit dem Fund konfrontieren. In solchen Fällen musste ich es schlau anstellen. Natürlich versuchten sie, bei einer Gegenüberstellung mit den Fakten, die Sache zu verharmlosen und mit lässigem Ton mein Unwissen auszunutzen. Doch ich sicherte mich ab! In diesem Fall nahm ich die Stanniolkappe mit dem Rest von Schmauchkrümeln und zeigte sie dem Apotheker meines Vertrauens. Er roch an dem Tabakrest und sagte:
»Um sicher zu sein, ob auch Haschisch unter den Tabak gemischt wurde, muss ich den Deckel einschicken und im Labor untersuchen lassen. Es kostet eine Kleinigkeit, aber wir hätten Klarheit. Und darum geht es Ihnen doch, nicht wahr?«
»Ja, bitte, schicken Sie es ein«, antwortete ich.
Es dauerte ein paar Tage, bis das Ergebnis zur Verfügung stand. So lange wartete ich mit Edwards Befragung, denn ich wollte ja auf Nummer sicher gehen. Das Ergebnis bestätigte

meinen Verdacht: Tabak, vermengt mit Haschischspuren, war auf dem Sieb identifiziert worden.
Am Nachmittag bat ich Edward zu mir ins große Büro. Ich hatte Jimmy von der neuen Situation erzählt. Er schüttelte den Kopf über diese Charakterschwäche und stand mir bei. Edward saß auf dem Besucherstuhl und blickte sonnig in die Gegend. Er hatte keine Ahnung von der Entdeckung, war also noch arglos.
»Schau mal, kennst du die?«, fragte ich und hielt ihm die beiden Flaschen vor die Nase.
»Was? Die alten Smoketeile? Wo hast du die denn her?«
»Im Hobbyraum gefunden, unterm Tisch.«
»Die sind doch uralt.«
»Egal! Sie lagen in meinem Haus!«
»Schnee von gestern.«
Langsam begann ich, mich über seine lässige Art aufzuregen. Meine Stimme nahm an Lautstärke und Tempo zu.
»Hast du etwa hier in meinem Haus gekifft? Wag ja keine Lügen! Sag die Wahrheit!«
»Irgendwo im Garten, ja, da hab ich vor längerer Zeit mal mit Fritz gekifft.« Er gab seinen Verstoß gegen meine Verbote freimütig zu.
»Du weißt«, fragte ich ihn, »dass im Haus und der Umgebung das Kiffen und jegliche Art von Drogenkonsum verboten sind?«
»Ja, das weiß ich.«
»Du bekommst deine dritte Abmahnung. Das ist dir klar?«
Jetzt kam Leben in Eds Körper. Er sprang vom Stuhl und atmete schwer. »Muss das sein? Warum die dritte? Schmeißt du mich jetzt raus?«, fragte er.
Meine oberste Regel heißt konsequent handeln, auch wenn der Schuldige noch so viel jammert und lamentiert. Deshalb sprach ich in ernstem, aber ruhigem Ton weiter: »Die erste Abmahnung erhieltst du für den positiven Drogenbefund zusammen mit Askan. Die zweite Abmahnung stand für den Waffenschmuggel und das Aufbewahren einer Pistole in un-

serem Haus. Du hast beide Verbote nicht geachtet, hast Jimmy und mich auf plumpe Art und Weise erneut getäuscht.«
»Warum hast du eigentlich diese Plastikflaschen einfach unter den Tisch, noch dazu in unserem Haus, entsorgt? Konntest du nicht irgendwo eine Mülltonne finden?«, fragte Jimmy kopfschüttelnd über so viel Nachlässigkeit.
»Nein, das wäre aufgefallen. Ich hatte völlig vergessen, dass die Pullen immer noch unter dem Tisch lagen. Tut mir leid. Echt dumm! Entschuldige.«
Edward schaute betrübt auf den Teppichboden und schüttelte den Kopf. Er wirkte wirklich zerknirscht. Ich hätte ihn eigentlich in die Arme schließen mögen und über seine Haare streichen wollen, doch das wäre jetzt völlig falsch gewesen.
Ich ging in mein Büro und schrieb: Zweieinhalbte Mahnung. Fakt: Im Zentrallaboratorium Deutscher Apotheker in Eschborn wurde folgender Befund erhoben: Bei chromatografischen Untersuchungen einer Alufolie wurden in verkohlten Rückständen Nikotin und THC nachgewiesen. Das ist ein grober Vertrauensbruch, der jedoch durch Edwards sofortiges Geständnis gemildert wurde. Deshalb wird noch keine volle dritte Abmahnung ausgesprochen. Drogenkonsum ist strengstens untersagt. Dieses Verbot ist Edward G. bekannt. Konsequenz: Besuche seiner Freunde im Haus Hoheneich sind in Zukunft untersagt. Unterschrift.
Als ich mit dem Schreiben zurück ins große Büro trat und es Edward zur Unterschrift vorlegte, las er es zuerst konzentriert, dann überzog ein strahlendes Lachen sein Gesicht. »Ich bekomme nur die zweieinhalbte Abmahnung? Yeah! Nicht die volle dritte Abmahnung. Ich kann bleiben! Super. Danke Trixi!«
Edward unterschrieb und akzeptierte das Verbot, Freunde mitzubringen. Dann fragte er höflich zuerst Jimmy, danach mich: »Ist die Sitzung jetzt beendet? Darf ich gehen?« Als Jimmy und ich zustimmten, lief Ed in sein Zimmer und drehte die Musik voll auf.
Abends schaute ich in sein Zimmer, wollte ihn zum Abend-

essen rufen. Edward tanzte gerade froh und ausgelassen zur Musik. An der Tür seines Kleiderschranks sah ich einen Zettel kleben. Ich ging heran und erkannte meine zweieinhalbte Abmahnung, die er mit Tesafilm angeklebt hatte.
»Bist wohl stolz?«, fragte ich und wusste, dass er die Abmahnung nicht aus Leichtsinn, sondern aus Erleichterung an die Tür gepinnt hatte.
»Und wie!«, antwortete er und wusste, dass Trixi trotz Abmahnung immer hinter ihm stehen würde. Auf unser Verhältnis war Verlass.

## Das Gangsterversteck

Kurz vor den schriftlichen Abiturarbeiten passierte noch ein Hammer. Der rundete Edwards »heiße Phase« richtig ab. Ich erzählte die Story meiner ältesten Tochter Lucy. Sie studierte im Rahmen ihres Kommunikationstudiums im Nebenfach auch Psychologie und war sehr an dem interessiert, was ich erlebte. Was an der Universität immer nur Theorie blieb, konnte sie bei mir als knallharte Praxis kennenlernen. Eines Abends rief mich Lucy an. »Wie macht sich Ed? Paukt er gut fürs Abi? Er hat doch Deutsch im Leistungskurs und muss viel lesen. Tut er das?«, fragte sie interessiert.
»Mäßig. Er holt sich vieles aus dem Internet und verändert dann nur ein paar Worte im Text. Er wird es schaffen, hat mir der Kollegstufenleiter bestätigt. Es wird zwar knapp werden, aber die Prognose ist positiv. Momentan will ich aber vom Abitur gar nichts wissen, denn ich bin total wütend auf Ed.«
»Ich merke schon an deiner Stimme, dass irgendetwas passiert ist. Was gibt's denn?«
»Hör zu, genau so war es. Nach einem Waldgang zog sich dein Vater im Keller die Stiefel aus, danach ging er in den Weinkeller, um einen guten Tropfen zu holen. Dort hängt an der Wand der Wasserzähler, rein zufällig schaute er drauf. Der Zeiger sauste im Kreis.«

»Du hast ja einen großen Haushalt«, gab Lucy zu bedenken, »ständig läuft die Waschmaschine, die Geschirrspülmaschine …«

»Das war es aber nicht. Wir haben zusammen jedes Zimmer abgecheckt, der Wasserverbrauch war viel zu hoch. Kein Gerät war in Betrieb. Jetzt haben wir in Eds Badezimmer geschaut. Dort rauschte die Toilettenspülung, aber niemand hatte sie betätigt. Ed war gar nicht da. Dein Vater versuchte, den Drücker für die Wasserregulierung nach oben zu ziehen. Das ging nicht! Irgendetwas klemmte. Aha! Dein Daddy nahm den Deckel vom Wasserbehälter über der Kloschüssel ab, und was sahen wir?«

»Eine Maus, nass und tot!«, lachte Lucy.

»Nein, eine Plastikflasche. Sie hatte sich verklemmt. Ich nahm sie heraus, sofort kam der Wasserfluss zum Stillstand. Aber die Flasche sah sonderbar aus. Sie hatte keinen Boden. Mit einem Messer oder Schere musste irgendjemand die Flasche bearbeitet haben. Auf dem Flaschenhals saß dieses durchsiebte stinkende Stanniolpapier.«

»Wieder dasselbe Spiel. Galina hatte doch letztens erst so eine Flasche gefunden. Die Jungs sind einfach nicht so schlau wie meine Eltern. Bravo!«

Wieder musste ich meinen Apotheker bemühen und die Flasche untersuchen lassen. Natürlich war diesmal auch wieder Haschisch im Spiel gewesen. Edward wollte sich zwar herausreden und behauptete, diese Flasche gehöre zu den früheren, die sei nur diesmal in einem typischen Gangsterversteck gelandet. »Mach keinen Stress, Trixi! Alles halb so wild!«

Edward reagierte scheinbar sehr gelassen, weil er schon in die Abschiedsphase eingebogen war und sich sicher wähnte. Ich aber musste meinen Zorn ausleben und rief deshalb Eds Vertrauenslehrer an. Offen berichtete ich diesem Lehrer von meinem Problem mit Edward und sagte, dass ich leider die Konsequenz ziehen müsse und Edward die dritte Abmahnung und Kündigung erhalten werde. »Edward muss Hoheneich verlassen!«, waren meine deutlichen Worte.

»Um Gottes willen!«, rief entsetzt der Lehrer. »Das können Sie unmöglich tun. Bitte haben Sie noch ein wenig Geduld! – Geduld! Edward steht unerwartet gut im Abitur. Er wird es sogar mit besseren Noten schaffen als gedacht! In vierzehn Tagen hat er sein Abitur in der Tasche. Bitte halten Sie durch! Ich werde morgen mit dem Jungen ein ernstes Wort reden und ihm klarmachen, wie schändlich er sich benimmt und Ihre Fürsorge strapaziert.«

»Wenn ich ausnahmsweise nachgebe und von einer endgültigen Abmahnung absehe, so tue ich es wegen Ihnen, weil Sie sich so für Ihren Schüler einsetzen. Haben Sie vielen Dank. Ich werde mir etwas überlegen.«

Über die Haltung des Vertrauenslehrers freute ich mich sehr. Dieser Lehrer war bemerkenswert reifer geworden. Vor zwei Jahren hatte derselbe Lehrer, nach einem Wutausbruch Edwards in Gegenwart seiner Mutter, seine Tasche genommen und mit den Worten »Das ist wohl eine Familienangelegenheit!« das Weite gesucht. Damals hatte er weder für die eine noch für die andere Seite Partei ergriffen. Jetzt aber machte er sich für seinen Abiturienten stark. Das sprach in meinen Augen für ihn.

Ich hatte noch ein abschließendes Gespräch mit Ed und erzählte ihm von der Fürsprache seines Lehrers. Die restlichen vierzehn Tage vergingen im Abistress. Ich zauberte besonders gute Abendessen mit vielen Vitaminen, steckte Ed morgens Traubenzucker und Nussriegel in die Taschen und fieberte mit, wenn er von den Prüfungen berichtete.

Über das Gangsterversteck verloren wir kein Wort mehr. Ich machte mir jedoch Gedanken, ob ich die alleinerziehende Mutter von Eds Freund vom Drogenkonsum ihres Sohns unterrichten sollte. Ich wusste nun, dass ihr Fritz kiffte. Die Drogenberatungsstelle gab mir Auskunft und beruhigte mich dahingehend, dass ich mich nicht strafbar machen würde, wenn ich mein Wissen für mich behalten würde. Die freundliche Beraterin gab mir den Tipp, nicht die Mutter, sondern den achtzehnjährigen Sohn selbst anzurufen. Das tat ich. Zu-

erst sprach ich mit der jungen Mutter, verriet nichts und ließ mich mit dem Sohn verbinden.
Als ich Fritz am Apparat hatte, ging ich gleich in die Offensive: »Es ist eine Unverschämtheit, in meinem Haus und Garten zu kiffen!«
»Eh, was?«
»Es ist offenkundig, dass du meine Regeln verletzt hast!«
»Wie, was?«
»Du hast meine Gastfreundschaft missbraucht, mich hintergangen und mit meinem Pflegesohn gekifft. Edward hat es zugegeben. Die Flaschen habe ich gefunden. Deshalb ziehe ich die Konsequenz und verbiete dir jeglichen Besuch in Hoheneich und Umgebung. Basta!«
Ich komme immer gleich auf den Punkt, zögere oder frage nicht lang. Fritz sollte den Grund des Besuchsverbots von mir selbst erfahren. Es war mir bitterernst. Fritz faselte herum, wurde dann pampig. Ich legte bald auf. Er war nicht mein Problemkind, deshalb konnte ich abschalten.

## Flügel, vom Führerschein verliehen

Kinder brauchen Wurzeln und Flügel, das sagte schon Goethe. Kinder sollten ihre Wurzeln spüren. Wie jeder Baum nur seine Pracht mit breiter Krone und glänzendem Blätterdach entfalten kann, wenn er ein tiefes, gesundes Wurzelwerk entwickelt, so können Kinder auch nur gedeihen, wenn sie im Schoß der Familie tief verwurzelt sind und ihr Urvertrauen aufgebaut und gefördert wird.
Auf Burg Herzberg steht nicht weit vom Eingangstor ein gewaltiger Baum. Diese Linde wurde zum Dank für die Beendigung des Dreißigjährigen Kriegs um 1648 gepflanzt. Heute steht dieser uralte Baum unter Naturschutz und trägt eine Plakette, die seine Würde betont. Betrachtet man diese Linde, so entdeckt man im Umkreis von mehreren Metern dicke Wurzeln, die sogar über dem Erdboden wuchern.

Wie bei dieser Linde sollte das Wurzelwerk, und somit das Stehvermögen, eines jeden Menschen gesund ausgeprägt sein. Erst wenn er festen Grund unter sich weiß, kann der Mensch fliegen lernen. Denn könnte er fliegen, ohne zu wissen, wo sich sein Heimathafen befindet, würde er ziellos im All umherschwirren. Er würde nirgendwo Ruhe finden.
Jeder Jungendliche im Alter von ungefähr sechzehn oder siebzehn Jahren wünscht sich nichts sehnlicher, als endlich seine Flügel ausbreiten zu können und abzuheben. Selbständig zu entscheiden, wo man seine Freizeit verbringt und wo man seine Freunde trifft, das ist das höchste Gefühl der Freiheit.
Das sehe ich auch so, deshalb plädiere ich für den Führerschein. Die Jugendlichen beginnen während des Aufenthaltes in Hoheneich, mit siebzehn Jahren den Führerschein zu machen. Mit achtzehn Jahren können sie dann hoffentlich die Fahrerlaubnis auf dem Geburtstagstisch präsentieren. Manche Eltern sind nicht meiner Meinung und zweifeln manchmal sogar an der Fähigkeit ihres Kindes, dass sie die Fahrprüfung bestehen.
Boris war mit fünfundzwanzig Jahren schon jahrelang Auto gefahren, hatte jedoch noch nie einen Führerschein besessen. Das wollte ich ändern.
Er erzählte mir: »Damals habe ich mir vom ererbten Geld meiner Großeltern einen Mercedes gekauft. Es war ein wunderbares Fahrgefühl, von A nach B zu sausen, ohne dass je irgendjemand Verdacht geschöpft hat und meinen Führerschein sehen wollte.«
»Konntest du das Auto kaufen, ohne dass du den Führerschein vorzulegen brauchtest?«, fragte ich irritiert.
»Danach hat mich beim Kauf kein Mensch gefragt. Erst als ich nach ein paar Jahren einmal falsch geparkt hatte und die Polizei mich abschleppen ließ, kam alles raus. Beim Auslösen des Wagens muss man den Führerschein vorlegen. Das hab ich nicht gewusst. Sonst hätte ich natürlich einen Freund zum Abholen geschickt. Da hatten sie mich erwischt!«
Ich meldete Boris bei einer Fahrschule an. Als Boris das erste

Mal hinter dem Lenkrad des roten Fahrschulautos saß, war ich derart stolz auf meinen Pflegesohn, dass ich versteckt in einer Hecke mehrere Fotos schoss. Hätte ich ihn gebeten, das Fenster herunterzulassen, zu lächeln und in meine Fotolinse zu schauen, wäre er womöglich nervös geworden und hätte den Motor abgewürgt. Boris benötigte nur ein paar wenige Fahrstunden und bestand in kürzester Zeit seine Prüfung. Zur Belohnung erhielt er völlig überraschend von seiner Mutter ihren alten Wagen geschenkt. Den hatte die Mutter länger nicht mehr gefahren, weil sie sich nicht mehr in den Straßenverkehr traute.
Es war wunderbar, Boris' Freude über die neu erworbene Mobilität mitzuerleben. Ich wurde entlastet, und auch das Selbstwertgefühl des jungen Mannes wurde ernorm gesteigert. Seine Mutter hatte ihm gar nicht zugetraut, dass er sich im Straßenverkehr zurechtfand und sich umsichtig verhielt. Eigentlich wollte sie gar nicht, dass er den Führerschein machte, weil sie ihre eigene Überforderung auf ihn übertrug.

Für Edward wurde das Projekt Führerschein von einigen Problemen überlagert. Er war sich sicher, mit Schwung, Tempo und wenig Konzentration diesen »Lappen« ohne viel Mühe in Händen zu halten. Er meldete sich auf der Insel Sylt in einer Ferien-Fahrschule an. In den großen Sommerferien wollte er innerhalb der sechs Wochen den Führerschein machen. In Mexiko oder Dubai, hätte er, wie er sagte, auf Gokarts und Trikes seine Geschicklichkeit bewiesen und deshalb glaubte er, fahren zu können. Nach den Sommerferien erschien in Hoheneich jedoch ein ziemlich kleinlauter Schüler. Er war durch die Prüfung gefallen. »Was ist passiert?«, wollte ich wissen.
»Pech, einfach Pech gehabt!«, war seine Antwort. »Da saß doch auf einmal mitten auf der Straße eine Frau auf dem Gullydeckel. Um die bin ich herumgefahren. Und das war falsch. Ich hätte anhalten sollen, aussteigen, die Frau zum Bürgersteig begleiten und danach erst wieder weiterfahren dürfen.

Angeblich unterlassene Hilfeleistung, weil ich einfach weitergefahren bin!«
»Seltsam!«, fand ich. »Das hätte ich garantiert auch falsch gemacht!« Dann sah ich sein trauriges Gesicht und tröstete ihn: »Weißt du, es gehört schon Mut dazu, eine wildfremde Person anzusprechen und über die Straße zu leiten, noch dazu, wenn ein Prüfer mit abschätzendem Blick neben einem sitzt.« Edward atmete erleichtert aus.
Die enttäuschten Eltern riefen mich an, und wir waren uns einig, dass er die Prüfung wiederholen sollte. Die Fahrschule auf der Insel bot an, dass Edward in den Herbstferien die praktische Prüfung wiederholen durfte. Da er die Theorie bereits bestanden hatte, konnte man von einem schnellen Erfolg ausgehen. Da die Eltern dann nicht ihr Haus auf der Insel bewohnten, wollten sie ihren Sohn nicht allein in die Wohnung lassen. Aus Schaden waren sie klug geworden: Unrat im Haus, verdreckte Toiletten, Saufgelage mit Freunden, offene Türen, Beschwerden von Nachbarn hatten sie in der Vergangenheit erleben müssen. Die Eltern beschlossen deshalb, für ihren Sohn ein Privatzimmer zu mieten.
Im Herbst zeigt die Nordseeinsel ein ödes Gesicht. Die Hauptsaison ist vorbei, viele Hotels sind geschlossen, und die Touristen sind längst mit der Bahn über den Damm aufs Festland geflohen. Ich hatte kein gutes Gefühl dabei, Ed allein auf der Insel zu lassen. In seiner Situation wäre es für Edward sicher beruhigend gewesen, wenigstens im vertrauten Haus unterzukommen. Dann war es endlich so weit, er fuhr mit der Bahn von Fulda vier Stunden bis Hamburg, dann weitere zwei Stunden bis Sylt. Dort war sein Zimmer nicht frei, die Reservierung hatte nicht geklappt. Jedenfalls musste er die erste Nacht in der Badewanne des Vermieters verbringen. Kein idealer Start, doch der Optimist ließ sich nicht schrecken. Der Tag der praktischen Prüfung kam. Wie es der Zufall wollte, begegnete ihm auf einer breiten Straße ein Mann zu Fuß, der einen Handwagen hinter sich her zog. Schwungvoll umkurvte Ed dieses Hindernis. Das war verkehrt! Er hätte

langsam hinter dem Straßenverkehrsteilnehmer fahren müssen und erst dann, nach guter Absicherung, überholen dürfen. Er war auch durch die zweite Prüfung gerasselt! Edwards Vater tobte. »Das viele Geld, das mich die Schusseligkeit meines Sohns kostet! Vier Zusatzstunden noch, mehr bin ich nicht bereit, für den nächsten und letzten Versuch zu bezahlen!«

Für mich war der zweite Misserfolg meines Pflegesohns keine wirkliche Überraschung. Mir schien, Edward war sich des Ernsts der Lage nicht bewusst. Ihm fehlte es an Reife. Was einen pflichtbewussten Teilnehmer am Straßenverkehr ausmacht, dass er Menschenleben gefährden, sogar töten könnte, das konnte er sich nicht vorstellen.

Ich beschloss, Edward in Alsfeld in einer Fahrschule anzumelden. Vorher sprach ich mit dem Fahrschulleiter: »Bitte, prüfen Sie genau, wie die Fahrweise meines Ziehsohns einzuschätzen ist. Es ist doch recht merkwürdig, dass ein gesunder Achtzehnjähriger zweimal durch die praktische Fahrprüfung fällt«, gab ich zu bedenken.

»Ich vermute, irgendetwas stimmt mit seinem Verhalten nicht! Wir setzen den Termin für die dritte Prüfung erst fest, wenn wir sicher sind, dass er bestehen wird. Egal, wie viele Stunden er noch braucht! Sind Sie damit einverstanden?«, fragte der Fahrschulleiter.

»Auf jeden Fall!«, antwortete ich.

Nach der ersten Fahrstunde rief er mich an: »Edward fährt katastrophal! Es ist mir unverständlich, dass man ihn überhaupt zur Prüfung zugelassen hat. Er rutscht ständig aus seinen offenen Turnschuhen vom Gaspedal runter, würgt den Motor oft ab, fährt völlig unüberlegt in die Kreuzung hinein und denkt erst dann nach, wer überhaupt Vorfahrt hat. Beim Abbiegen nach rechts zieht er den Bogen so unglaublich weit aus, dass er auf die Gegenspur kommt. Außerdem fragt er dauernd, was er jetzt tun solle. Er ist total unsicher. Das wird noch länger dauern!«

Immer wieder mussten wir den Prüfungstermin verschieben.

Edward erhielt noch zehn Fahrstunden, bis es endlich so weit war: Die dritte Prüfung stand bevor. Eine vierte Prüfung konnte nicht mehr, ohne eine längere Zwangspause, angeschlossen werden. Ich begleitete Edward am Tag der Prüfung zur Fahrschule, redete noch einmal mit dem Lehrer, drückte fest die Daumen und ließ ein kleines Stoßgebet über meine Lippen huschen.
»Wartest du hier?«, fragte Ed mit matter Stimme.
»Ja, ich warte, bis du zurückkommst! Und keine Fragen! Du bist dir total sicher!«, ermahnte ich ihn und blickte ihn zuversichtlich an.
Nervös ging ich auf dem Hof der Fahrschule auf und ab. Dann setzte ich mich auf eine Mauer und schrieb in mein Notizbuch. Diesen Tag umrandete ich mit rotem Stift und schrieb: Prüfung! Daneben malte ich ein Lachmännchen für Top und eine Heulsuse für Flop. Das Ergebnis blieb noch offen.
Es sollte keine lange Fahrt werden. Bald sah ich das Auto um die Ecke kommen und in geschmeidiger, eleganter Fahrweise in den Hof einbiegen.
Edward stieg aus und strahlte über das ganze Gesicht. Er warf in überschwenglicher Freude die Arme in die Höhe: »Ich hab's geschafft! Geschafft, geschafft!«
Der Fahrlehrer war ebenfalls erleichtert und drückte mir die Hand.
»Sehr souverän hat der Junge die Situation gelöst«, sagte mit anerkennendem Kopfnicken der Prüfer.
»Was ist passiert, welche Situation? Ed, erzähl doch!«, forderte ich ihn auf.
»Du glaubst es nicht, diese Stadtmuhme schlich vor mir her.«
»Was? Die Alte mit dem langen Mantel und dem Kopftuch und dem zottigen Schäferhund? Der Frau hab ich einmal angeboten, ihr getragene, wunderbare Kleidung zu schenken. Einen warmen Mantel hatte ich sogar für sie dabei. Doch sie lehnte grimmig ab, wurde richtig bösartig.«
»Genau, diese alte Hexe schob mitten auf der Straße einen altmodischen, klapprigen Kinderwagen mit großen Rädern.

Ich bremste ab. Weil starker Gegenverkehr war, konnte ich sie nicht so einfach überholen. Dann plötzlich verlor die Alte ein Rad des Kinderwagens, das rollte über den Asphalt. Der Wagen kippte um, und – ich fasse es nicht – eine Gans hüpfte aus dem Karren. Sie fuhr die ganze Zeit eine Gans spazieren.« Edward schlug mit der flachen Hand gegen seine Stirn.

»Ja, die alte Frau ist stadtbekannt!«, wusste der Fahrlehrer zu berichten. »Sie lebt allein in einem der alten Fachwerkhäuser in der Blaufärber-Gasse. Sie hat vor Jahren ihr einziges Kind verloren und hegt seitdem immer wieder eine Gans, die sie als Kindersatz in der Wohnung hält und auf der Straße spazieren fährt.«

»So etwas gibt es auch nur in Alsfeld«, amüsierte sich Ed kopfschüttelnd.

»Nun hieß es richtig reagieren!«, erklärte der Fahrlehrer. »Ich durfte ja nichts sagen und der Prüfer auch nicht. Also hielten wir die Luft an, was wird der Prüfling tun? Hoffentlich behält er die Nerven.«

»Und was tat er?«, fragte ich aufgeregt.

»Er löste das Problem wunderbar. Wirklich vorbildlich! Er bremste, schaute in den Rückspiegel, drückte auf die Warnblinktaste und stieg aus.«

»Warum das denn?«, fragte ich verwundert.

»Das hatte ich doch auf Sylt gelernt«, sagte Ed, »die Alte musste von der Straße, und zwar mit meiner Hilfe. Sie war ein Verkehrshindernis. Also packte ich sie und schnappte mir die Ente, ruckzuck auf den Bürgersteig mit ihnen. Das Rad fing ich mit meinem Gürtel ein, den ich mit einem schnellen Griff aus der Hose zog. Dann karrte ich den Wagen auf den Bürgersteig. Die Frau beschwor ich, der Straße fernzubleiben, und raste wieder auf meinen Fahrersitz im Auto. Motor starten, Blinker setzen, Rückspiegel-Blick, und weiter ging's in Stadttempo 50 bis zur nächsten Kreuzung. Mir war die Reihenfolge der Taten sonnenklar, alles logisch, nur keine Fragen stellen!«

Ich umarmte Edward und drückte ihn vor Freude fest an

mich. »Das hast du phantastisch gemacht!«, lobte ich ihn. »Es ist einfach unglaublich, was dir alles passiert. Völlig verrückte Dinge! Darauf werden wir zu Hause eine Sektflasche köpfen!«

Dem Fahrlehrer zwinkerte ich dankbar und wissend zu. Denn nur seinen Bemühungen war es zu verdanken, dass Ed seine offensichtlichen Konzentrationsschwächen überwunden hatte.

Am nächsten Wochenende fuhr Ed zu seinen Eltern, weil ihm sein Vater zur bestandenen Führerscheinprüfung einen eigenen Wagen versprochen hatte. Auf der Rückfahrt nach Hoheneich steuerte Edward das erste Mal alleine ein Auto und war mächtig stolz. Am Montag drauf war die Jungfernfahrt in die Schule angesetzt. Endlich keine Busfahrten mehr, keine Suche nach Mitfahrgelegenheiten in überfüllten Pkws, und vor allen Dingen die lästige Nachfrage, wie »Trixi, kannst du mich heute fahren, habe den Bus verpasst?«, war überflüssig geworden. Sonntagabends gab sich der Autobesitzer euphorisch und imitierte lautes Motorengeräusch: »Emm-emm, so werde ich fahren, ein Kickdown-Start, dass der Kies nur so spritzt! Meine Klassenkameraden werden staunen, wenn ich auf den Schulparkplatz eindrehe!«

Am Morgen dann erschien ein etwas blasser Edward am Frühstückstisch. Seine Wangenknochen mahlten hektisch.

»Prima, jetzt geht es los! Im eigenen Auto zur Schule zu fahren, das ist doch klasse!«, sagte ich aufmunternd.

Es kam ein zaghaftes: »Ja, schon.«

»Ich bin richtig stolz auf dich!«, lobte ich weiter.

»Trixi, ich glaube, ich muss kotzen!« Edward schaute schüchtern in die Küchenecke, wo das Spülbecken stand. Dann rannte er nervös in sein Zimmer und wieder auf den Flur. Mein Edward war sensibler, als er sich eingestehen wollte. Das wusste ich wohl, sprach ihn aber nicht auf seine Flatternerven an, sondern begleitete ihn zum Auto. Dann wartete ich geduldig, bis er den Motor nach ein paar Fehlstarts in Gang gebracht hatte, und winkte ihm lange nach.

Wir lernen daraus: Nicht nur die Wurzelbildung, sondern auch das Fliegenlernen ist ein ernstzunehmendes Unterfangen und bedarf der umsichtigen Begleitung.

## Tradition und Moderne: Weihnachten steht vor der Tür

»Was bedeutet dir die Weihnachtszeit?« Diese Frage stellte ich meinen Problemjugendlichen und auch meinen eigenen Kindern. Die Antworten sind sehr verschieden ausgefallen. Hier ein paar Auszüge:
Casimir: »Alles Abzocke. Jeder will nur Geschenke haben.«
Boris: »Weihnachten ist bedeutungslos, wenn man, wie ich, den Einflüssen des Universums ausgesetzt ist.«
Askan: »Beklemmende Zwangsvorstellung: Jedes Jahr das Gleiche, die Oma abholen, in die Kirche gehen und den ganzen Abend zu Hause rumsitzen. Um elf Uhr hau ich ab in die Disco!«
Edward: »Langweilig! Totaler Schwachsinn, Kitsch und Verdummung. Wenn ich schon diese kindischen Lieder höre, bekomme ich Krämpfe.«
In meiner Familie ist man da anderer Meinung.
Antoinella: »Besinnlichkeit, Kerzenglanz, die Familie ist zusammen. Es riecht im ganzen Haus nach Zimtsternen.«
Jimmy: »Dunkle Zeit, ruhiger werden, knirschender Schnee und die Herzen öffnen gegenüber den Mitmenschen.«
Ferdinand: »Vorfreude, Gemütlichkeit, Ernsthaftigkeit, klassische Musik und gute Gespräche innerhalb der Familie.«
Lucy: »Familienfest, Wohlbefinden, Kirche.«
Ich: »Es ist eine geheimnisvolle Zeit, und ich habe das Gefühl, dass Wunder geschehen können.«
Galina: »Ich habe russisch-orthodoxen Glauben. Mein Mann ist Deutschrusse. Für ihn war die Kirche verboten. Aber heutzutage feiern wir zusammen im Lichterglanz. Das ist der schönste Tag im Jahr.«

»Morgen beginnen wir mit der Weihnachtsbäckerei«, versprach ich Casimir. Antoinella fragte schon jeden Tag nach den Vanillekipferln, die bekanntlich vor dem Heiligen Abend am besten schmecken. Zu diesem Back-Event hatte ich meine Freundin Desirée aus der Nachbarschaft eingeladen. Sie mochte gerne helfen und hatte sich mit ihrer vierzehnjährigen Tochter Vivienne angesagt.
Am nächsten Tag bereitete ich mit Hilfe von Galina in der Frühe den Teig vor, der dann zum Kühlen in den Kühlschrank gelegt wurde. Mein Plätzchenrepertoire besteht aus: Nusskipferl, Honigbrot, Gewürzschnitten, Zimtsternen und Bethmännchen. Am Nachmittag kamen dann die Gäste. Vivienne sah besonders süß aus mit ihren langen schwarzen Haaren, die zu einem dicken Pferdeschwanz gebunden waren.
Nach der herzlichen Begrüßung setzte ich mich mit Desirée zum Tee vor den Kamin. Vivienne gesellte sich zur Jugend. Casimir stellte sich formvollendet vor: »Ich bin Casimir und lebe bei Trixi und Jimmy in Hoheneich. In Alsfeld drücke ich die Schulbank mit dem Ziel, das Abi zu knacken. Du kannst mich auch Wolfszahn nennen, weil ich so etwas wie ein Wolf auf Wanderschaft bin.«
Vivienne lachte herzlich auf und stellte sich ebenfalls vor: »Ich bin Vivienne. Einfach so.«
Dann reichte ihr Casimir eine Schürze. Antoinella und er waren schon in lange Schürzen gewandet, um richtig zupacken zu können. Das Küchenradio spielte Weihnachtsmelodien aus allen Ländern. Selbst Galinas Lieblinge, die Don Kosaken erklangen aus dem CD-Player. Der Ofen summte leise, und Wärme erfüllte den großen Küchenraum. Wärme ist übrigens ein sehr wichtiger Wohlfühlfaktor. Denn meine Jungs frieren schon bei dem geringsten Wetterumsturz und sind dann entsprechend schlechter Laune.
Auf einem Seitentisch standen kleine Töpfe und Tiegel mit bunten Zuckerstreuseln, Schokoladenflocken und rosa- und grüngefärbtem Zuckerguss. Alles Zutaten, um das Gebäck phantasievoll zu verzieren.

»Ich versteh nicht, warum deutsche Leute so lange warten, bis sie den Weihnachtsbaum aufstellen. Wir haben schon seit dem 1. Dezember unsere Tanne mit Lichtern, die strahlen den ganzen Tag«, stellte Galina fest.
»Warum das denn, so früh? Dann wird die Tanne doch trocken, und bis Weihnachten ist keine Nadel mehr am Baum!«, wunderte sich Antoinella.
»Nein«, antwortete unsere russische Hilfe, »wir haben modernen Baum aus Karton, aufklappen und aufstellen, ganz einfach.«
»Und dann noch elektrische Kerzen? Super Techno! Dann ist das ja die reinste Straßenlaterne!«, meinte Casimir und sprang nervös von einem Bein auf das andere, weil sich seine Teigmasse nicht ausrollen ließ. Sie blieb widerspenstig auf dem Holzbrett kleben.
»Auf keinen Fall elektrische Kerzen!«, fand Antoinella. »Es müssen schon richtige Bienenwachskerzen sein. Sonst ist es kein richtiges Weihnachten!«
»Und der Baum darf erst am 24. Dezember geschmückt werden!«, meldete sich Vivienne zu Wort.
»Casimir, du musst deine Hände in Mehl tauchen und auch die Teigrolle damit einpudern, dann geht es einfacher, und der Nussteig bleibt nicht an deinen Fingern kleben!«, wusste Antoinella und reichte ihm die Mehltüte.
Casimir aber hatte nur Augen für Vivienne. Er war im tiefsten Inneren aufgewühlt. Ein solches Mädchen hatte er sich bislang nur im Traum vorstellen können, erzählte er mir später im Leopardenzimmer.
»Sie muss ein wahres Wunderwesen sein! So sanft und rein ist ihr Blick, überhaupt nicht zickig! Und wie sie mich ansieht, so ganz ohne Tricks und eitles Getue. Sie ist eine ›reine Seele‹, das muss sie sein.« Er erzählte mir von einem Gespräch mit einem jungen Pater in St. Gilles in der Camargue, wo er von Nancy aus hingetrampt war: »Der Pater hat mir die Heiligendarstellungen in der Kathedrale erklärt und vom heiligen Ägidius erzählt. Er hat mich angesprochen und – keine Ah-

nung, warum – nach meinem Herkunftsland gefragt. Wir haben uns dann lange unterhalten und auch das Thema der Unsterblichkeit der Seele berührt.« Casimir erinnerte sich, dass damals in seinem Drogenhirn die Vorstellung herumirrte, ja, dass er richtige Alpträume hatte, seine arme Seele würde nach seinem Tod ziellos umherschwirren und verzweifelt einen Platz zur Inkarnation suchen. Doch jedes Tier und jede Blume wären besetzt, niemand wollte seine Seele aufnehmen. Nur ein kleiner Regenwurm hätte ihn mitleidig angesehen und in sein Erdloch gezogen.

»Vivienne ist da ganz anders. Bei ihr stehe ich einem wahren Engel gegenüber, da bin ich mir sicher«, sagte er zum Abschluss.

Während die Kinder in der Küche zu Werke gingen, unterhielt ich mich mit Desirée am Kaminfeuer. Meine Freundin ist Mutter von sechs Kindern, lebt aber von ihrem Mann getrennt. Ich kann sie nur bewundern, wie sie als alleinerziehende Mama die Erziehung ihrer Kinder meistert. Keines ihrer Kinder ist auf die schiefe Bahn geraten. Sie hat in Psychologie promoviert, übt jedoch ihren Beruf nicht aus, weil sie mit Leidenschaft Mutter ist. Die Wärme des Kaminfeuers genießend, streckte sie ihre Füße aus: »In unserem Forsthaus ist es zurzeit bitterkalt! Der Vater meiner Kinder hat uns die Heizung abgestellt.«

»Warum macht er das?«, fragte ich erstaunt.

»Er will uns kleinkriegen und nicht bezahlen. Wir streiten uns wegen der Unterhaltszahlung und sind deswegen vor Gericht. Aber erzähl lieber von dir. Ist das der neue Junge mit der langen Schürze?«

»Ja, das ist Casimir. Backen und Weihnachtsstimmung sind etwas völlig Neues für ihn«, antwortete ich.

»Der Junge hat so innige Augen. Ich kann gar nicht glauben, dass er Probleme mit seinen Eltern hat.«

»Das ist auch Jimmys Meinung, aber ich muss ständig auf der Hut sein, dass nichts passiert. Du kennst doch meine Devise?«, fragte ich.

»Klar: Disziplin, Pünktlichkeit und Pflichterfüllung ist alles!«, ratterte meine Freundin herunter.
»Das ist alles wichtig, doch zuallererst gelten meine drei goldenen Regeln: Erstens: Nie erstaunt sein!«
»Das heißt, immer mit allem rechnen«, kommentierte Desirée.
»Zweitens: Nichts persönlich nehmen.«
»Das heißt, auch bei Kritik versuchen, objektiv zu bleiben.«
»Immer das Positive annehmen.«
»Das heißt, nie das Negative voraussetzen.«
»Richtig! Das stimmt alles!«, applaudierte ich anerkennend.
»Nie erstaunt sein? Liebe Freundin, sag mir, wovor hast du denn Angst?«
»Ich habe höllisch Angst davor, dass Casimir wieder Drogen nimmt, und zwar ohne, dass ich es merke. Einfach aus Gewohnheit oder aus krankhaftem Zwang heraus. Deshalb muss ich Vorkehrungen treffen. Ich muss umsichtig sein und alles im Vorhinein bedenken!«
»Das würdest du auf jeden Fall schnell merken. Unter Drogen schlafen die Kids doch sonst wie betäubt und sind nicht aus dem Bett zu kriegen.«
»Das Aufstehen geht ganz gut. Aber er hat mir einmal abends anvertraut, dass er nicht geglaubt hätte, einmal ohne Drogen auszukommen.«
»Weißt du«, erwiderte die Psychologin, »diese mental verwahrlosten Kinder brauchen eine starke persönliche Zuwendung und vor allem Nestwärme. Und genau die gibst du deinen Pflegekindern. Deshalb mach dir nicht zu viele Sorgen. Er wird clean bleiben.«
»Hoffentlich!«
»Was meinst du eigentlich mit: nichts persönlich nehmen?«, fragte Desirée weiter. »Wie du deinen Herzbuben behandelst, ist doch gerade sehr persönlich. Ich finde, ihr habt eine lässige, offene Art, miteinander umzugehen.«
»Ja, hast du das bemerkt? Ich meine, wenn der Jugendliche aus irgendeiner Laune heraus oder wegen der eingebrannten

Erniedrigungen früherer Zeiten Frust ablassen muss, dann sagt er ein grobes Wort, meint es aber nicht böse. Oder ein ungeduldiger Ausruf schreit aus seiner Seele wie: ›Mach sofort die Tür zu! Mir kann niemand Verbote diktieren!‹ Dann muss ich cool bleiben, denn nur besonnene Eltern können glaubwürdige Hilfe leisten.«

»Bravo! Hast du Psychologie studiert oder ich?«, fragte Desirée.

»Ich reagiere vorwiegend aus einem Bauchgefühl heraus, versuche dabei aber immer, eine objektiv distanzierte Perspektive einzunehmen.«

»Du hast völlig recht«, beteuerte meine Freundin, »denn aus einem gekränkten Gefühl handelt man zu subjektiv und dadurch egozentrisch. In dieser, durch Missverständnisse aufgeheizten Situation stellt man die eigene Person über die des anderen, nimmt sich selbst wichtiger als den anderen. Und das ist falsch!«

Ich umarmte meine Freundin und schenkte ihr eine neue Tasse Tee ein.

»Und wie schaffst du es, immer an das Positive zu glauben? Bist du nicht manchmal skeptisch oder gar misstrauisch?«, wollte Desirée wissen.

»Überhaupt nicht! Das verbietet mein Ego«, antwortete ich, während ich mit dem Feuerhaken in der Glut stocherte.

»Du bist also stark?«

»Klar, das muss ich wohl sein!«

»Und dein Instinkt ist Gold wert!«, lobte sie mich.

Auf einmal waren laute Geräusche aus der Küche zu hören, Zimtduft entströmte dem Schlüsselloch. Wir zwei Freundinnen verstehen uns immer wieder besonders gut, wenn wir uns über bestimmte Charaktere austauschen, so dass wir leicht die Umwelt vergessen. Aber jetzt war es Zeit, einmal in der Küche nach dem Rechten zu sehen.

»Komm Desirée, wir wollen aufhören zu lamentieren und lieber die Bäcker besuchen!«

Je näher wir der Küche kamen, desto lauter wurden die Stim-

men, die Lacher, die Musik und desto intensiver der Geruch nach Gewürzen. Desirée öffnete die Tür und staunte über das heitere Bild, das sich ihr bot. Da war Antoinella, die ihren Nussteig auf einem Holzbrett hin und her warf und laut die Melodie aus dem Küchenradio mitsang. Dann Casimir, der mit seinem Teig kämpfte: »Der Teig ist stur und bockt wie die Ziegen von Madame Santé.«
»Was?«, lachte Antoinella. »Und ich habe immer gedacht, dass du in der Camargue nur Pferde und Stiere gebändigt hast. Hast du auch Ziegen gehütet?«
»Naturellement!« Casimir war bester Laune und erzählte Unsinn, den er so interessant fand, dass er beinahe selbst daran glaubte. Die Verwirrung, die er stiftete, bereitete ihm diebische Freude. Und so spann er den Faden weiter: »Die Ziegen wurden vor die Kutsche gespannt. Sie trugen grüne Jägerhüte, wie die Bayern in den Alpen. Weißt du, so!« Gerade war er dabei, sich einen Teigdeckel auf den Kopf zu setzen und einen Zipfel als Feder in die Höhe zu ziehen, als wir eintraten.
»He, Casimir, mit Esssachen spielt man nicht!«, sagte ich mit tiefer Stimme und drohte lachend mit einem Kochlöffel.
Er ließ sofort den Teig fallen und klagte: »Mein Werk ist leider misslungen!«
Desirée musste herzhaft lachen, doch dann wunderte sie sich, wo wohl ihre Tochter abgeblieben war.
Sie schaute sich in der geräumigen Küche um, zunächst am Ofen, der leise summend drei Bleche mit weißen Halbmonden erhitzte, so dass der Teig fette Blasen trieb. Dann entdeckte sie auf dem Esstisch die schon fertigen Zimtsterne. Dahinter, etwas im Schatten verborgen, schließlich fand sie ihre Tochter. Vivienne war völlig in ihrer Arbeit versunken. Mit geneigtem Kopf, die Zunge zwischen den leicht geöffneten Lippen spielend, bemalte sie das noch warme Gebäck mit Zuckerguss, zauberte Engelsgesichter und bunte Blumenranken auf die Pfefferkuchen.
»Du bist ja ganz still?«, wunderte sich Desirée.

»Ja, ich muss mich konzentrieren. Es ist wunderbar und macht Riesenspaß!«

Desirée war glücklich, ihr jüngstes Kind so zufrieden und in Harmonie arbeiten zu sehen. Denn als Mutter von sechs Kindern ist der Alltag beladen mit Problemen. Alle Entscheidungen lasten auf ihr, und so bleibt bei aller Hektik die Muße häufig auf der Strecke.

Galina hatte inzwischen aus dem Keller die Keksdosen und -schachteln geholt, in denen das Weihnachtsgebäck, sorgfältig geschichtet, aufbewahrt wird. Bald war das erste Blech fertig. Antoinella zeigte stolz die Halbmonde herum und ließ Casimir daran schnuppern. Ein herrlicher Geruch von Vanille erfüllte den Raum.

»Was machen wir jetzt mit den vielen Keksen? Lass mich mal probieren!«, rief Casimir begeistert, griff eifrig in die frischen Backwaren und stopfte sich eine Handvoll in den Mund. Dabei fielen ein paar Plätzchen auf den Boden.

»Nein!«, schimpften Antoinella und Vivienne und hielten den Ungeduldigen zurück. »Jetzt doch noch nicht. Erst mal müssen die Kipferl abkühlen und dann werden sie zusammen mit den anderen Plätzchen in den Dosen aufbewahrt. Schau, hier!«

Galina zeigte die weihnachtlichen Keksdosen: eine runde blaue mit Schneeflocken, eine große schwarze mit Nikolausbildern und mehrere kleine Büchsen mit Tieren darauf.

»Das sind uralte Blechdosen aus Großmutters Zeiten«, erklärte ich, »die haben antiquarischen Wert. Darin behalten die Pfefferkuchen sehr lange ihren Geschmack, deshalb liebe ich diese Büchsen.«

»Dieser Oma-Kram! Das ist doch total gaga! Ihr werdet mir doch wohl nicht weismachen wollen, dass ihr jedes Jahr diese gleiche dämliche Verpackungszeremonie durchzieht!« Casimir klopfte verächtlich mit dem Holzlöffel auf das Blechwerk.

»Jedes Jahr die gleiche«, antwortete Antoinella, »und da lege ich Wert drauf. Das ist unsere Weihnachtstradition, sonst ist es für mich kein richtiges Fest!«

Casimir dachte nach und wurde ganz still. Er kannte keine Traditionen und empfand Sitten und Gebräuche als etwas total Veraltetes, das unbedingt abgeschafft werden musste. Plötzlich spukte ihm sein altmodischer Vater im Hirn herum. Genauso altmodisch wie die Büchsen und deshalb verstaubt empfand er auch seinen Vater. Schon ein Handkuss, wie ihn sein Erzeuger bisweilen andeutete, konnte ihn wahnsinnig aufregen. Besonders albern empfand der Sohn die Anrede, die sein alter Herr ständig benutzte: gnädige Frau! »Warum soll diese völlig fremde Frau gnädig sein? Woher weiß man das? So ein Quatsch!« Er verachtete auch die steife und förmliche Art, wie sich sein Vater kleidete: immer eine eng um den Hals geschnürte Krawatte, immer Schnürschuhe. Nie trug der »Alte« Turnschuhe oder wenigstens mal lässige Slipper. Auch die Verwandtschaft war ihm suspekt. Casimir kannte seine Großeltern gar nicht, noch nie hatte ihm jemand eine Geschichte von seinen Vorfahren erzählt.
»Wie feierst du denn Weihnachten zu Hause?«, wollte Galina wissen.
»Langweilig und verkrampft, von Stimmung keine Spur!« Casimir deutete mit dem Daumen nach unten.
»Wir gehen gemeinsam in die Kirche«, sagte Galina, »mit den Kindern, und Enkel sitzen auf meinem Schoß. Zu Hause singen wir, essen Pelmeni und geben Geschenke.«
»Das solltest du mal meinem Vater erzählen«, antwortete Casimir. »Wir gehen nie in die Kirche. Der holt sich lieber Penner von der Straße, und die sitzen dann bei uns unter der Tanne. Und wir glotzen dumpf ins Lametta. Stimmung kommt da nicht auf. Man traut sich kaum ein Wort zu wechseln, denn die Säufer sind die Hauptpersonen.«
»Das wäre nichts für mich, Weihnachten gehört der Familie. Ich mag da keine fremden Personen dabeihaben«, gestand Antoinella und zeigte viel Sympathie für Casimirs Ablehnung.
»Ich finde das gut!«, sagte Vivienne verträumt mit gedehnter Stimme. »Eine richtige Bescherung für die armen Menschen. Das könnten wir eigentlich auch mal einführen.«

»Nein!«, rief Casimir aufgebracht. »Warum sollen die Freaks von der Straße auf unsere Kosten ein Fest feiern? Die sollen mit ihrem Sch...leben allein fertigwerden! Die sind selbst schuld!«

»Sei nicht so ungerecht und selbstgefällig!«, mahnte ich. »Wo bleibt dein Mitgefühl? Ich finde die Haltung deines Vaters ist aller Ehren wert. Weihnachten ist schließlich das Fest der Liebe. Aber ...« Ich hielt inne, wie sollte ich meine Gedanken ausdrücken? Dann sagte ich: »Dein Vater, Casimir, sollte vielleicht die Bescherung für die Armen am Nachmittag zelebrieren und da seine Barmherzigkeit zeigen. Den Abend sollte er jedoch für die Familie reservieren. Denn die Familie geht vor! Weihnachten ist ein Fest der Besinnlichkeit und – wie hat mal Ferdinand gesagt – die Zeit der Ernsthaftigkeit und guten Gespräche in der Familie.«

Noch bis in die Nacht hinein haben wir Herzen, Tannenbäume und Sterne gebacken. Galina verzierte die abgekühlten Kekse mit rosa Zuckerguss und streute bunte Perlen darüber. Dazu sang sie mit wehmutsvoller Klagestimme die Lieder ihrer Heimat. Spät verließen uns unsere Gäste. Casimir schaute lange noch Vivienne hinterher und winkte zum Abschied. Draußen begann es zu schneien. Da weder Gardinen noch Vorhänge unser Küchenfenster verhängen, konnten wir sehen, wie die Flocken tanzten. Sie umschwirrten die weihnachtlichen Lichterketten, die Nikoläuse, die in dem Baum hingen, und den weißen, großen Stern auf dem Baumstamm vor dem Haus. Meine Kids amüsieren sich immer über meine kindliche Freude, in der Weihnachtszeit eine richtige Walt-Disney-Landschaft aufzubauen. »Nein, das ist kein Kitsch!«, verteidige ich mich immer. »Hier auf dem Land ist es so einsam und dunkel, dass ich Abhilfe schaffen muss. Ich liebe die bunten Lichter. Dann fühl ich mich nicht einsam!«

Casimir war von der Atmosphäre dieses Tags beeindruckt. Er fühlte sich geborgen und war der Letzte, der die Küche verließ. Als ich nachts noch einmal in die Küche schaute, um zu

prüfen, ob alle Lichter und der Backofen ausgeschaltet waren, entdeckte ich ihn. Casimir bemerkte mich nicht, sondern war innig damit beschäftigt, sachte die Deckel auf die gefüllten Oma-Dosen zu drücken.
Der Psychologe Prof. Guggenbühel aus Zürich hat einmal gesagt: »Kinder brauchen Wurzeln, sie wollen wissen, woher sie kommen. Es ist für sie sehr wichtig, eine Familientradition zu haben und Hintergründe zu erfahren, die Probleme zu hören, mit denen die Verwandten, wie Großvater oder Tante, sich befasst hatten. Sie brauchen das Gefühl der Zugehörigkeit.«
Auch Edward fehlte diese Überlieferung von Traditionen in seiner Familie. Eines Tages erzählte ich ihm von meinem Großvater aus Ostpreußen, der in typisch Ostpreußisch ein j für g sprach. So sagte er zum Beispiel: »unjewöhnlich« und »ihr kommt unjelegen«. Edward hörte sich dies verwundert an, wusste er doch kaum, wo Ostpreußen lag. Doch ein paar Tage später berichtete er mir aufgeregt: »Ich habe jetzt einen Film gesehen, der Bösewicht hat genau diese komische J-Sprache verwendet, wie du mir von deinem Großvater erzählt hast. Dass das Ostpreußisch ist, damit konnte ich gleich bei meinen Freunden punkten.«

Zu Weihnachten fahren meine P-Kids nach Hause. Nur ein Jugendlicher blieb einmal in Hoheneich und feierte das Fest mit uns. Es war Boris. In seiner Kindheit war er im katholischen Glauben erzogen worden, hatte aber jahrelang keinen Gottesdienst mehr besucht, da sich seine Mutter später einer anderen Glaubensrichtung zugewandt hatte.
Wir freuten uns sehr, dass er uns in die Kirche begleitete, doch von der protestantisch kargen Liturgie war er wenig beeindruckt. »Da fehlte doch irgendetwas!«, rätselte er während der Heimfahrt. Weiß der Himmel, was ihm fehlte. Sicher konnte er die Nüchternheit unserer Kirche nicht in Einklang mit seinen Kindheitserinnerungen bringen. Wir zelebrierten mit unserem Gast ein wunderschönes, feierliches

Weihnachtsfest. Mein Geschenk an ihn war eine warme, graue Lodenjacke, die ihm gut stand. An den Genuss von Alkohol, Punsch oder Rotwein, den wir traditionell immer unter dem Lichterbaum trinken, war in diesem Jahr natürlich nicht zu denken. Aus Rücksicht auf Boris, der trockenbleiben musste und vor nicht zu langer Zeit einen Entzug hinter sich hatte, verzichtete meine ganze Familie auf jeglichen Alkohol. »Die Stimmung leidet sehr! Aber …«, flüsterte mir Ferdinand zu. Er zeigte auf seine Teetasse, in der eine seltsam helle Teesorte perlte. Auch Antoinella und Lucy schmunzelten mich wissend an. Heimlich hatten sich meine Kids Sekt in ihre Tassen gegossen und prosteten mir zu. Auf diese Weise konnten wir den Schein wahren und Boris in seiner Abstinenz nicht gefährden.

# Erfahrungen mit dem Jugendamt

Charles, genannt Charly, wurde mir vom Jugendamt geschickt. Der fünfzehnjährige Junge war ein Handwerkersohn. Seine Mutter arbeitet in dem Tennisclub, den ich besuche. Dieser Junge, der wie alle meine Problemjugendlichen durch Schulverweigerung und Drogenmissbrauch aufgefallen war, wurde schließlich an das Jugendamt verwiesen. Die Eltern fühlten sich total überfordert und suchten professionelle Hilfe beim Staat. Sie gaben zwar das Sorgerecht für ihren Sohn nicht ab, mussten aber jede Veränderung dem Jugendamt melden. Das Amt war gewissermaßen zwischen Eltern und Kind geschaltet.

Immer wieder tauchte der Sohn im dunklen Milieu der Stadt unter, lebte dann in irgendeiner »Messie-Wohnung« mit Gleichgesinnten und machte sich als Handlanger von Drogendealern verdient. Die sehr sympathische Mutter klagte mir ihr Leid, dass selbst die Maßnahmen des Jugendamts nicht mehr greifen würden. Aus dem Jugendheim weit im Osten Deutschlands, in das man ihn eingewiesen hatte, riss der Junge immer wieder aus und tauchte unerwartet nachts im Elternhaus auf.

Wir vereinbarten einen Termin, ich sollte Charly kennenlernen. Und wieder war es so, dass der Blick dieses Jugendlichen mich im tiefsten Inneren traf. Er schaute mir so intensiv in die Augen, seine schwarzen Pupillen schienen Magnete zu sein, die alles Leben in sich hineinzogen. Charly wollte gerne zu uns nach Hoheneich kommen. Er traute mir auch zu, dass ich ihn durch die Schule boxen würde. Dafür musste ich zuerst mit dem Jugendamt und der zuständigen Sozialpädagogin Kontakt aufnehmen. Dort erfuhr ich von dem Gerichtsbeschluss, dass Charly in die Jugendpsychiatrie eingewiesen

werden sollte und schon lange auf der Warteliste stand. In der Zwischenzeit war aber nichts passiert. Charly fristete weiter sein trauriges Leben als Stadtgammler. Und deshalb entschloss ich mich, für den Jungen, der mir intelligent und höflich begegnet war, zu kämpfen.
Da ich als Pflegemutter kein amtliches Zertifikat vorweisen kann, musste ich mich zu einem Seminar für Jugendhilfe und Soziales anmelden, um die Berechtigung zur Jugendpflege zu erhalten. Das wollte ich gerne tun. Ein Seminar, in dem man Erfahrungen austauschen und Neues lernen kann, konnte nur ein Gewinn sein. Ich meldete mich an. Ein paar Tage später erschienen zwei Sozialarbeiterinnen, um meinen Hausstand kennenzulernen und auch mit meinem Mann zu sprechen. Das Gespräch wurde von unserer Seite bald abrupt abgebrochen. Mein Mann und ich sollten unsere gesamte finanzielle Situation offenlegen. Mein Mann weigerte sich mit dem Hinweis, das wäre ein Verstoß gegen sein Persönlichkeitsrecht und gegen den Datenschutz. Als dann die Sozialarbeiterinnen auf die komplette Offenlegung verzichten wollten, man könne ja einfach auch einen beliebigen Monatsverdienst angeben und dann hochrechnen, die Richtigkeit würde sowieso nicht nachgeprüft, war mein Mann empört. »Das kommt gar nicht in Frage, das wäre Täuschung. Ich mache mich doch nicht strafbar!« Mein Einwand, dass ich bereits acht Pflegekinder erfolgreich in unserem Haus betreut hätte und nie ein offizielles Pflegemutter-Prädikat gebraucht hätte, überzeugte sie nicht. Sie mussten sich schließlich an die Gesetze halten und durften nicht individuell nach persönlichem Ermessen handeln. Das verstand ich. Ohne Qualifikation durfte ich also kein Kind aufnehmen, das mir vom Jugendamt zugewiesen wurde. Ich war sehr traurig, Charly nicht betreuen zu können.
Wir einigten uns schließlich auf den Kompromiss, dass Charly die nächsten drei Monate bis zum Beginn des neuen Schuljahrs in Hoheneich leben sollte, dann entweder in die Psychiatrie eingewiesen würde oder wieder zu den Eltern zurückkehren durfte.

Begleitend zum Schulbesuch sollte er eine Therapie beim Jugendpsychiater machen. Die Sozialpädagogin überreichte mir eine Liste mit vierzig Psychiatern, die sich im Umkreis von dreißig bis fünfzig Kilometern von uns niedergelassen hatten. Ich schritt sofort zur Tat und wählte eine Nummer nach der anderen, um Charly anzumelden. Aber es war aussichtslos! Kein Psychiater hatte Termine frei. Ich erfuhr von den Sprechstundenhilfen, dass es viel zu wenig professionelle Hilfe für Jugendliche unter achtzehn Jahren gäbe. Der einzige Psychiater, der nicht bis zwei Jahre im Voraus ausgelastet war, bot am Vormittag zwei Stunden Sitzung an. Aber das fiel in die Unterrichtszeit und war deshalb nicht akzeptabel. Schule hatte Priorität.

Charly blieb die drei Monate bei uns. Es war eine erfolgreiche Zeit. Ich meldete ihn in einer Berufsschule an, wo er an einem Kurs zur Eingliederung in die Berufs- und Arbeitswelt teilnahm. Dort wurden ihm nicht nur grundlegende berufliche Qualifikationen vermittelt, sondern er wurde auch individuell durch Sozialpädagogen betreut. Da die meisten Kursteilnehmer Schulabbrecher waren, die man nicht gleich mit zu viel theoretischem Lernstoff überfordern durfte, war ein Tag der Woche als Praktikum in einem Lehrbetrieb zu absolvieren. Charly konnte mit sechzehn Jahren noch keinen Hauptschulabschluss vorweisen. Er hatte ein halbes Jahr lang überhaupt keine Schule besucht und in dieser Zeit nur getan, was ihm Spaß machte. Er war also rein »lustorientiert«, was aus einer frühkindlichen Fixierung resultiert (laut Michael Winterhoff, *Warum unsere Kinder Tyrannen werden*). Deshalb war es schon sehr beachtlich, wenn er pünktlich aufstand und mit dem Bus zur Schule fuhr. Für den kurzen Zeitraum von drei Monaten galt er nicht als Vollschüler, sondern hatte nur einen Besucherstatus. Leider nutzte er das schamlos aus und schlief einfach während des Unterrichts auf dem Schülerpult ein. Oft erhielt ich Anrufe vom Sozialpädagogen der Schule, der sich über Charly beklagte. Charly konnte das überhaupt nicht verstehen. Er meinte, es läge an den Lehrern, die ihn

nicht verstünden und immer nur in unhöflichem Ton mit ihm redeten.
Sein Praktikum jedoch absolvierte er mit Erfolg in einer Landgaststätte; er arbeitete in der Küche und im Servicebereich. Manchmal reservierte ich mir dort einen Tisch, wenn ich wusste, dass es Charlys Tag war, und ließ mich auf ausdrücklichen Wunsch nur von ihm bedienen. Der resolute Chef schmunzelte, wenn er sah, wie der Neue mit zitternden Händen das Silbertablett mit den langstieligen Sektgläsern leise klirrend servierte.
Der Chef und ich, wir freuten uns über Charlys positive Entwicklung. Charly zeigte sich interessiert, dachte mit, war tüchtig und pünktlich. Wir waren uns einig, der Junge hat's begriffen! Der wird top! Nach den drei Monaten mussten wir Abschied voneinander nehmen. Ich meldete seine erneute Rückkehr ins Elternhaus beim Jugendamt an. Nach den Sommerferien hätte die einjährige Umschulung für ihn erst richtig beginnen sollen. Aber ab jetzt war ich nicht mehr für ihn zuständig.
Ein halbes Jahr später schrieb ich an dem Text über Charly. Es war kurz vor Mitternacht, als mein Handy klingelte. Ich schaute auf das Display und sah Charlys Namen aufleuchten.
»Hallo, Trixi?«, meldete sich eine wohltemperierte Stimme, »Hier ist Charly.«
»Hi, Charly, wie geht es dir?«, rief ich erfreut.
»Gut! Weißt du, was heute ist? Ich habe Geburtstag, und du hast es vergessen! Du hast mich nicht mal angerufen!«
»Nein, ich hab dich nicht vergessen!«, beeilte ich mich zu beteuern. »Ich gratuliere dir herzlich zu deinem Geburtstag!«
»Ich möchte dich einladen.«
»Wann, wohin?«, fragte ich und war wirklich erfreut, dass er mich sehen wollte.
»Ich weiß nicht!«
»Dann ist es wohl besser, wenn ich dich einlade.«
»Finde ich auch. Aber heute nicht mehr, ich feiere gerade mit meinen Freunden.«

»Also morgen? Im Kartoffelsack? Du weißt doch noch, wo der ist? Meldest du dich?«
»Ja, morgen.«
Ich legte auf. Morgen ist heute, und wieder morgen wird zu heute. Ich sollte nie wieder etwas von ihm hören.

## Mädchen ticken anders als Jungen: eine Konfirmation

Im neuen Jahr flatterte ein besonderer Brief ins Haus Hoheneich ein. Er stammte von meiner Freundin Desirée. Familie von Dörnberg und Casimir, der Wanderwolf, dieser Name war im Gegensatz zu den gedruckten Wörtern mit Tinte geschrieben, wurden zur Konfirmation der Tochter Vivienne im Mai eingeladen.
Casimir war überrascht, zu einem kirchlichen Fest eingeladen zu sein. Mit dem christlichen Glauben hatte er eigentlich nichts am Hut. Der war in seiner Vorstellung mit dem Stempel der Lüge versehen. Also wollte er eigentlich nicht teilnehmen. Aber die Tatsache, dass sein Name auf dem feinen beigen Briefpapier besonders hervorgehoben war, ließ ihn ins Grübeln kommen.
»Ich weiß noch nicht, ob ich Zeit habe«, wollte er sich rausreden. Jetzt wollte er sich noch nicht festlegen und gleich zusagen, das wäre zu einfach gewesen.
»Aber Vivienne hat dich persönlich eingeladen, und du willst sie doch nicht mit einer schnöden Absage verletzen. Wir fahren alle hin, und du gehörst jetzt zu uns. Wir sind wie eine große Familie.« Ich war mir sicher, dass Gespräche über Religion, Familie und Gemeinsinn ihm guttäten. Und so war es.
Sehr früh, an einem Maisonntag, fuhren wir mit dem Auto nach Kassel, denn in der Nähe befindet sich das Dorf, in dem meine Freundin Desirée wohnt. Auf den Rücksitzen drängten sich Antoinella, Ferdinand, Lucy und Casimir. Ich saß vorne neben Jimmy, dem Fahrer. Ferdinand hatte schließlich

das schlagende Argument geliefert: »Mensch, Casimir, dieses schöne Mädchen, dieser Engel, lädt dich ein, und du willst nicht hin? Ich fahre auf jeden Fall mit und hab sie dann für mich allein. Und du kannst dich dann in den Hintern beißen. Bleib du nur zu Hause!«

Das wollte unser Wolfszahn natürlich nicht riskieren. Er erkannte, dass Ferdinand ein echter Konkurrent sein würde. Denn der war um einige Jahre älter als er und in Sachen Frauen deutlich erfahrener. Das hatte er im Sommerurlaub auf Sylt gemerkt.

»Ich komme mit!«, entschied Casimir. »Aber nur, wenn wir den ganzen Tag dort bleiben. Vor Mitternacht will ich nicht nach Hause.« Es war wie immer, wenn Casimir seinen Widerstand aufgab, wollte er wenigstens in irgendeiner Kleinigkeit seinen Willen durchgesetzt haben.

»Zwölf Uhr nachts, das ist ein bisschen lang. Aber um zweiundzwanzig Uhr ist die Feier sicher beendet. Dann sind wir auch müde, die Kirche beginnt immerhin schon um zehn Uhr morgens«, antwortete ich, meine Freude über seine Zusage nicht zu deutlich zeigend. Ich war froh, denn wäre Casimir nicht mitgefahren, hätte ich auch zu Hause bleiben müssen. Ich kann ja einen Problemjugendlichen nicht allein lassen. Zwar hätte Casimir nie zugegeben, dass er sich einsam fühlt. Doch das große Haus, die leeren Räume, die Stille hätten ihn – da war ich mir sicher – deprimiert. Ich musste auch mit Kurzschlusshandlungen rechnen: Vielleicht hätte er nicht Feuer im Kamin gemacht, sondern einfach so auf dem Parkett, oder er hätte Freunde eingeladen und ausschweifende Gelage gefeiert. So etwas kam vor, wie ich aus manchen Beschwerden wusste, die ich über ihn oder einen seiner Vorgänger erhalten hatte. Boris beispielsweise erhielt einmal einen Brief seiner Wirtin aus Paris, in dem sie von ihm Schadenersatz für den angebrannten Parkettboden forderte. Auf meine Nachfrage erhielt ich von Boris die lapidare Antwort: »Der heiße Topf war mir vom Herd auf den Boden gefallen, und dann habe ich eben dort unten weitergekocht! Feuer kann

man überall machen!« Das gab mir zu denken! So etwas wollte ich nicht erleben.
Bald waren wir in dem Dörfchen angekommen, wo die Konfirmation stattfinden sollte. Das Portal der alten Kirche wie auch der Altar wurden von Birkenbäumen flankiert, die mit weißen Bändern geschmückt waren. Viele Menschen strömten durch das offene Tor in das Gotteshaus hinein. Die Glocken läuteten. Casimir betrachtete dieses asphaltgraue Gebäude, das er nun betreten müsste, mit Skepsis. Immer wieder beschlichen ihn beim Anblick eines Kirchenschiffs Beklemmungen. Nur die flatternden Papierstreifen an den Bäumen gefielen ihm. Na ja, dachte er, diese Freude ist nur auf einen einzigen Tag begrenzt, morgen ist dieser Platz sicher genauso leer und grau wie das ganze Gemäuer.
Jimmy und ich betraten den Kirchenraum. Hinter uns gingen Lucy und Antoinella, dahinter Ferdinand und Casimir in gemessenen, langsamen Schritten. Jimmy trug einen dunklen Nadelstreifenanzug, ich war in Grün gekleidet mit kleinem Hut, unsere Töchter wirkten elegant und modisch in ihren kurzen Kostümen. Ferdinand hatte sich für einen Anzug aus leichtem Stoff entschieden. Casimir sah wie auf Sylt in einem weißen Hemd zur dunklen Hose sehr gepflegt aus.
Die ersten Reihen der Kirchenbänke waren für die Konfirmandinnen und Konfirmanden reserviert. In der vierten Reihe saß Desirée. Sie war mit ihrem riesigen Hut nicht zu übersehen, der mit nickenden Pfauenfedern geschmückt war. Fünf junge Männer umringten sie, ihre Söhne. Vivienne war nicht dabei.
Als die Orgelmusik das hohe Kirchengewölbe erfüllte, erhoben sich alle von ihren Sitzen und blickten zum Mittelgang. Dort schritt würdevoll der Pfarrer, gefolgt von seinen jungen Hoffnungsträgern, dem Altar entgegen.
Als Vivienne an ihrer Mutter vorbeidefilierte, griff Desirée gerührt nach der Hand des neben ihr sitzenden Sohns. Der beugte sich zur Mutter und flüsterte ihr etwas Beruhigendes ins Ohr.

Dann nahm die Gemeinde ihre Plätze ein. Vivienne trug als Einzige ihrer Gruppe einen langen schwarzen Satinrock und eine weiße Mozart-Bluse, die dunklen Haare fielen offen in weichen Locken auf den Rüschenkragen.
Casimir konnte seine Augen nicht von ihr losreißen. Er war wie gefesselt in einem zeitlosen Raum. Die Konfirmanden, sieben Mädchen und fünf Jungen, setzten sich auf ihre Stühle im Halbkreis um den Altar. Die Orgel verklang, und in der nun entstehenden Stille hob der hagere Seelsorger die Bibel in die Höhe. Gerade wollte er sie an vorbestimmter Stelle aufschlagen, da öffnete sich das Kirchenportal mit vernehmbarem Knarren. Der Pfarrer verharrte in seiner Bewegung und blickte zum Eingang hin. Die Kirchengemeinde hielt den Atem an und warf neugierige Blicke zur Tür. Dort ging eine hochgewachsene Gestalt ganz allein über den gewebten Kokosteppich und näherte sich zielstrebig dem Altar. Der Fremde zeigte eine ernste, gefasste Miene, seine schmale, große Gestalt wurde von den langen Rockschößen, die seine graugestreifte Hose umspielten, feierlich unterstrichen. Das Gesicht des Fremden war fein geschnitten, die gerade Nase zeigte kühn in den nur durch Kerzenschein erhellten, dämmrigen Raum. Etwas Unheimliches, Mystisches lag in der Luft.
»Ist das der Undertaker?«, fragte Casimir zu Ferdinand gebeugt.
»Sssst, weiß auch nicht!«, flüsterte dieser zurück.
Ein Murmeln ging durch die Reihen. Der Pfarrer schien abzuwarten. Der Fremde wendete sich zum Stuhl, auf dem Vivienne saß. Er trat hinter sie, berührte ihr langes Haar mit zärtlicher Bewegung, hielt kurz mit seiner Hand auf ihrem Kopf inne und küsste dann das Mädchen auf die Stirn.
Ein Stöhnen war in der Menge zu vernehmen. Die Pfauenfedern wackelten aufgeregt auf Desirées Wagenrad, ein harter Gegenstand fiel laut zu Boden. Casimir wollte gerade aufspringen und sein Schneewittchen verteidigen. »Das ist doch …!«, rief er aus.
Ich hielt ihn mit sanfter Hand zurück. »Das ist ihr Vater, ganz

ruhig, Casimir!« Verdeckt unter meinem Handschuh, reichte ich ihm eine Stange Kaugummi. Ferdinand wollte auch eine Stange und streckte, ohne den Blick vom Altar zu wenden, seine Hand aus.

Der fremde Herr, den der Pfarrer kannte, denn er neigte seinen Kopf, gab den Gruß zurück und verließ den Altar. Ohne irgendeinen anderen in der Kirche zu beachten, ging der Mann zum Portal zurück und warf die Tür hinter sich zu.

Die Feier konnte fortgesetzt werden. Danach versammelten sich alle auf dem Kirchhof, und die Konfirmanden und Konfirmandinnen nahmen die Gratulationen entgegen. Vivienne wurde von ihren Brüdern umringt und bestürmt. Als Casimir an der Reihe war, gute Wünsche auszusprechen, musste er seinem Erstaunen Luft machen. Er senkte einen intensiven Blick in Viviennes grüne Augen, und beide hielten eine Sekunde lang die Luft an.

»Das war ja wie im Krimi, war das dein Vater?«, sprudelten die Worte über Casimirs Lippen.

»Ja, klar.«

»Warum blieb er nicht in der Kirche wie wir, sondern schleicht sich einfach wieder davon? Richtig feige!«

»Mama kann ihn nicht ertragen, deshalb.«

»Bist du nicht sauer auf deinen Vater, dass er sich all die Jahre nicht um euch gekümmert hat? Und hast du ihn überhaupt erkannt?«

»Ich wusste, dass er kommt.«

»Wieso?«

»Das hab ich gefühlt. Ich war mir sicher!«

Casimir drehte die Augen zum Himmel und schüttelte seine Haare nach hinten. »Gefühlt … gefühlt …? So ein Quatsch! Ich hätte ihm die kalte Schulter gezeigt, keine Frage.«

»Nein!«, lachte Vivienne. »Ich fand gut, dass er da war.«

Das Konfirmationsfest wurde sehr feierlich begangen. Nach dem Essen spielte Desirée auf der Querflöte nur vom Klavier begleitet. Sie war etwas aufgeregt und traf nicht immer den

richtigen Ton. Doch das tat der allgemeinen Bewunderung keinen Abbruch. Ihre vier ältesten Söhne überraschten mit einem Trompetenquartett. Es wurden Reden gehalten und Geschenke überreicht. Vivienne war glücklich.
Immer wieder spürte Casimir das Verlangen, in ihrer Nähe zu sein, und suchte sie. Er trat auf die Veranda und bewunderte die zahmen Pfauen, die mit schleppenden oder prächtig gefächerten Schwanzfedern auf der Veranda herumstolzierten. Von hier konnte man einen weiten Blick ins Tal werfen. Unten lag das düstere Renaissanceschloss von Viviennes Vater. Casimirs Phantasie trieb wundersame Blüten. Er sah im Geiste, wie der einsame Vater nach dem Kirchgang die dunklen, hohen Räume des Schlosses betrat, seine Garderobe auf den »stummen Diener« warf und in langen weißen Beinkleidern durch die Gänge schlurfte, dann einen schwarzoxydierten Silberbecher mit Rotwein füllte, zum Mund führte und mit einem Zug leerte. Jetzt entdeckte Casimir mit wachem Interesse dort unten ein paar Pferde, die in einem Karree trabten. Das wäre das Richtige für Antoinella, dachte er, ob sie die Pferde kennt? Er wollte gerade nach Antoinella suchen, als ihn jemand sanft an der Schulter berührte. Vivienne.
Sie lachte wie eine Sphinx und drehte in ihren Fingern eine wunderschön gezeichnete Pfauenfeder.
»Die würde ich dir gern schenken«, lächelte sie.
»Dann tu's doch!«
»Nein, das darf ich nicht!«
»Warum nicht? Gib sie mir!«
»Pfauenfedern bringen Unglück.«
»Wieder so ein Unsinn, totaler Quatsch!«
»Nein, das ist erwiesen. Ich möchte nicht, dass du Pech hast.«
»Und deine Mutter? Sie trägt diese Federmonster haufenweise auf dem Hut. Ist sie gegen den Fluch immun?«
»Sie will es nicht wahrhaben, aber Glück liegt nicht auf diesem Haus.«
»Und du? Bist du unglücklich?«

»Nein, nicht wirklich.«
»Uff, das ist aber ein Glück! Und so unwirklich …!«
Casimir grinste, wollte aber dieses Thema nicht fortsetzen. Er hakte Vivienne mit forschem Griff unter und deutete auf die Pferde in der Ferne. »Lass uns lieber die Gäule satteln, einen Galoppritt über die Felder starten und diesen ganzen Verein hier verlassen!«, schlug er mit gespielter Begeisterung vor.
»Nein, die Pferde gehören Papa. Wir dürfen sie nicht reiten. Wenn meine Brüder oder ich auf den Schlosshof kommen, schießt er auf uns.«
»Was?« Casimir hatte wohl nicht richtig gehört. »Er schießt auf seine eigenen Kinder?«
»Ja«, lächelte Vivienne, »er hat es jedenfalls angekündigt.«
»Bin ich hier im Wilden Westen, oder was? Komm, jetzt brauch ich etwas zum Trinken. Es muss aber etwas Hammerhartes sein!«
Vivienne führte den »Wanderwolf« ins Esszimmer, dort standen Getränke verschiedenster Art auf einem Tisch. Vivienne schenkte ihm ein Glas Cola ein und sah ihn aufmunternd an. Dann wurde sie von Freunden fortgezogen. Lachend verschwand sie im angrenzenden Raum.

Auf der Rückfahrt war Casimir zuerst sehr still. Es war kurz vor Mitternacht, bis sich alle Gäste verabschiedet hatten. Also war sein Wunsch, nicht vor vierundzwanzig Uhr aufzubrechen, in Erfüllung gegangen. Doch etwas anderes bewegte sein Gemüt. Er sah Antoinella an, dann fragte er: »Eines kann ich nicht verstehen, warum ist sie nicht stinksauer auf ihren Vater?«
»Warum sollte sie?«, antwortete Antoinella. »Der Auftritt des großen Unbekannten war doch perfekt. Vielleicht darum.«
»Ich würde ihn hassen und ihm die kalte Schulter zeigen!« Casimir schnaufte hörbar.
»Wir Frauen ticken eben anders. Wir sind nicht so aggressiv wie ihr Männer, wollen auch nicht immer kämpfen und der

Stärkere sein. Wir brauchen nicht dauernd Bestätigung wie ihr. Wir gehen einfach unseren Weg. Gucken mal kurz, was der andere macht. Dann marschieren wir wieder weiter. Egal, geradeaus! Mach dir keinen Kopf, Casimir!«, sagte Lucy.
»Nicht jeder verspürt sofort primitiven Hass oder das niedrige Verlangen nach Rache! Es gibt auch Toleranz und Großmut auf der Welt! Vielleicht leidet der Vater Viviennes unter der Trennung von seinen Kindern, kann es nur nicht der Mutter, seiner Ex, erklären. Dass er seine Tochter an ihrem wichtigen Tag sehen wollte, ist doch positiv zu werten. Denn eingeladen war er sicher nicht«, sagte ich und versuchte dabei, Casimir zu beruhigen.
Ich fühlte deutlich, wie aufgewühlt Casimir war. Irgendetwas Unerklärliches beschäftigte ihn und brachte sein mühsam aufgebautes Weltbild durcheinander. Dieses Mädchen ruhte in sich. Er noch lange nicht. Wir fuhren schweigend durch die Nacht nach Hoheneich zurück. Ferdinand hatte die ganze Aufregung gar nicht mitbekommen und schlief längst. Casimir hielt die Augen geschlossen, ohne zu schlafen. Er dachte nach. Ich redete leise mit Jimmy und schaltete den CD-Player ein. Bei uns hat immer der Fahrer einen Musikwunsch frei. Also hörten wir die »Vier Jahreszeiten« von Vivaldi.

## Tugenden sind kein Schnee von gestern

### Von der Güte

»Ach du meine Güte!«: Wer hat das nicht schon gedankenlos vor sich hin gerufen. Doch meinen wir damit alles andere als gütiges Handeln. Die Güte ist ein moralischer Wert und gehört zu den »sieben Tugenden« wie: Hoffnung, Glaube, Liebe, Gerechtigkeit, Mitleid und Demut. Auch Tugend ist ein ziemlich altmodisches Wort, und kaum ein Jugendlicher wird damit etwas anfangen können, wird vielleicht sogar lachend abwinken: »Ist doch alles Schnee von gestern und vorgestern!« Dabei bedeutet Tugend eigentlich nichts anderes als Tauglichkeit.

Auch Kinder können in aller Regel mit dem Wort Güte wenig anfangen. Wenn ein Sechsjähriger brav und freundlich ist, so wird keine Mutter sagen: »Oh, bist du gütig!« Sondern: »Du bist ein liebes Kind!« Die Güte ist also eine Herzensbildung der Erwachsenen. Sie verzeiht und stellt sich über die Situation. Sie lässt sich nicht von Wut und Aggression schrecken, sondern blickt tief in die Seele des anderen und erfasst dessen Wesen mit liebevollem Blick.

Man mag sich die Frage stellen, ist denn Güte in unserer heutigen Zeit nicht mehr gefragt? Ist sie völlig veraltet? Wo findet man sie noch? Werden gütige Menschen nicht häufig als Trottel und Schwächlinge abgestempelt oder als energielose Marionetten von energischen Machern benutzt?

Nein, ganz und gar nicht. Ich bin der Meinung, die Güte ist im 21. Jahrhundert wichtiger denn je!

Der Arzt, Missionar und Theologe Albert Schweitzer führt in seinen Überlegungen über die »Ehrfurcht vor dem Leben« aus, dass friedfertiges Denken das Herz mitreden lässt. Stetige Gütigkeit vermag viel. Wie die Sonne das Eis zum Schmelzen bringt, bringt die Güte Missverständnisse, Misstrauen und Feindseligkeit zum Schwinden. Arthur Schopenhauer kam zu der Erkenntnis, dass die Eigenschaften der Güte, Großmut, Vergeben, Erwidern des Bösen mit Gutem, Mut von uns verlangen. Der Einsatz der Güte wird uns aber tausendfach zurückgegeben, weil der, der Güte walten lässt, im Innersten Wohlgefühl empfindet. Wie wenig vermögen dagegen Vorwürfe.

Ich habe viele Situationen mit meinen anvertrauten Jugendlichen erlebt, die mir große Geduld und innere Stärke abverlangten. Letztendlich hat mir immer wieder nur die Güte geholfen, die Beweggründe der Jugendlichen zu verstehen und einen Ausweg zu finden.

Einer, es war der zwanzig Jahre alte John G., sollte mit meiner Hilfe das Abitur bestehen. Er war also schon ein recht erwachsener junger Mann mit eigenen Vorstellungen und festen Eigenschaften, als er nach Hoheneich kam. An den Wochenenden fuhr er oft in den Bayrischen Wald, um dort seine Freundin zu besuchen. Ich brachte ihn dann nach Niederjossa, dort stieg er in ein organisiertes Auto und winkend fuhr er los. Am Sonntag holte ich ihn jedes Mal wieder in diesem Dorf ab.

Eines Sonntags rief er an, um zwanzig Uhr wäre er am vereinbarten Platz. Ich fuhr rechtzeitig los. Er war pünktlich. Ich kam jedoch vier Minuten zu spät. Nun hatten wir verabredet, dass wir uns bis zu einer Viertelstunde Verspätung, dem sogenannten »akademischen Viertel«, nicht extra benachrichtigen müssten. Sollte es jedoch noch später werden, wollten wir uns anrufen: »Komme später, sorry! Bin gleich da!« Also hatte ich keinen Grund, nervös zu sein.

An der Tankstelle sah ich schon eine Gestalt unruhig auf und ab laufen. Als ich anhielt, riss John die Beifahrertür auf und ließ sofort einen heftigen Föhn auf mich herabbrausen: »Wie kannst du mich so lange warten lassen? Es ist eine Frechheit, mich so zu behandeln! Du bist viel zu spät!«

Es ist der Ton, der die Musik macht, und dieser Ton war einfach unverschämt und respektlos. Ich erwiderte betont ruhig: »Ich finde es nicht richtig, wie du mit mir sprichst. Ich verbitte mir diesen Ton. Warum regst du dich überhaupt auf? Es sind gerade mal vier Minuten nach acht!« Aber John wollte sich nicht beruhigen und ließ seine sichtlich schlechte Laune an mir aus. Endlich hatte ich genug.

»Du brauchst nicht mit mir zu fahren!«, sagte ich.

»Will ich auch nicht!«, antwortete er, schmiss wütend die Tür zu und rannte fort. Ich fuhr los, ohne ihn. In Hoheneich angekommen, war mir gar nicht wohl zumute. Ich fühlte mich verletzt und enttäuscht von der würdelosen Behandlung des Zwanzigjährigen. Im Garten lief ich auf und ab und überlegte, was ich jetzt tun sollte. Ich machte mir Sorgen, wo John jetzt sein würde. Ob er per Anhalter wieder nach Bayern gefahren ist? Oder … oder? Eine Stunde ließ ich verstreichen,

denn der Rat der Psychologin lautete doch: Dem Frust soll man Raum gewähren!
Nun war der Raum gefüllt, der Zorn verraucht und von John keine Spur. Ich musste jetzt handeln. Immerhin war der Jugendliche in meine Obhut gegeben, und die Eltern vertrauten mir. Meine Tochter riet mir, ein anderes Auto als das meine für die Suche zu benutzen. Das war gut, denn möglicherweise würde der Jugendliche in seinem Zorn nicht in meinen Wagen einsteigen wollen. Womöglich hätte er mir noch in die Tür getreten. Also nahm ich den Wagen meines Mannes und fuhr langsam den Weg durch die drei Dörfer Richtung Niederjossa zurück, wobei ich akribisch die Straßen und Gräben absuchte. Ich hoffte, irgendwo John mit Riesenschritten längs der Chaussee zu entdecken. Aber weit gefehlt! Kein Wanderer! Dann sah ich im Scheinwerferlicht das gelbe Ortsschild von Niederjossa auftauchen. Und wer stand dort frierend und einsam im Dunkeln? Mein Protestler John. Erleichtert hielt ich an. Er öffnete flink die Autotür schlüpfte auf den Rücksitz, und wir fuhren heim.
»Na?«, begann ich vorsichtig. Doch meine vorsichtig tastende Gesprächseröffnung wurde von seinen resignierenden Worten »Mir ist nicht nach Sprechen zumute!« abgewürgt.
»Okay, dann halt nicht!« Schweigend erreichten wir Hoheneich. Dort verschwand John in seinem Zimmer und schloss energisch die Tür.
In der Küche bereitete ich ein Abendbrot und überdachte noch einmal die Lage. Der Junge hatte sich keinen Schritt aus dem Dorf hinausbewegt, sondern war eine ganze Stunde an der gleichen Stelle stehen geblieben. Warum ist er nicht die paar Kilometer nach Hoheneich gelaufen? Warum fuhr er nicht per Anhalter? Plötzlich fühlte ich Mitleid in meinem Herzen wachsen. John, der so stark und selbstsicher in seiner aggressiven Haltung tat, war im Grunde recht verzagt und verlassen. Er hatte sich nicht ernstgenommen gefühlt. Wie ein verlorenes Kind blieb er an der Stelle stehen, wo der Erwachsene ihn verlassen hatte. Dort sollte er wieder gefunden wer-

den. Wäre er im Dunkeln die Straße entlanggelaufen, hätte ich ihn vielleicht nicht gesehen. Die Angst hatte ihn festgehalten.

Auf einmal spannten meine Gefühle einen Bogen zu seiner Seele. Ich konnte seine Verzweiflung spüren. Deshalb klopfte ich schließlich an seine Tür und öffnete. John saß im dunklen Zimmer an seinem Computer und drehte mir den Rücken zu.

»Komm«, sagte ich freundlich und streckte die Hand aus. »Komm, wir wollen die Friedenspfeife rauchen. Ich werde nie mehr eine einzige Minute zu spät kommen, und du wirst nie mehr mit groben Worten zu mir sprechen. Abgemacht?«

John sprang vom Stuhl auf und sah mich ungläubig an. Seine Augen blickten abschätzend, als wollte er fragen: »Meinst du es wirklich?«

»Ja«, munterte ich ihn auf, »schlag ein!«

Jetzt breitete sich ein strahlendes Lachen über sein Gesicht. Er nahm meine Hand und schlug ein. »Abgemacht!«, rief er befreit und wie aus einer Starre erlöst. Später aßen wir zusammen das Abendbrot, und er erzählte, dass seine Freundin mit ihm Schluss gemacht habe, dass es ein furchtbares Wochenende gewesen sei und dass er froh sei, wieder in Hoheneich zu sein.

Auch ich war froh, dass der Knoten geplatzt war und dass John mir ehrlich und vertrauensvoll seine Erlebnisse geschildert hatte. Ich konnte nun seinen Frust und die schlechte Laune verstehen und ihm Trost spenden.

Als ein paar Wochen später Johns Vater zu Besuch kam, erzählte ich ihm diese Begebenheit. Der Vater war von dem Benehmen seines Sohns entsetzt und entschuldigte sich für ihn. »Dass mein Sohn keinen Schritt gelaufen ist«, empörte sich der Vater, »dass er stur in diesem Dorf blieb, das finde ich einen Affront! Ich hätte ihn dort stehen lassen und wäre gleich wieder mit meinem Auto umgekehrt. Selbst schuld, der soll sehen, wie er heimkommt!«

Gut, dass ich nicht so gehandelt, sondern den Bibelspruch beherzigt hatte: »Lasset die Sonne nicht über eurem Zorn untergehen.« (Aus dem Neuen Testament, Brief des Apostel Paulus an die Epheser, Kapitel 4, Vers 26) Die Kraft der Herzensgüte hatte mir geholfen, die festgefahrene Situation mit all der Bitterkeit noch vor »Sonnenuntergang« in Harmonie aufzulösen.

## Von der Demut

In der Verhaltensforschung kennt man die Demutsgeste bei Tieren als Zeichen der Unterwerfung. Sie ist das Gegenteil von Drohen. Ein Hund macht sich klein, wirft sich beispielsweise auf den Rücken, um seine Niederlage einzugestehen. Ein Buntbarsch faltet seine Flossen, um vom Stärkeren verschont zu werden. Das sind Rituale, die in der Tierwelt sofort vom Sieger beachtet werden. Dieser gibt fair den Kampf auf und lässt zu, dass sich der Unterlegene zurückziehen kann.
Demut unter den Menschen ist eine christliche Haltung. Der Demütige ist sich seiner Nichtigkeit vor Gott bewusst und will Gott und den Menschen dienen. Demut ist das Gegenteil von Hochmut, bedeutet aber nicht Servilität, schmeichlerische Unterwürfigkeit und Heuchelei. Vielmehr erfährt der Demutsvolle dankbare Anerkennung durch die ihm von Gott geschenkte Würde. Der Demütige nimmt sich als Individuum zurück und ist sich auch nicht zu schade, seine Bescheidenheit zu zeigen. Demut ist deshalb eine hochherzige Eigenschaft. Demut muss man von Demütigung unterscheiden. Demütigung heißt, die Würde des anderen verletzen und brutal missachten. Den anderen bewusst mit Spott überhäufen und ihn mit Worten und Taten erniedrigen.
Auch die Demut ist ein zentraler Wert, den ich den Jugendlichen vermitteln will. Dazu vielleicht eine kleine Anekdote: Vor ein paar Tagen sah ich im Fernsehen einen Bericht über die Weltmeere. Es wurde vom geschäftigen Treiben im größten Handelshafen der Welt, in Rotterdam, berichtet. Ein riesiges Containerschiff lag im offenen Meer und wartete auf den Lotsen, der es den komplizierten Weg durch die Hafen-

einfahrt zu den Anlegepiers weisen sollte. Ein gigantisches Bild: Das winzige Lotsenschiff legte an diesem wolkenkratzerhohen Dickschiff an, der Lotse kletterte über eine Leiter hoch auf die Brücke und zeigte souverän dem Kapitän des Kolosses, wo es langging. Danach wurde der Lotse interviewt. Er sagte, dass sein Beruf ein sehr verantwortungsvoller Job sei und viel Freude mache. Dann sagte er: »Aber ohne Bescheidenheit läuft nichts. Wichtig ist und bleibt die Demut vor den Elementen!«

Die Einsicht dieses Mannes, der genau weiß, dass ohne seine Hilfe kein Ozeanriese seine Ware löschen könnte, zeugt von menschlicher Reife und Weisheit. Ein Draufgänger, ein arroganter Angeber würde prahlen: »Ich bin der Größte und hab die fettesten Fische an der Angel!« Aber ein solcher Hochmut würde ihm sein feines Gespür für die Naturgewalten vernebeln, und die Tücken, die unberechenbaren Launen des Wassers würden ihn bei nächster Gelegenheit gnadenlos vernichten.

Die Jugendlichen, die zu mir nach Hohneneich kommen, haben gewaltige Probleme hinter sich oder stecken noch mittendrin. Bei den ersten Begegnungen finde ich die Jungen sehr sympathisch und eher schüchtern. Während der ersten Gespräche und wenn wir die Hausregeln besprechen, nicken sie nur mit dem Kopf, zeigen sich fügsam und scheinen einverstanden. Im Hinterkopf habe ich jedoch ihre Vita, kenne ihren wahren Charakter und weiß, dass sie ganz anders sein können. Der dritte Tag eines jeden Neuen ist meistens ein kritischer Tag. Denn spätestens dann lässt er seine Maske fallen. Ich merke jetzt, dass sein strapaziertes Nervenkostüm den Anforderungen eines geregelten Tagesablaufs mit Aufstehen, Schulbesuch, Mittagessen, Hausaufgaben, Bettruhe nicht gewachsen ist. Der Junge reagiert dann auf meine Aufforderungen aufzustehen mit Abblocken und bleibt stur in den Kissen liegen. Deutlich sehe ich, wie seine Augen zu flackern beginnen, sein Blick starr und finster wird. In solchen Momenten ist es wichtig, die heikle Situation zu erkennen

und sich zurückzunehmen. Auf keinen Fall will ich den Jugendlichen, der noch immer in all seinen Problemen steckt, reizen! Auch möchte ich meine Dominanz nicht in den Vordergrund stellen.
An diesem Morgen erkläre ich dem Jugendlichen, wie zum Beispiel im Fall von Edward: »Ich geh jetzt aus dem Zimmer. Ich weiß, dass du in ein paar Minuten aufstehen wirst. Du schaffst das schon! Ich werde wieder nach dir schauen!« Es kommt vor, dass ich den Jugendlichen bis zu fünfmal wecken muss, jedoch nie Vorwürfe abspule, sondern dann, bei Erscheinen des Schläfers, ein kleines Loblied anstimme, d. h., ihn nie verachtend von oben herab behandele. Edward war froh, dass ich ihn nicht mit strengen Worten empfing, wie er es von seinen Eltern gewohnt war: »Immer dasselbe mit dir!«, klagten die bei jeder Gelegenheit. Oder sie drohten: »Wir haben keine Lust mehr mit dir! Wenn du nicht zur Schule gehen willst, kommst du ins Heim!« Mir geht es immer darum, zielorientiert zu handeln, wobei ich viel Verständnis für den Jugendlichen aufbringe und ihn für jeden erreichten Erfolg lobe.
Edward hat mir später bei einem spontanen Besuch lachend gestanden, dass er nie verstanden hätte, warum er alles, was ich von ihm verlangte, wirklich getan hätte. Meine Antwort darauf: »Mein Bestreben war es, dich auf die Zielgerade zu bringen, aber bei aller Konsequenz nie deine Würde zu verletzen. Ich hatte immer Achtung vor dir. Und fühlte in meinem Herzen Demut vor deinem Sein.«
»Ja, das ist es!«, rief er lachend. »Danke!«
Natürlich hatte er keine Ahnung, was es wirklich war. Er bemerkte lediglich eine angenehme Strömung, die von dem anderen ausging und zu ihm floss. Die ethischen Werte drängen sich nicht auf, sie wirken im Stillen. Ist das nicht Demut, einen Menschen zu leiten, wie der Lotse das Schiff, und dabei den Respekt vor der Persönlichkeit und dem eigenständigen, ausgeprägten Wesen des anderen nie zu verlieren? Man sollte sich aber nicht so wichtig nehmen und laut mit dem positiven

Ergebnis prahlen. Denn das wäre das Gegenteil von Demut und würde dem Erfolg die Tiefe nehmen.

### Vom Mitleid

»Wer nicht Liebe bekommt, kann nicht Liebe geben!« Das ist eine altbekannte Wahrheit. Mitleid zu empfinden heißt nichts anderes, als den anderen in einen Mantel der Liebe zu hüllen, ihm in der Bewältigung seines Leids aktiv zur Seite zu stehen und die Gedanken vom eigenen Ego zum anderen fließen zu lassen. Meine Problemjugendlichen können kein Mitleid empfinden. Sie haben keine Liebe in sich und deshalb können sie auch keine Liebe zum Nächsten empfinden.

Edward war gerade einen Monat bei mir, als ich ihn von der Schule abholte. Auf dem Schulhof war ein reges Kommen und Gehen zu beobachten. Jugendliche standen lachend in Gruppen zusammen und rauchten eine Entspannungszigarette. In einer Ecke stand ein Jugendlicher ganz allein und schaute auf den Boden. Er wirkte traurig. Ich fragte Edward nach diesem Jungen, der sich völlig anders als die anderen benahm.

»Ach der, das ist der ›Mister Ugly‹! Er heißt Ugly, weil er so potthässlich ist. Das ist ein totaler Loser!«

»Ein Loser? Warum?«, fragte ich.

»Sein Vater hat sich vor kurzem erhängt.« Edward lachte verächtlich und schlug sich dabei auf die Schenkel.

Ich war entsetzt über so viel Hartherzigkeit und Kälte meines Schutzbefohlenen. War er nicht selbst in einer tragischen Situation gewesen, als er aus allen Schulen verwiesen in der Psychiatrie gelandet war? Er, die gebrochene Rose der Anfangszeit, sollte doch das Leid des anderen verstehen! Mein Sinn für Gerechtigkeit und meine Empörung machten sich Luft: »Ich finde es ganz unmöglich, wie du dich benimmst! Das Leid eines anderen wird nicht mit Spott überhäuft. Wo bleibt dein Mitleid?«

»Mitleid ist doch nur eine Schwäche. Ich bin nicht schwach, aber der da, das Pickelgesicht.«

»Ich verbiete dir, so abfällig über diesen unglücklichen Mitschüler zu reden! Mitleid ist eine Tugend!«
»Der hat eben die Arschkarte gezogen. Selbst schuld!«, antwortete Edward.
»Der Junge kann doch nichts dafür, dass sein Vater so einen furchtbaren Entschluss gefasst hat. Weißt du denn, warum er es gemacht hat?«
»Keine Ahnung.«
»Und du fragst ihn nicht danach?«
»Keine Lust. Der gehört nicht zur Clique. War immer ein Außenseiter. Sein Pech!«
Dieses Unglück in der Nachbarschaft, das Desinteresse und die brutale Gleichgültigkeit diesem furchtbaren Schicksal gegenüber berührten mich tief. Am Nachmittag ging ich mit meinem Dackel spazieren, streifte tief nachdenklich durch die Birkenallee am Haus und überlegte, wie ich das Herz von Edward rühren könnte. Ich kam zu dem Schluss, dass ich hier einfach Input geben müsste. Ich musste ihm meine Gefühle für die Schmerzen und Nöte der anderen offenbaren und durfte mich nicht von seiner Gleichgültigkeit beeindrucken lassen.
Ein paar Monate später schien ich einen ersten kleinen Erfolg verbuchen zu können. Eines Abends bat mich Edward, ihn von einem Freund abzuholen. Ich griff den Hut meiner Tochter vom Garderobenhaken und stülpte ihn auf meine Haare, da es stark regnete. Dieser Hut war mit Bussardfedern geschmückt, die groß und steif, braun-weiß gestreift, in der Umrandungskordel steckten. Antoinella fand das schick, sie hatte den Hut aus einer momentanen Laune heraus so dekoriert. Er wirkte natürlich total übertrieben und frech. Als ich vor dem Haus des Freunds parkte, sah ich schon Edward und andere Mitschüler auf mich warten. Ich stieg aus dem Auto, mein Hut saß schief, und die Federkiele kratzten mich streng am Hals. Edward löste sich aus der Gruppe und kam eilends auf mich zu. Er nahm meinen Arm und zog mich in eine Ecke. »So kannst du nicht rumlaufen, Trixi!«, sagte er leise

wie ein Verschwörer in mein Ohr. »Der Hut sieht zu kindlich aus. Setz ihn bitte ab!«
Ich war freudig überrascht, dass er an mein Image dachte, mich nicht dem Gelächter der anderen aussetzen wollte. War das nicht ein kleiner Hauch von Mitleid? Gut gelaunt nahm ich den Hut vom Kopf und schmiss ihn auf den Rücksitz des Autos.

# Abschied – Was aus den Jungs geworden ist

## Casimir

Eine Woche vor den Sommerferien segelte ein »Blauer Brief« ins Haus. Die Mitteilung der Schule war an mich adressiert. Casimir hatte das Klassenziel nicht erreicht. Er wurde nicht versetzt, hatte jedoch wenigstens schon das Fachabitur in der Tasche. Frau Zapp hatte es nicht über sich gebracht, Casimir den einen fehlenden »Freundschaftspunkt« zu geben. Ein einziger kleiner Punkt in Deutsch, und er wäre in die Abiturklasse versetzt worden. Antoinella, die immer fleißig gelernt hatte, konnte gute Noten vorweisen und war versetzt worden.

Mir oblag nun die traurige Pflicht, den Eltern Casimirs die neue Situation zu beichten. Casimirs Vater reagierte mit Unverständnis und wollte seinen Sohn sofort von der Schule abmelden. Er solle halt eine Lehre machen. Am folgenden Tag schon würde er seinen Sohn abholen.

Nachmittags half Antoinella ihrem Klassenkameraden Casimir, seine Kleidungsstücke und Bücher zusammenzupacken. Über allem lag eine leise Melancholie.

»Warum will dich dein Vater unbedingt von der Schule nehmen?«, fragte Antoinella. »Das ist richtig fies, du kannst doch die Klasse wiederholen!«

»Wiederholen? Nein, nie! Das hieße ja Rückschritt. Das mach ich nicht. Ich gehe immer vorwärts, auch wenn mir Steine in den Weg gelegt werden. So wie die hier!« Casimir sprang plötzlich auf das breite Bett und warf die Kissen durcheinander. »Oder gar Felsbrocken zur Seite treten muss!« Er schnellte aus den Kissen empor und gab dem Stuhl einen herben Kick mit dem Fuß.

»Du bist der absolut Jüngste in der Klasse und könntest leicht noch eine Ehrenrunde drehen.«
»Nein. Niemals. Kommt nicht in Frage!«
»Dann könnten wir uns wenigstens in der Pause sehen!« Antoinella traten Tränen in die Augen. Der Pflegebruder, der mit ihr nicht nur die Klasse teilte, sondern auch die Wohnung, das Leben überhaupt, war ihr sehr ans Herz gewachsen. Sicher, sie hatte sich oft über ihn geärgert. Zum Beispiel dieses französische Getue, wenn er alles besser zu wissen glaubte. Aber er war für sie fast zum Bruder geworden, mit dem sie alle Probleme besprechen konnte.
»Was ist denn los? Ich habe dich noch nie so traurig gesehen. Antoinella, du weinst ja! Doch nicht wegen mir?«
»Doch!«, Antoinella schniefte.
»Ich bin jetzt schon fast zwei Jahre bei euch. So lange war ich noch nie auf irgendeiner Schule oder am gleichen Ort. Kompliment!« Er verneigte sich übertrieben höflich vor Antoinella. Sie spürte, sie war dabei, ihn zu verlieren. Irgendetwas hatte sich in ihm gelöst, das mit der aktuellen Situation zusammenhing.
»Du kannst mich nicht einfach verlassen. Hoheneich ist verdammt öde ohne dich!«
»Du kommst mich besuchen. Ich werde dir Tübingen zeigen.« Er lachte in sich hinein und verschwand im Bad. Zurück kam er mit einer übergroßen Papierrose, die er aus abgewickelten Toilettenpapierrollen gedreht hatte.
»Hier, zum Trocknen deines Tränenflusses!«, sagte er humorvoll.
Antoinella war nicht zum Spaßen zumute, doch dann nahm sie die Rosette und putzte sich herzhaft die Nase.
»Trotzdem, trotzdem …«
»Früher wollte ich ständig in die Wüste fliehen, doch jetzt bleib ich in der Nähe, in Tübingen und Umgebung. Die Sahara hat mir deine Mutter ausgeredet, denn überall wird mit Wasser gekocht, weißt du? Und in der Wüste gibt es zu wenig Wasser, kann unangenehm werden. Haha!«

Jimmy erschien und begutachtete die Gepäckstücke. »Ich habe für morgen in der Burgschenke einen Tisch für fünf Personen reserviert. Wir werden für dich, Casimir, ein zünftiges Abschiedsessen ausrichten.«
»Für fünf Personen?«, fragte Casimir.
»Ja, der fünfte ist dein Vater«, antwortete Jimmy.

Am nächsten Tag rollte das Auto aus Tübingen knirschend auf dem Kies im Parkrondell aus. Ich blickte aus dem Küchenfenster und beobachtete, wie Casimirs Vater ausstieg, sich einen blauen, langen Mantel anzog, einen Blick in den Rückspiegel werfend den Krawattenknoten richtete und dann zum Eingang schritt. Casimir war nach Erhalt des »Blauen Briefs« nicht mehr zur Schule gegangen. Den Beweis seiner offenkundigen Niederlage in Händen zu halten deprimierte ihn derart, dass er unbewusst wieder in das gleiche Verhaltensschema seiner ersten Tage in Hoheneich verfiel. Er war am nächsten Tag nicht mehr der lockere Typ des Vorabends, der sich über die Sorgen der anderen lustig machte. Er hatte richtig Schiss!
Als er den Wagen seines Vaters hörte, trat er leise in sein Zimmer und verschwand geschmeidig wie eine Katze hinter der geöffneten Tür, so dass er nicht zu sehen war.
»Herr Dr. D.«, hörte Casimir im sicheren Versteck die laute Stimme des Hausherrn, »Sie werden sicher zuerst mit Ihrem Sohn sprechen wollen, dann würden wir uns freuen, wenn wir Sie in der Burgschenke auf Burg Herzberg zum Abendessen einladen dürften. Also bis später.«
Das waren keine besonders traurigen Worte über seinen bevorstehenden Abgang, die klangen eher fröhlich, dachte Casimir hinter der Tür.
»Wo ist mein Sohn?«, fragte Herr Dr. D. und schaute sich suchend um.
»Er wird gleich kommen«, antwortete ich.
»Wo ist er denn?«
»Casimir braucht noch etwas Zeit, er rasiert sich gerade!«

Wow, das tat ihm gut! Casimir zog die Luft ein. Bis jetzt hatte er zu seinem eigenen Leidwesen noch keinen Rasierapparat benötigt.

»Das ist ja völlig neu! Mein Sohn hat doch noch ein Milchgesicht und nicht den geringsten Schimmer von Bartwuchs«, meinte der erstaunte Vater.

»Das ist nun anders!«, kommentierte ich kurz. Dann hörte Casimir Schritte an seiner geöffneten Zimmertür vorbeigehen. Leise klopfte es genau drei Mal gegen seine Tür. Er erschrak und wartete, doch dann deutete er das Zeichen richtig. Trixi wusste schon wieder, was er tat und wo er war!

»Mein Sohn ist also nicht so intelligent wie Ihre Tochter, Frau von Dörnberg?« Das sagte Casimirs Vaters auf der Terrasse. Ich war richtig froh, dass Casimir diese Beleidigung nicht mitgehört hatte, weil er sich immer noch hinter seiner Zimmertür versteckt hielt.

»Nein«, bestritt ich, »das ist es nicht. Ihr Sohn ist sehr intelligent. Doch er hat keinen Ehrgeiz. Er hat den Ernst und die Wichtigkeit der Schule noch nicht begriffen. Es fehlt ihm an Sorgfalt und Ausdauer, aber ich bin sicher, er wird seinen Weg gehen.«

»Mein Sohn ist und bleibt ein Versager!«

»Nein, Herr Dr. D., das stimmt nicht! Ihr Sohn hat große Fortschritte gemacht. Und zwar in charakterlicher Hinsicht, in seiner Selbstfindung und in Mitmenschlichkeit. Seine schulischen Leistungen und die damit verbundenen Erfolge sehe ich an zweiter Stelle. Priorität hat bei mir die Seele.«

»Was soll bloß aus dem Jungen werden, wenn er kein Abitur hat? Meine Tochter hat sich neulich von ihrem Bruder distanziert. Sie sagte, wenn sie eines Tages Casimir als Obdachlosen unter einer Brücke finden würde, so ginge sie vorbei, ohne ihn zu kennen.«

»Casimir wird nie im Leben unter einer Brücke landen, dafür lege ich meine Hand ins Feuer, dazu ist er viel zu klug. Aber er braucht noch einige Zeit, um sich zu finden und fliegen zu lernen.«

»Gnädige Frau, fliegen? Wie soll ich das verstehen?«
»Ich werde es Ihnen erklären. Ihr Sohn ist zu früh aus dem Nest gefallen. Unten auf der Erde musste er lernen, sich durchzuschlagen, aber er konnte nicht fliegen, weil er noch keine Federn hatte. Er war ein nackter, kleiner Vogel. Um sich jedoch gegen Feinde zu wappnen, hat er sich eine harte Schale zugelegt. Das weiche, schöne Federkleid, das vor Kälte, Regen und Wind Schutz bietet, kann nur wachsen, wenn es die Wärme des Herzens spürt.«
»Das haben Sie sehr poetisch gesagt. Darf ich fragen, ob Sie Psychologie studiert haben?«
»Nein, das habe ich leider nicht. Ich kann mich in den anderen hineinfühlen, das hilft mir sehr, die richtigen Worte zu finden.«
Herr Dr. D. schaute mich ungläubig, beinahe angstvoll über seine Brille hinweg an. »Sie haben ein flammendes Plädoyer gehalten. Das würde jeden Richter überzeugen. Wie Ihren Worten zu entnehmen ist, sind Sie der festen Überzeugung, dass mein Sohn seinen Lebensweg erfolgreich beschreiten wird.«
»Ja.«
Langsam, jede Silbe betonend, ergänzte er: »Dann will ich auch daran glauben. Wo ist mein Sohn?«
»Er steht hinter Ihnen.«
Casimir war geräuschlos hinter den Stuhl seines Vaters getreten. »Mein Sohn«, wandte sich der Vater an Casimir, »du hast eine große Fürsprecherin. Ich hoffe, du wirst ihr alle Ehre machen.« Herr Dr. D. sah seinen Sohn an. Zum ersten Mal fühlte Casimir nicht diese Ungeduld in seinen Augen, nicht diesen unterdrückten Jähzorn. Diesmal ging der Blick des Vaters nach innen, wirkte verhangen, und aus der Tiefe strahlte Wärme, die der Sohn noch nie gespürt hatte.
»Ich werde mich bemühen«, antwortete Casimir.
Ich stand auf und sagte zum Abschluss: »Und du sollst wissen, Casimir, dass ich immer zu dir halte, dich immer besuchen werde, selbst wenn du – wir wollen es nicht hoffen –

durch welche Umstände auch immer einmal im Knast landen solltest. Das gilt lebenslang!«

In der gemütlichen Gaststätte im Turm der Burg wurde anschließend ein stimmungsvolles Mahl eingenommen. Der Wirt brachte gebratenes Fleisch auf einer dicken Holzplatte, servierte Krautsalat mit Kümmel und ließ würziges Bier in Krügen schäumen. Der Uhu, der in einer Voliere im Innenhof saß, schaute mit runden Augen durch die offenen Fenster in die Wirtsstube.

»So viel kann ich auf keinen Fall essen!«, wehrte der Vater ab. »Ein Drittel davon hätte auch genügt.«

»Mit diesen Miniportionen, die in den Hotels serviert werden, kann man mich jagen«, antwortete Jimmy. Er brachte einen Toast auf alle aus und klopfte dem scheidenden Ziehsohn kameradschaftlich auf die Schulter.

Plötzlich stand Casimir auf, hob sein Bierglas, rief: »Prost Leute! Habe die Schule in den Sand gesetzt. Sch… Na und? Ich werde es schaffen. Ich werde wiederkommen. Prost!«, und trank es mit einem Zug leer.

Ein paar Monate später erfuhr ich, dass Casimir eine Lehrstelle gefunden hatte und dass er parallel dazu auf der Abendschule sein Abitur nachholen wollte. Per Telefon spornte ich ihn immer wieder an durchzuhalten und stärkte aus der Ferne sein Selbstvertrauen. Auch von den aktuellen Liebschaften wurde mir berichtet.

Ein Jahr später fuhr ein Auto in Hoheneich vor, dem ein junger, schlanker und großgewachsener Mann entstieg. Ich wollte es zuerst nicht glauben, doch die dunklen Hummelaugen verrieten mir Casimir. Er wollte mich mit einer Stippvisite überraschen. Nach einer herzlichen Begrüßung berichtete er von seinen erreichten Zielen: Er hatte das Abitur gebaut und den Führerschein bestanden. Seinen Zivildienst leistete er auf einer Krankenstation ab. Dann hatte er mehrmals verschlafen und unentschuldigt gefehlt, wofür er mit einem Disziplinarverfahren bestraft worden war. In der Gewissheit, dass ihm Trixi ihren Besuch »lebenslang« versprochen hatte, hielt er durch. Jetzt ist er Student der Wirtschaftswissenschaften in Berlin. Nachdem er wieder abgefahren war, fand ich in meinem Büro auf dem Schreibtisch einen Brief liegen. »Bitte erst lesen, wenn ich abgereist bin – Gruß Casimir« war in breiter Schrift auf dem Umschlag zu lesen. Ich öffnete das Kuvert. Darin lag ein Gedicht:

*Der Schutzengel*

*Ich bin allein – das muss so sein!*
*Ich bin stolz und elitär,*
*denn andere sind zu familiär*
*in alten Traditionen und starren Konventionen*
*gebunden und bedacht!*
*Nein danke! – Gute Nacht!*

*Ich bin allein – muss wohl so sein!*
*Die Drogen helfen über Klagen,*
*die von Idioten vorgetragen.*
*Der Alkohol birgt Seligkeit,*
*nur so ertrag ich Dämlichkeit.*
*Und dieses Mittelmaß, das wacht …!*
*Nein danke! – Gute Nacht!*

*Ich bin allein – muss das denn sein?*
*Um mich herum ist's kalt und helle,*
*das ist die Wand der Gummizelle.*
*Wo sind die Eltern auf dem Thron?*
*Oh, helft mir doch, bin euer Sohn!*
*»Da wirken Pillen nicht,*
*es ist die Seele, die zerbricht!«,*
*sagt klug der Arzt und geht um acht.*
*»Ich hoff, er schafft es! – Gute Nacht!«*

*Später bin ich aufgewacht,*
*ein Engel hat geweint die Nacht.*

*Ich sah ihn deutlich in der Ruh,*
*oder war's ein Ahnen: Das bist du?*
*Ich kann es nicht verstehn.*
*Jetzt ist das Leben wunderschön!*
*Ach, bleib doch guter Morgen!*
*Ich fühl mich in dir geborgen.*

## Boris

Im Juli 2001 verließ Boris M. unser Landhaus Hoheneich. Er hatte auf der Abendschule das beste Abitur seines Jahrgangs gebaut. Anschließend meldete er sich zu einer Friedensorganisation, den »Grünhelmen«, und half im Irak, die im Krieg zerstörte Infrastruktur wieder aufzubauen. Ein Jahr später begann er ein Jurastudium in Frankfurt.

Dann starb ganz plötzlich und unerwartet seine Mutter, und Boris fiel in ein seelisches Tief. Zwar hatte er sich zeit ihres Lebens immer mit seiner Mutter gestritten, doch jetzt fehlte sie ihm sehr. Er fühlte sich verlassen und verlor den Halt. Mit seinem Vater, einem erfolgreichen Geschäftsmann, konnte er nicht über seine seelischen Qualen reden. Für den Vater waren das Seelenblähungen und völlig überzogene Reaktionen, die man nicht ernst nehmen müsste. Das war der Grund, warum Boris wieder zu trinken anfing. Er versuchte, seine Depressionen mit Alkohol vergessen zu machen. Ich hörte erstmals wieder von ihm durch die Polizei. Eines Tages rief ein Polizist aus Frankfurt bei uns an. Er fragte, ob ein Herr Boris M. bei mir wohnen würde. Während wir telefonierten, konnte ich im Hintergrund eine laute, verzweifelte Stimme hören: »Ich liebe die Menschen, ja, ich liebe die Menschen alle! Sagen Sie mir bitte, was mir vorzuwerfen ist!«

Ich erkannte Boris' Stimme und fragte besorgt: »Ist das Boris M. bei Ihnen auf der Wache? Ich kann seine Stimme hören.«

»Ja«, antwortete der Beamte. »Wir wurden von Anwohnern angerufen, ein stark betrunkener Jugendlicher würde den gesamten Verkehr auf einer belebten Straße im Stadtkern lahmlegen. Als wir dort hinfuhren, stellten wir fest, dass besagter Jugendliche stark alkoholisiert war, durch den fahrenden Autoverkehr torkelte und sich und andere gefährdete. Wir mussten ihn festnehmen. Da er sich wehrte, haben wir ihm Handschellen anlegen müssen.«

»Es tut mir sehr leid, dass es wieder so weit gekommen ist. Ja, ich kenne Boris gut. Er hat zwei Jahre lang bei uns gewohnt, jetzt ist er aber Student in Frankfurt. Wie haben Sie unsere Adresse erfahren?«, wollte ich wissen.

»Wir durchsuchten seine Taschen, um seine Identität feststellen zu können. Er wollte uns außer seinem Namen nichts nennen. Er trug keinen Ausweis bei sich, nur einen kleinen Zettel fanden wir, darauf stand Ihre Telefonnummer. Deshalb rufen wir Sie an. Können Sie ihn abholen?«

»Das kann ich leider nicht, er steht nicht mehr unter meiner Fürsorge. Aber ich kann Ihnen seine Frankfurter Adresse geben.«

»Gut, dann werden wir ihn dort hin entlassen, wenn er ausgenüchtert ist. Vielen Dank.«

Am nächsten Tag telefonierte ich mit Boris, und er machte auf mich einen recht vernünftigen Eindruck. Das Tief war wohl überstanden. Später sollte er in Bonn noch einige Studiengänge belegen, die ihn interessierten, besonders Philosophie. Er hat sich dort mit seinem Professor angefreundet, dessen hochintellektuelle Promotions- und Habilitationswerke gelesen, die er als einziger unter den Kommilitonen verstand.

Sporadisch schicken Boris und ich uns noch heute SMS-Nachrichten oder senden uns Briefe mit humorvollen Gedichten. Manchmal überrasche ich Boris mit einem kleinen Geschenk, wie ein gutes Parfum oder ein warmer Schal, dann bedankt er sich immer sehr höflich. Einen Brief, den er in einer wunderbaren, an Goethe erinnernden Schönschrift abgefasst hatte, habe ich aufgehoben. Da schrieb er mir: »Das war aber eine große Überraschung! Ich habe mich unheimlich über das Päckchen gefreut, weil ich schon lange kein Parfum

mehr hatte. Werde immer an Dich denken, bevor ich es benutze, also am Vorabend der Freude. Mit dem Wunsch, dass es Euch allen gutgeht, grüßt Euch Euer Boris«
Und nach einigen Leerzeilen stand darunter: »Mit einer tiefen Verbeugung!«
Seine letzte SMS in diesem Jahr lautete: »Genieße den sonnigen Tag im Rheinland, will sagen, sitze am Rhein und lese ›Fromms‹ Aggressionstheorie.«
Ich schrieb zurück: »Bin gerade in München beim Einkaufen, denke an dich und an dein Glasfröschchen.«
Danach wählte ich seine Handynummer: »Bist du wirklich am Rhein?«
»Nein, stimmt nicht!«, antwortete Boris und lachte.
»Ich bin auch nicht in München«, sagte ich und lachte zurück.

## Askan

Vierzehn Tage vor den Sommerferien im Juli führte ich mit Askans Vater ein letztes Telefonat: »Ich bin der Meinung, wir sollten Askan nicht mit unnötigem Lernstress plagen und zum Abitur quälen. Ich habe Ihren Sohn sehr schätzen gelernt und wünsche ihm auf seinem weiteren Lebensweg viel Erfolg und Glück! Und dass er den guten Geist, den ich tief in seinem Herzen fand, weiterträgt!«
»Was Sie da sagen, finde ich sehr interessant. Können Sie mir erklären, was Sie konkret mit dem ›guten Geist‹ meinen?«
»Der gute Geist meidet Konflikte, übernimmt soziale Verantwortung und drängt sich nicht in den Vordergrund.«
»Und diese Eigenschaften haben Sie bei meinem Sohnes festgestellt?«
»Ja. Geben Sie ihm Zeit. Ich vertraue ihm. Er wird sein Leben meistern.«
»Danke für diese positive Einschätzung«, antwortete der Vater und nachdenklich, die Worte prüfend, fügte er hinzu: »Ich weiß, dass er ein gutes Herz hat. Die Umstände – ich möchte

nicht näher darauf eingehen – waren für ihn manchmal unerträglich. Das ist bedauerlich, doch war das aus der damaligen Sicht der Situation unvermeidlich.« Nach einer Pause fügte er mit fester Stimme hinzu: »Ja, ich werde immer für meinen Sohn da sein. Haben Sie vielen Dank für die Mütterlichkeit, die Sie ihm entgegengebracht haben!«

Mitte Juli verließ Askan nach zweieinhalb Jahren Hoheneich. Seine Eltern konnten ihn aus Zeitmangel nicht abholen, doch seine zwei Jahre ältere Schwester kam und half ihm beim Packen. Dann fuhren sie gut gelaunt in ihrem Mini davon.

Ein Jahr später erfuhr ich, dass Askan in den USA ein Erfahrungscamp besucht hatte, danach in Amerika geblieben war und jetzt dort Politik und Wirtschaft studiert. Seine Mutter zeigte mir vor kurzem ein aktuelles Foto ihres Sohns. Ich war positiv überrascht, wie smart und sportlich mein ehemaliger »Moby Dick« jetzt aussah! Er saß auf einem Stein neben großen Kakteen und blickte erwartungsvoll in die Ferne.

## Edward

Nach all den aufregenden Monaten, die Edward G. in seiner »heißen Phase« durchlebt hatte, schrieb er wider Erwarten in großer Gelassenheit ein recht gutes Abitur. Er schickte mir jede neue Note per SMS auf mein Handy. »Wieder fünf fette Punkte in Englisch!«, war seine letzte Nachricht. Das war eigentlich gar keine gute Note, fünf Punkte waren gerade mal über dem Strich, doch seine Euphorie war ansteckend. Diese »fünf fetten Punkte« werde ich nie löschen. Nach bestandenem Abitur feierte Edward ausgelassen den Abiturball, der in der Aula des Gymnasiums stattfand. Seine Eltern und ich waren zugegen. Es war ein wunderbares Fest. Die Eltern schliefen anschließend im Hotel, während Ed die Nacht durchtanzte und gegen Morgen ein Lager in seinem Auto fand.

Im Herbst darauf rückte er bei der Bundeswehr ein. Nach seiner Entlassung begann er eine Lehre in der väterlichen Firma. Bald suchte er sich eine Wohnung. Eines Tages erhielt ich eine Karte aus Sylt, die war von Edward: »Liebe Trixi, gestern bin ich auf der Insel angekommen und erst einmal ins Fitness-Studio gegangen, um in Form zu bleiben. Heute, mit etwas Abstand, habe ich den bekannten ›Vorfall‹ noch einmal Revue passieren lassen und entschuldige mich bei euch für die unangenehme Situation mit den ›grünen Männchen‹ (Polizei).
Ich möchte Dir außerdem noch herzlich zum Geburtstag gratulieren.« Zum Abschluss stand in flotter Querschrift: »Salut ma chère, Edward.«
Über diese Karte habe ich mich sehr gefreut. Erstens enthielt sie eine Entschuldigung, und zweitens bewunderte ich diese neue Leichtigkeit des Seins. Ed hat jetzt die Fähigkeit, demütig zu sein und gleichzeitig mit Mut und Humor das Leben anzugehen. Mit Eds Eltern sind wir befreundet und laden uns gegenseitig gerne ein. Ich erinnere mich an das erste Fest, zu dem uns Eds Vater einlud, seinen Geburtstag. Ed wollte erst auf keinen Fall an der Feier teilnehmen. Als ich versprochen hatte, immer an seiner Seite zu bleiben, willigte er ein. Es wurde ein glänzendes Fest mit vielen Gästen. Ich stand wie ein Geheimagent stets neben Edward. Der konnte anfangs nur so dastehen, ließ den Kopf hängen und die Arme nach unten pendeln. Doch je später der Abend, umso mehr taute er auf, wurde selbstbewusster und sprach auch mit den Gästen. Zum Schluss wurde dem Vater zu seinem prachtvollen Sohn gratuliert, er sei höflich und richtig erwachsen geworden.
Als Monate später John G. als Edwards Nachfolger in Hoheneich ins Leopardenzimmer einzog, schickte ich Ed eine SMS: »Der Neue ist da, willst du ihn nicht kennenlernen?«
»Ich komme vorbei!«, simste er zurück.
Es war schön, Ed nach all den Monaten wiederzusehen. Er hat die Eigenart, wild und laut zu sein, die Begrüßungsworte lachend hervorzusprudeln. Herzlich schüttelte er John die Hand und musterte ihn kurz. Dann sah ich, wie er ihn zur

Seite nahm und eindringlich warnte: »Junge, lass bloß die Finger von den Drogen! Kapiert? Es bringt dir nichts!« Dann lachte Ed leise: »Hast sowieso keine Chance, hier kommt alles raus! Die TX (mein Kürzel für Trixi) hat ein Netz gespannt, und ich sag dir, die Maschen sind verdammt eng und stabil!«

## John

John G. verließ nach einem Jahr Hoheneich mit dem Fachabitur. Das bedeutete für ihn, noch ein Praktikum in einer Firma oder Bank seiner Wahl anzuschließen. Danach musste er die Beurteilung und das Praktikumszeugnis im Gymnasium Alsfeld einreichen. Erst dann konnte er sein Abiturabschlusszeugnis erhalten. John absolviert zurzeit eine Lehre in einem Hotel in München.

Im Herbst des letzten Jahres unternahmen wir, die Direktorin des Gymnasiums und ich, eine Reise nach Südtirol. Wir wurden von Johns dankbaren Eltern eingeladen, ihr Weingut zu besuchen. Auf der Hinfahrt ließen wir es uns nicht nehmen, John in seinem Münchener Hotel zu besuchen und zusammen einen Kaffee zu trinken. An der Bar des Hotels entdeckten wir unseren Schützling und bewunderten seine professionelle Art, den Gästen die Drinks zu servieren. John wirkte recht zufrieden, plauderte vertraut mit uns, und wenn die Direktrice vorbeischaute, legte er gewissenhaft die frisch gewaschenen Servietten zusammen. Zum Abschied schenkte ich ihm einen Bierkrug mit dem Wappen der Stadt, in der er endlich sein Abitur geschafft hatte. Die Direktorin holte etwas aus ihrer Jackentasche und drückte John ein kleines Geschenk in die Hand. Als er sie fragend ansah, sagte sie: »Das ist eine Kastanie von unserem großen Kastanienbaum auf dem Schulhof. Die möge dich an deine erfolgreiche Schulzeit im Hessenland erinnern.«

John strahlte über das ganze Gesicht. Er rieb die Kastanie lie-

bevoll am Ärmel seines Wollpullovers glänzend. »Die werde ich immer bei mir tragen. Vielen Dank!«, versicherte er. Ich hatte das Gefühl, er freute sich mehr über die kleine Kastanie als über meinen Alsfelder Krug.
Bald darauf verließen wir John. Leider bekam er keinen Tag frei, um uns zu begleiten. Am Abend erreichten wir nach mehrstündiger Fahrt das Weingut seiner Eltern in Südtirol. Wir wurden sehr herzlich empfangen. Für mich ist es immer recht aufschlussreich, das Elternhaus meiner Problem-Kids zu sehen. Denn dann kann ich wie ein Puzzle die gemeinsamen Erlebnisse mit den Problemen meiner Jungs zusammensetzen, die häufig ihre Ursachen im heimischen Umfeld haben. Das uralte, aus grauen Steinen fest gebaute Gehöft dieses Südtiroler Weinguts wirkte auf mich wie eine Trutzburg. Die Innenräume spiegelten die vergangenen Epochen in würdigen Ahnenporträts wider. Bücherwände voller alter Bücher und in Schweinsleder gebundene Folianten erzählten aus alten Zeiten. Nach dem zweiten Tag unseres Besuchs und Besichtigungen in der Umgebung lud uns die Direktorin in ein Wirtshaus ein: »Heute gehen wir in ein zünftiges Lokal. Es heißt ›Hopfen und Co‹, ist ein reines Jugendlokal mit täglicher Livemusik. Ich habe es in einer Touristikbroschüre entdeckt.«
»Das Lokal kenne ich gar nicht«, antwortete Johns Mutter.
Es wurde ein fröhlicher Abend mit Gesang, Wein und Südtiroler Brotzeit. Auch Johns Mutter war begeistert und wollte ab sofort alle ihre Gäste in dieses Lokal ausführen. Später stieß mich die Direktorin mit dem Ellenbogen lachend in die Seite und sagte: »Ich konnte diese Burgen und alten Zöpfe nicht mehr sehen. Wir wollen doch etwas bewegen. Wir wollen an die Jugendlichen ran, die sind unsere Zukunft. Prost!« Ich hob mein Glas und erwiderte ihren Gruß: »Einen Toast auf die Jugend, auf die Zuversicht und auf das Wesentliche, den Sinn des Lebens!«

# Nachtrag

»Warum nehmen Sie nur Jungs auf, Frau von Dörnberg?« Die Antwort fand ich bei Prof. Gerald Hüther, dem bekannten Hirnforscher. »Supermans Irrweg« lautete eine Headline in der FAZ am Sonntag vom 1. November 2009. Hüther forderte darin bessere Vorbilder für Jungs. In dem Bericht wird die Frage diskutiert, warum es Mädchen leichter haben, sich im Leben zu orientieren, als Jungen. »Wenn ich eine Frau wäre, dann hätte ich wahrscheinlich nicht so lange gebraucht, um einen Zugang zu mir selbst zu finden. Und ich hätte mich nicht so oft im Leben verrannt«, bekannte der Professor.

Die typischen Verhaltensunterschiede zwischen Männern und Frauen sind entgegen gängigen Vorstellungen nicht genetisch determiniert.

Männer werden in der Gesellschaft dazu angehalten, mit Vehemenz nach Halt und Bedeutung in dieser Welt zu suchen. Männer sind in unserer Kultur gezwungen, an ihre Grenzen zu gehen. Sie sind es, die Amerika entdeckt haben, die höchsten Berge erstiegen und auf dem Mond gelandet sind. Jungs machen sich von Anfang an mit mehr Antrieb auf den Weg. Mädchen finden zumeist selbst zielsicher und energisch aus ihrer Krise heraus. Sie haben mehr Halt in sich. Sie spüren nicht diesen Abenteuerdrang, der die Jungen verrückt und tollkühn alles in der Welt ausprobieren lässt. Jungen sind wagemutiger, brauchen aber viel mehr Zuneigung und Zuwendung, um eine dunkle Phase zu überstehen, als die Mädchen. Der Mann hat nur ein einzelnes X-Chromosom. Das macht das männliche Geschlecht anfälliger. Hebammen wissen das, wenn Neugeborene sterben, dann sind es weitaus häufiger Jungs. Der Professor plädierte dafür, dass sich mehr Väter der Verantwortung stellen sollten, um die Bindung und Führung ihrer Söhne zu kräftigen. Probleme hat die Gesellschaft mit Jungs, die ohne männliche Vorbilder heranwachsen. Es fehlt an Mentoren, die solche Aufgaben übernehmen. Jüngst hatte ich ein Erlebnis, das die Thesen von Prof. Hüther untermauert.

## Der einsame Fahrradschieber

Eines Mittags fuhr ich mit meinem Auto auf der Bundesstraße in Richtung Alsfeld. Nach einigen Kilometern sah ich plötzlich vor mir eine Gestalt, die ein Fahrrad schob. Die Person lag beinahe über dem Rad und schwankte stark. Entweder ist der oder die betrunken oder verletzt oder hat eine Panne, dachte ich. Ich überholte und blickte dann in den Seitenspiegel.

Zu meiner Verwunderung erkannte ich ein Kind von ungefähr zehn oder elf Jahren. Es war mir sofort klar, hier musst du helfen. Im nächsten Feldweg wendete ich und fuhr zurück. Vor dem Fahrradschieber hielt ich an, fuhr die Fensterscheibe herunter und fragte: »Hallo, warum fährst du nicht auf deinem Rad? Warum schiebst du es?«

»Ich habe ’nen Platten«, antwortete mir das Kind traurig. Es war ein Junge.

»Lass das Fahrrad hier stehen. Ich kann dich fahren. Wo willst du denn hin?«

»Nein, das Fahrrad darf ich nicht alleine lassen. Ich will nach Alsfeld.«

Alsfeld war ungefähr noch fünfzehn Kilometer entfernt. Irgendetwas konnte mit dem Kind nicht stimmen. Welche Mutter lässt schon ihren kleinen Sohn diese lange Strecke alleine und in eisiger Kälte auf einem Fahrrad fahren?

»Wo kommst du denn her? Hast du ein Handy dabei?«, fragte ich wieder.

»Ich komme aus Niederaula, ich habe kein Handy.«

Niederaula war von hier zehn Kilometer entfernt.

»Ich habe ein Handy. Sag mir die Nummer deiner Eltern, dann werde ich sie anrufen. Sie können dich abholen.«
»Nein, das will ich nicht. Ich will nach Alsfeld laufen. Und das tue ich auch!« Der Junge schaute sehr trotzig und doch verlassen drein.
Ich merkte, hier komme ich nicht weiter. Also fuhr ich los und rief vom Auto aus die nächste Polizeistation an. Dem Polizisten schilderte ich meine Beobachtung und meine Vermutung, dass der Junge wohl von zu Hause ausgerissen sei: »Bitte sehen Sie nach dem Kind!«
Der Polizist versprach mir, einen Streifenwagen zu schicken. Inzwischen war ich in Alsfeld angekommen und machte meine Besorgungen, doch der unglückliche Junge wollte mir nicht aus dem Sinn gehen. Deshalb fuhr ich auf dem Heimweg an der Polizeistation vorbei und erkundigte mich nach dem Jungen.
Der Polizist sah mich freundlich an und sagte: »Es war sehr gut, dass Sie uns angerufen haben. Der Junge, er ist dreizehn Jahre alt, war in der Tat von zu Hause abgehauen. Wir wollten ihn wieder bei seinen Eltern abgeben, doch er wollte nicht mehr bei seiner Mutter leben. Deshalb haben wir ihn zu seiner Oma gebracht. Es hat heute Morgen einen Krach gegeben. Die Mutter hat wohl aus Zorn über ihre Kinder gerufen: ›Hätte ich euch doch nie geboren!‹ Wir haben den Fall dem Sozialamt gemeldet. Jetzt wird eine Fürsorgerin nach der Familie sehen.«
Tatsächlich hatte sich Folgendes zugetragen: Nach dem Wutanfall der Mutter hatte der Sohn freche Antworten gegeben. Die Mutter hatte ihn daraufhin vor die Tür gesetzt. Der Junge ging nicht zur Schule, sondern holte sich das Rad und driftete in der Gegend umher. Er fühlte sich von den Worten seiner Mutter tief verletzt und wollte so weit als möglich von zu Hause weg. Er war schon fünf Stunden in winterlicher Kälte und auf verschneiten Straßen unterwegs, bis ich ihn gefunden hatte.
Auf der Bundesstraße war zu dieser Zeit ein reger Verkehr.

Nach Aussage des Jungen war ich die Einzige, die angehalten hatte. Und wieder war es ein männliches Wesen, das im dunklen Tal umhertappte und den »Sommerweg« nicht finden konnte. Vielleicht wird dieser Junge das nächste Problemkind, das in Hoheneich einzieht?

# Literatur


Bergmann, Wolfgang: Halt mich fest, dann werde ich stark, München 2009

Die Bibel: Altes und Neues Testament, Einheitsübersetzung, Freiburg 1999

Gibran, Khalil: Der Prophet, München 2003

Goethe, Johann Wolfgang von: Faust, Eine Tragödie: Erster und zweiter Teil, München 1997

Grün, Anselm, Seminar »Führen und geführt werden« dazu: Anselm Grün: Menschen führen – Leben wecken, München 2006

Hüther, Gerald: Supermanns Irrweg, Interview in FAS vom 1.11. 2009

Ratzinger, Josef, Benedikt XVI.: Gedanken und Impulse für junge Menschen, Erfurt 2005

Schopenhauer, Arthur: Die Welt als Wille und Vorstellung, in: Gesammelte Werke, 10 Bde., Zürich 2007

Schweitzer, Albert: Die Ehrfurcht vor dem Leben, Grundtexte aus fünf Jahrzehnten, München 9. Aufl. 2009

Winterhoff, Michael: Warum unsere Kinder Tyrannen werden, oder: Die Abschaffung der Kindheit, München 2009

# Prof. Peter Paulig
# Das Kinderversteherbuch

## Alles, was Eltern wissen wollen

Peter Paulig weiß, was Kinder für ihre Entwicklung unbedingt brauchen. Er kennt die Geheimnisse guter Erziehung und glücklicher Kinder. In seinem leicht verständlichen Lese- und Lernbuch für junge Eltern macht er Mut zur Erziehung. Er erzählt von Erlebnissen in Familie und Schule, erklärt, wie man seine Kinder immer besser versteht und warum sie in ihren Eltern Vorbilder und keine Kumpel suchen. Schließlich zeigt er aber auch, warum Eltern bei aller Sorge für das Wohl ihrer Kinder die eigenen Bedürfnisse nicht aus den Augen verlieren dürfen.

»Ein Buch, das nötiger ist denn je in der heutigen Zeit, die von Unsicherheit und Zweifel geprägt ist, was Erziehung anlangt. Paulig hat ein ehrliches, glaubwürdiges und – wichtig – ein gut lesbares Buch für alle geschrieben, die mit Kindern zu tun haben. Der Autor legt überzeugend dar, worauf es ankommt, wenn man ein Kind auf dem Weg zu seiner Selbständigkeit begleitet. Ein Volltreffer!«

*Herbert Vollnhals, 8.9.2009*

»(...) zweifellos hat Paulig ein weises Buch geschrieben, das in seinen Ratschlägen alltagserprobt und in seiner Grundhaltung zutiefst menschlich ist.«

*FAZ, 21.8.2010*